本书为文化和旅游部科技教育司委托的《中国旅游职业教育年度报告（2019—2020）》项目研究成果。

中国旅游职业教育
年度报告
（2019—2020）

全国旅游职业教育教学指导委员会◎主编

北京·旅游教育出版社

图书在版编目（CIP）数据

中国旅游职业教育年度报告. 2019—2020 / 全国旅游职业教育教学指导委员会主编. -- 北京 ：旅游教育出版社，2021.11

ISBN 978-7-5637-4333-9

Ⅰ. ①中… Ⅱ. ①全… Ⅲ. ①旅游教育－职业教育－研究报告－中国－2019-2020 Ⅳ. ①F592

中国版本图书馆CIP数据核字(2021)第240609号

中国旅游职业教育年度报告（2019—2020）

全国旅游职业教育教学指导委员会　主编

责任编辑	郭珍宏
出版单位	旅游教育出版社
地　　址	北京市朝阳区定福庄南里 1 号
邮　　编	100024
发行电话	（010）65778403　65728372　65767462（传真）
本社网址	www.tepcb.com
E - mail	tepfx@163.com
排版单位	北京旅教文化传播有限公司
印刷单位	北京虎彩文化传播有限公司
经销单位	新华书店
开　　本	787 毫米 × 1092 毫米　1/16
印　　张	11
字　　数	189 千字
版　　次	2021 年 11 月第 1 版
印　　次	2021 年 11 月第 1 次印刷
定　　价	68.00 元

（图书如有装订差错请与发行部联系）

编委会

主　　编： 魏　凯

编　　者： 马保烈　宋斐红　刘正华　孙　健　姜良伟

石少婷　蒋炯坪　周伊萌　王少华　王　璐

王梦茵　曾　咪　黄冬群　周富广　颜　燕

潘　富　陈文妍

指导单位： 全国旅游职业教育教学指导委员会

序 言

2020 年是“十三五”规划收官之年，也是全面建成小康社会之年。对于旅游职业教育来说，2020 年也是极为不平凡的一年。一方面，随着中国经济社会和旅游业发展进入高质量发展阶段，党和国家大力发展职业教育的一系列政策红利持续释放，职业院校内涵建设、提质培优的基础更加坚实，在健全人才培养体系、提升治理能力、完善治理结构方面取得可喜成绩，中国旅游职业教育的整体结构进一步优化；另一方面，肆虐全球的新冠肺炎疫情对文化和旅游业带来了巨大的冲击，这种冲击毫无疑问也传导到旅游职业教育领域，对旅游职业院校师生的行业认知、从业愿景、就业渠道等产生了深远的影响，旅游职业教育也因此呈现出不同以往的特点和趋势。

为全面深入研究我国旅游职业教育发展规律，分析旅游职业教育发展的现状、剖析存在的问题，为旅游职业教育从业者、研究者和决策者提供数据和理论支持，在教育部、文化和旅游部支持下，文化和旅游部科技教育司、全国旅游职业教育教学指导委员会组织了《中国旅游职业教育年度报告 2019—2020》（以下简称《报告》）的撰写工作，并委托山东旅游职业学院牵头、会同浙江旅游职业学院、郑州旅游职业学院、漳州职业技术学院、海南职业技术学院成立课题组，共同完成此项工作。

《报告》分为总论篇、分论篇、案例篇三部分，收录了 1 个总报告、7 个专题研究报告和 6 个典型案例。其中总论篇全面分析了我国旅游职业教育发展现状，总结了我国旅游职业教育发展中的先进经验和存在的问题，并就旅游职业教育的发展提出了意见建议；分论篇选取了我国旅游职业教育发展中专业建设、师资队伍建设、课程建设、双高建设等 7

个热点问题研究热点进行深入研究，在充分调研的基础上深入分析了各板块的发展现状和存在的问题，并针对未来发展提出了建设性意见建议；案例篇则包括了6个鲜活的旅游职业教育改革创新实例，具有高度借鉴意义。

《报告》在数据收集及撰写过程中得到了文化和旅游部、各相关院校和旅游企业的大力支持，在此一并表示感谢。另外，由于时间紧，任务重，数据收集难度大，《报告》难免存在不当之处，敬请各位专家、读者批评指正。

本书编委会

2021年10月

目　录

总论篇

中国旅游职业教育年度报告（2019—2020）

2020年是“十三五”规划收官之年，也是全面建成小康社会之年。对于旅游职业教育来说，2020年也是极为不平凡的一年。一方面，随着中国经济社会和旅游业发展进入高质量发展阶段，党和国家大力发展职业教育的一系列政策红利持续释放，职业院校内涵建设、提质培优的基础更加坚实，在健全人才培养体系、提升治理能力、完善治理结构方面取得可喜成绩，中国旅游职业教育的整体结构进一步优化；另一方面，肆虐全球的新冠肺炎疫情对文化和旅游业带来了巨大的冲击，这种冲击毫无疑问也传导到旅游职业教育领域，对旅游职业院校师生的行业认知、从业愿景、就业渠道等产生了深远的影响，旅游职业教育也因此呈现出不同以往的特点和趋势。据统计，截止到2020年底，全国开设高职高专旅游类专业的院校共1252所，开设旅游相关专业的中等职业学校近1000所，还有一批应用型本科院校举办了职业教育，各类在校生人数超过70万。

一、我国旅游职业教育发展背景

（一）文旅融合不断推进为旅游职业教育发展开创广阔空间

2019年以来，文化和旅游深度融合，“以文塑旅、以旅彰文”的理念深入人心，推动文化和旅游工作各领域、多方位、全链条深度融合，以改革创新激发活力，形成发展新优势。旅游产业坚持以供给侧结构性改革为主线，着力加强基础设施建设，提升公共服务，紧密衔接国家重大战略，聚焦精准扶贫攻坚战，助力全面建成小康社会；全面推进跨区域资源要素整合，加快旅游产业集聚发展，构筑新型旅游功能区，构建旅游业发展新格局；不断提升餐饮业品质，构建新型住宿业，优化旅行社业，发展旅游购物，推动娱乐业健康发展，不断满足人民群众的旅游新需求。旅游业作为大众生活不可或缺的重要组成部分，作为满足人民美好生活需要的重要途径，“幸福产业”的属性越发凸显。

1. 文化和旅游业发展质量和效益更加凸显

深入推进文化和旅游领域供给侧结构性改革，文化和旅游产业新产品、新业态、新模式层出不穷，融合发展效应不断显现，发展质量和效益进一步提升，已成为扩大内需、增加就业、推动经济增长的重要引擎。据文化和旅游部官方数据，全国规模以上文化和旅游及相关产业企业营业收入突破8.6万亿元，全国旅游总收入突破6.6万亿元，国内旅游人次达 60.06 亿，入出境旅游人次达 3 亿。

2. 文化和旅游业与经济社会融合发展步伐加快

紧密衔接脱贫攻坚、乡村振兴、新型城镇化、京津冀协同发展、长三角一体化、黄河流域生态保护和高质量发展等重大国家战略，文化和旅游发展增长极、增长带的牵引带动作用更加显著。顺应数字化、智能化、网络化发展趋势，推进文化和旅游与科技融合发展，加强文化和旅游行业标准化建设和人才队伍培养建设，文化和旅游扶贫工作深入开展，在扶志扶智、带动群众就业增收等方面发挥了重要作用。

文化和旅游部在全国 25 个省、市、区设立的乡村旅游扶贫监测点的监测数据表明，通过乡村旅游实现脱贫人数占脱贫总人数的比例十分可观。比如，2019 年监测点通过乡村旅游实现脱贫人数占脱贫总人数的 33.3%，监测点乡村旅游对贫困人口的就业贡献度达 30.6%，监测点旅游总收入和接待人次增长幅度持续高于全国乡村旅游整体数据。2020 年，突如其来的新冠肺炎疫情给旅游业带来巨大冲击，旅游扶贫相关工作也面临巨大挑战。文化和旅游部积极协调对接国家发展改革委，加快 2020 年中央预算内资金下达，遴选推出第二批全国乡村旅游重点村，集中宣传推广一批贫困地区乡村旅游精品线路和产品，开设“乡村旅游面对面”直播课堂等。数据显示，2020 年第二季度，监测点旅游从业人员中贫困人口人均收入为 2863 元，恢复至上年同期的 81.6%。

3. 文化和旅游业受新冠疫情冲击严重

根据国内旅游抽样调查结果，受新型冠状病毒性肺炎疫情影响，2020 年度国内旅游人数 28.79 亿人次，比上年同期减少 30.22 亿人次，下降 51.2%（见图 1）。其中，城镇居民出游 20.65 亿人次，下降 53.8%；农村居民出游 8.14 亿人次，下降 47.0%。分季度看，呈现降幅收窄趋势，其中一季度国内旅游人数 2.95 亿人次，同比下降 83.4%；二季度国内旅游人数 6.37 亿人次，同比下降 51.0%；三季度国内旅游人数 10.01 亿人次，同比下降 34.3%；四季度国内旅游人数 9.46 亿人次，同比下降 32.9%。全年住宿和餐饮业增加值 15 971 亿元，下降 13.1%。在 2020 年分行业固定资产投资增长速度方面，住宿和餐饮业比上年下降 5.5%。

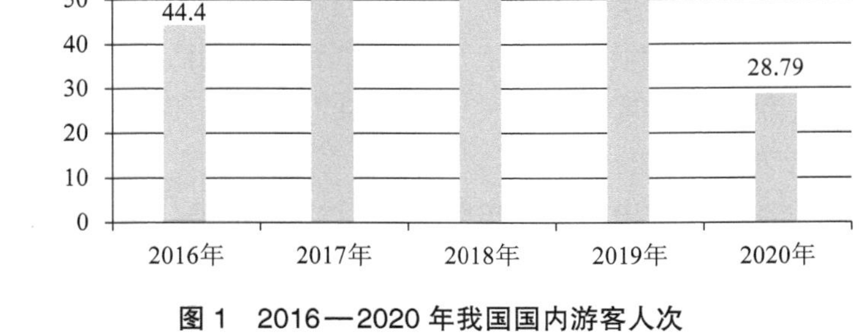

图 1　2016—2020 年我国国内游客人次

资料来源：课题组根据《2020 年国民经济和社会发展统计公报》数据整理。

国内旅游收入 2.23 万亿元，比上年同期减少 3.50 万亿元，下降 61.1%。其中，城镇居民出游花费 1.80 万亿元，下降 62.2%；农村居民出游花费 0.43 万亿元，下降 55.7%。

人均每次出游花费 774.14 元，比上年同期下降 18.8%。其中，城镇居民人均每次出游花费 870.25 元，下降 18.1%；农村居民人均每次出游花费 530.47 元，下降 16.4%。

4. 文化和旅游公共服务体系建设取得重大进展

文化和旅游基本公共文化服务标准化、均等化深入推进，公共文化设施网络日益完善。据文化和旅游部官方数据，2020 年末已建成公共图书馆 3196 个，文化馆 3326 个，公共博物馆 5132 个。公共图书馆、文化馆（站）、博物馆等公共文化设施免费开放工作持续扩大，公共数字文化建设成效显著，进一步提高了公共文化服务的可及性和便捷性。提高旅游公共服务水平，启动《旅游厕所质量等级的划分与评定》国家标准和《城市旅游服务中心规范》行业标准的修订工作，2019 年共建设旅游厕所 2.23 万座，完善全国旅游厕所管理系统，上线旅游厕所电子地图。

旅游标识建设等深入推进，旅游公共服务短板加快补齐。群众文化活动深入开展，文化志愿服务的覆盖面进一步扩大，文化惠民成效更加显著。公共服务运行机制不断创新，推动社会力量参与公共文化服务，促进公共文化服务供需对接，公共文化服务效能得到进一步提升。

5. 文化和旅游市场监管水平明显提升

深化文化和旅游领域“放管服”改革，完善现代文化和旅游市场体系，以信用为基础的文化和旅游市场新型监管机制加快构建，文化和旅游市场活跃有序，营造了良好的文化和旅游发展环境。深入落实文化市场综合执法改革，全面推进文化市场综合执法队伍建设，文化和旅游市场执法更加规范、专业、有力，文化和旅游市场秩序得到有效维护。

文化和旅游市场监管进一步强化担当作为，注重源头把关，支持引导文化市场经营单位改进服务、转变形象，进一步提升市场监管水平。起草制定《旅游产品和服务内容管理指导规范》等规章制度，为提升质量、规范管理提供政策保障。实施旅游服务质量提升计划，严格旅行社资质管理，取消 112 家旅行社出境游业务资质或旅行社业务资质。开展星级饭店专项整治，完成对 30 个省份 93 家五星级饭店的暗访检查。启动首批星级旅游民宿评定工作，对 24 个省份 52 家民宿进行现场检查。制定全国旅游市场黑名单管理工作流程，公布首批全国旅游市场黑名单。全面加强文化和旅游市场执法，建立常态化“体检式”暗访评估机制，基本实现全国全覆盖。

党的十九届五中全会把文化建设摆在更加突出位置，确立了到 2035 年建成文化强国的远景目标和“十四五”时期文化建设的主要目标，从提高社会文明程度、提升公共文化服务水平、健全现代文化产业体系三个方面对文化和旅游工作进行了全面部署。“十四五”时期文化和旅游业发展的战略任务是，构建和完善社会文明促进和提升工程，新时代艺术创作体系、文化遗产保护传承利用体系、现代公共文化服务体系、现代文化产业体系、现代旅游业体系、现代文化和旅游市场体系、对外文化交流和旅游推广体系。文化和旅游要坚持高质量发展，推进旅游为民，发挥旅游带动作用；构建新发展格局，推进文旅融合，推动创新发展。

（二）职业教育体系不断完善为旅游职业教育发展提供坚强保障

十八大以来，以习近平同志为核心的党中央，始终坚持把职业教育作为推动经济社会发展的一项基础性工作，摆在了前所未有的位置，作出了一系列重大决策部署。教育行政部门认真贯彻落实《国务院关于加快发展现代职业教育的决定》《国家中长期教育改革和发展规划纲要（2010—2020年）》和《国家职业教育改革实施方案》，坚持把职业教育作为教育综合改革的突破口，扎实推进各项工作，在健全办学体制、完善育人机制、提升内涵质量、增强服务能力、建设“双师型”教师队伍、建成世界规模最大的职业教育体系等方面取得了可喜成绩。截止到2020年底，全国共有职业院校1.15万所，在校生2857.18万人；中职招生600.37万人，占高中阶段教育的41.70%；高职（专科）招生483.61万，占普通本专科的52.90%。累计培养高等学历继续教育本专科毕业生5452万人，开展社区教育培训约3.2亿人次。

1. 确立了职业教育的教育类型地位

2019年1月，国务院印发《国家职业教育改革实施方案》，开宗明义指出：“职业教育与普通教育是两种不同教育类型，具有同等重要地位。”正式确定职业教育在我国教育体系中是一个单独的教育种类。这一重要定位，一方面是对职业教育的重大理论贡献，明确了职业教育是一个教育类型，而不是教育层次，对于摆正职业教育的地位，发挥职业教育服务社会和个体发展的能力，以及推进职业教育治理体系和治理能力现代化，具有重要的发展战略意义；另一方面，具有重要的政策指导和实践意义，明晰了职业教育和普通教育的联系与区别，指明了职业教育的发展方向，有利于职业教育系统更明晰自己的功能和作用，进一步探索和完善职业教育独特的办学模式和人才培养模式，更好地服务、支撑国家现代化建设。

2. 构建起纵向贯通、横向融通的现代职业教育体系

职业教育以类型教育为基点，建设现代职业教育体系。在纵向贯通上，巩固中等职业教育的基础地位，强化专科职业教育的主体地位，稳步推进本科层次职业教育试点。特别是2019年以来，教育部批准22所学校开展本科层次职业教育试点，打破了职业教育止步于专科层次的“天花板”。在横向融通上，加强职业教育、继续教育、普通教育的有机衔接。广泛开展职业培训，促进学历教育与非学历培训衔接连通。开展职业技能等级证书制度试点，遴选了92个职业技能等级证书。加快“学分银行”建设，促进资源互享、课程互通、学分互认，畅通各类人才成长通道。

3. 迈入了提质培优、增值赋能的高质量发展新阶段

2020年9月29日，教育部等九部门印发《职业教育提质培优行动计划（2020—2023年）》，标志着我国职业教育正在从“怎么看”转向“怎么干”的提质培优、增值赋能新时代，也意味着职业教育从“大有可为”的期待开始转向“大有作为”的实践。

在制度标准上，建立了国务院职业教育工作部际联席会议制度，《职业教育法》修法

工作取得实质性进展；制定了五位一体的职业教育国家教学标准体系，发布中职专业368个、高职（专科）专业779个、本科层次职教试点专业80个，修（制）订并发布347个高职和230个中职专业教学标准、51个职业院校专业实训教学条件建设标准、136个专业类顶岗实习标准。启动实施了“中国特色高水平高职学校和专业建设计划”、高水平实训基地等重大项目。

在协同育人上，坚持校企合作、工学结合，强化教学、实训、实习相融合的教育教学活动；推行项目教学、案例教学、工作过程导向教学等教学模式；开展现代学徒制试点，布局了558个现代学徒制试点单位，覆盖1000多个专业点；印发《职业学校校企合作促进办法》，健全企业参与制度，发挥企业重要办学主体作用；依托行业职业教育指导委员会，发布近60个行业人才需求预测与专业设置指导报告。

在“三教”改革上，连续举办全国职业院校技能大赛教学能力比赛，强化教师教学能力建设；推广线上线下混合式教学，遴选公布232门在线精品开放课程，建设203个职业教育国家专业教学资源库；遴选约4000种“十三五”职业教育国家规划教材。

4. 培养了一大批支撑经济社会发展的技术技能人才

在服务国家战略上，全国职业院校每年培养1000万左右的高素质技术技能人才。在现代制造业、战略性新兴产业和现代服务业等领域，一线新增从业人员70%以上来自职业院校毕业生。制定实施《制造业人才发展规划指南（2016—2020年）》，加快培养制造业紧缺人才。

在服务区域发展上，实施职业教育东西协作行动计划，推进“东西职业院校协作全覆盖、东西中职招生协作兜底、职业院校全面参与东西劳务协作”三大行动。在服务脱贫攻坚上，职业院校70%以上的学生来自农村，千万家庭通过职业教育实现了拥有第一代大学生的梦想。“职教一人，就业一人，脱贫一家”成为阻断贫困代际传递见效最快的方式之一。例如顺德职业技术学院开展的“一人学厨，全家脱贫”帮扶培训项目，就是旅游职业教育助力精准扶贫、乡村振兴的典型。

5. 构建起面向行业企业的多元立体开放发展格局

在面向产业开放上，培育800多家产教融合型企业、试点建设21个产教融合型城市，构建了以城市为节点、行业为支点、企业为重点的产教融合新模式。成立1500个职业教育集团，3万多家企业参与职业教育；鼓励多元主体组建职业教育集团，确定150家示范性职业教育集团（联盟）培育单位。

在向企业开放上，组建56个行业职业教育教学指导委员会，发布近60个行业人才需求预测与专业设置指导报告。遴选了73家职业教育培训评价组织，绝大多数是行业龙头企业、“小巨人”企业。现代学徒制试点参与企业2200多家。

党的十九届五中全会审议通过《中共中央关于制定国民经济和社会发展第十四个五年规划和二〇三五年远景目标的建议》，明确了“建设高质量教育体系”的政策导向和重点要求，提出“加大人力资本投入，增强职业技术教育适应性，深化职普融通、产教融合、校企合作，探索中国特色学徒制，大力培养技术技能人才”。“十四五”期间，职业教育将以构建高质量教育体系为总目标，切实增强职业教育适应性，加快形成具有中国特色、世界水平的现代职业教育体系，奋力把总书记对职业教育“大有可为”的殷切期盼转化为职业教育战线“大有作为”的生动实践，为促进经济社会发展和提高国家竞争力提供优质人才资源支撑。

二、我国旅游职业教育发展现状分析

为全面了解我国旅游职业教育发展现状，课题组历时三个月，通过资料收集、实地调研、问卷调查等方式，对我国旅游职业教育发展情况进行了调研。共计回收问卷313份，有效问卷269份，有效率85.94%。

（一）调研基本情况

本次抽样调查样本中，本科院校15所，占5%；高职院校142所，占46%；中职学校152所，占49%（见图2）。采样区域包括云南、北京、河北、河南、山东、四川等22个省（市、区），因研究需要（非地理概念）将其分为七大区域。华中区（湖南、河南）样本院校20所，华北区（天津、北京、河北）样本院校14所，华东区（上海、江苏、浙江、山东、福建）样本院校119所，东北区（辽宁、吉林、黑龙江）50所，西南区（四川、贵州、云南）42所，华南区（广东、海南）15所，西北区（内蒙古、甘肃、新疆、宁夏）9所（见图3）。

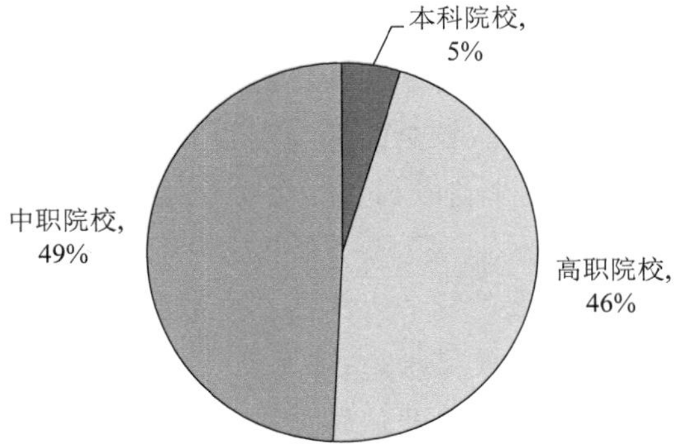

图2 样本院校办学层次分布

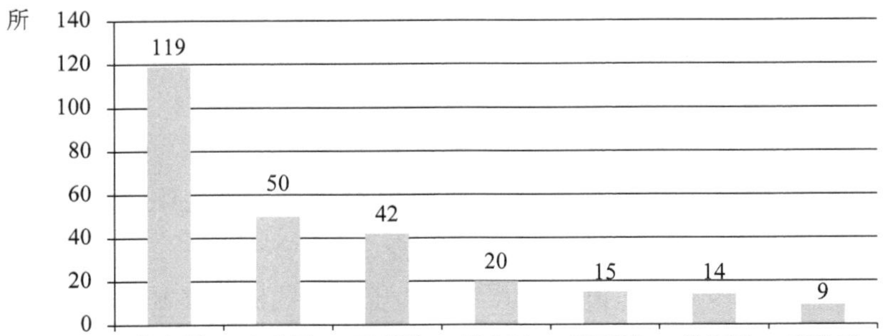

图3 样本院校区域分布图

（二）调研结果分析

1. 办学规模基本稳定

（1）院校数量基本稳定

在院校总体规模方面，近年来我国旅游职业教育院校数量一直呈现出总体稳定的特点。在办学层次上，旅游高职院校在院校数量和招生人数方面都略多于旅游中职学校。根据高等职业学校专业设置与公共信息服务平台数据显示，截止到 2020 年底，全国开设高职高专旅游类专业的院校共 1252 所，开设旅游相关专业的中等职业学校近 1000 所，还有一批应用型本科院校举办了职业教育，各类在校生人数超 70 万。

（2）招生规模稳中有降

与往年相比，招生规模总体变化不大。经课题组调研，2019 年较 2017、2018 年有一定增长。2020 年，调研的样本院校中，有 65 所院校有小幅缩减，323 所样本院校的招生总量减少 2838 人，降低 15.1%，课题组选取了几所院校进行对比（详见图 4、图 5）。

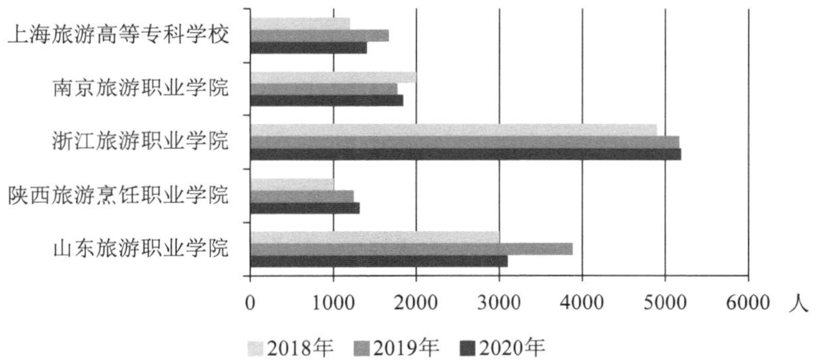

图 4　2018—2020 年部分高职院校招生人数对比

资料来源：课题组根据各院校招生信息网统计。

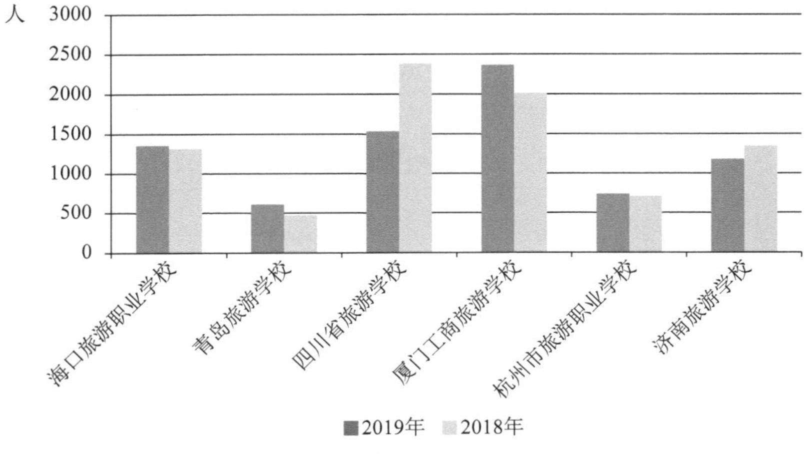

图 5　部分中职学校 2018—2019 年招生情况

资料来源：课题组根据各院校招生信息网统计。

（3）招生方式灵活多样

在国家招生体制改革的大背景下，各院校创新举措促进招生，旅游高职院校普遍通过单独招生考试、春季高考、夏季高考、中高职一体化招生等方式，扩大招生省份，生源结构日趋合理，大部分院校生源质量得到提高，报到率普遍在85%以上。但同时，校际差异明显。如浙江旅游职业学院2020年新生报到率为97.5%，各类别首轮录取率均为100%，5个类别录取分数线超出省线100分以上，旅游服务类录取最低分高出省线167分，烹饪类录取最低分高出省线148分。但同时，也有一些院校报到率偏低，夏季高考录取分数低于200分。

2. 办学条件稳步提升

2019年以来，我国职业教育持续加大投入力度，部分省份出台职业教育发展的利好政策，通过项目建设、行动计划、产教研融合等多种举措加大经费投入，积极探索建立职业教育经费投入长效保障机制，中高职院校在硬件设施、实习实训条件、信息化建设等方面得到很大发展。

（1）硬件设施不断改善

近年来，伴随国家对职业教育支持力度的加大和社会重视程度的提高，职业教育发展环境向好，学校办学条件得到持续改善。中职方面，杭州市旅游职业学校目前学校设备总值2167万元，人均1905元，2019年新增教学仪器设备总值48万元。青岛旅游学校支持学校硬件发展，不断加大对技能教室、实训室建设的投入，2018—2019年度将获批约1300万元先期投入明霞路校区建设，目前已投入使用。同时，学校积极申报2020年教育基建与装备项目，初步预估2020年申请专项总计达800余万元。海南省旅游学校2020年教学仪器设备总值增加了204万元，达到3130万元，人均6252.50元。

高职方面，各校在新增教学仪器设备、实习实训场所建设等方面继续加大投入。如黑龙江省旅游职业学院2019年用于教学总投入为2130.26万元，用于设备采购338.93万元，比2018年增加18.93万元，日常教学经费1791.33万元，比2018年增加529.11万元，生均教学仪器设备值达到9113.05元，比2018年提高了1326.13元。云南旅游职业学院2019年办学总支出为14 586.24万元，日常教学支出5231.43万元；设备采购支出562万元；教学改革与科研支出1209.58万元；师资队伍建设支出1481.02万元；图书资料采购支出26.21万元。

（2）实训条件显著提高

实习实训是职业教育的显著特色之一，是职业教育人才培养的重要环节。近年来，各类旅游职业院校更加注重实习实训条件的改善，通过增加实训室建设投入、产教融合、校企合作等方式，引企入校，建设校内生产性实训基地或虚拟仿真实训基地，提高实践教学效果。

根据课题组调研数据，74%的样本院校拥有校企合作共建的实训室。调研显示，旅游职业院校校企合作更加深入，校企共建实训室、主题教室等明显增多。样本院校拥有海外实习基地 685 个，校均 2.22 个。

青岛酒店管理职业技术学院深入推进“各层面、多形式”产教融合，探索混合所有制办学体制机制改革，校企合作共建“中天建华”实训基地、“万科”管家学院、7-11 实训超市、菜鸟驿站学院快递实训中心。依托国家级现代学徒制试点项目，落实山东省新旧动能转换重大工程，与山东银座旅游集团达成“银座文旅学院”框架协议，探索校企联合招生、联合培养、一体化育人的长效机制，推动职业教育体系和劳动就业体系互动发展，打通和拓宽精品旅游技术技能人才培养和成长通道。

陕西职业技术学院校企共建了 10 多个融“教学、实训、培训、服务”于一体的校内仿真实训基地，校内各类专业实训室 227 个，其中中央财政支持的实训基地建设项目 5 个，省级财政支持的高等职业教育示范性实训基地建设项目 6 个，还建有校外实习实训基地和技术服务联系点 188 个。

（3）智慧校园亮点突出

当前，智慧旅游方兴未艾，从 2.0 版教育信息化发展而来的智慧校园为职业教育实践教学的发展提供了契机。各院校加大了对智慧校园建设的投入力度，利用智慧校园建设助推教学改革与学校治理。特别是在疫情防控要求下，“停课不停学”期间，各院校利用各类信息平台，实现在线直播授课、考勤、考核评价等，保障了教学活动的正常有序开展。

浙江旅游职业学院实施大数据治理工程。该校推动“最多跑一次”“最多填一次”改革，全面升级网上办事大厅平台，开发上线“浙旅院钉”移动门户，全方位、全过程、全天候实现信息查询，基于“数据采集、数据管理、数据推送、数据呈现”四个维度，制定数据管控平台数据标准。综合运用人工智能、大数据、物联网等前沿信息技术，开展生态节能、能耗监测、精准管理等领域应用试点，实现综合校情大数据可视化展示。同时，优化“互联网 +”教学基础环境，建成普适型、交互型、体验型三类不同功能的智慧教学示范区，引进智慧职教课程平台建设与超星课程平台，推动课程信息化教学模式创新改革。

郑州旅游职业学院投资 1.1 亿元建设智慧校园。园区网络采用万兆双核心、千兆骨干互联的大二层网络架构，实现校园网络有线、无线区域全覆盖；采用有线、无线一体化认证模式。校园网形成联通、移动、教科、市教育网等多路由出口，出口带宽总和达到 6G。同时，依托园区主干网络建成了覆盖全校的校园数字安防、数字广播与网络电视系统。数据中心机房占地面积 265 平方米，采用 B 级标准建造，目前物理服务器 45 台，虚拟服务器 68 台，计算资源 2516G，可用存储资源 68TB。

长沙商贸旅游职业技术学院充分发挥国家职业教育会展专业资源库的在线教学资源和跨区域团队优势，打造会展专业人才培养生态系统，会展专业资源库应用范围已扩展到 29 个省（直辖市、自治区），有力支撑全国 22 所院校“停课不停学”，服务全国 415 家地方会展行业协会及企业“停工不停训”。

未来，旅游职业院校对于智慧校园建设的重视程度将越来越高，智慧校园对职业教育发展的助力作用必将更为显著。

3. 师资队伍建设力度增强

（1）师资数量略有增长

当前，我国旅游职业教育专业教师队伍仍处于总量有待提高的阶段。据课题组抽样调查数据显示，302 所院校中高职院校共拥有旅游类专职教师 5432 人，较 2018 年有所增长。其中数量最多的达到 558 人，100 人以上的有 6 所，50 人以上的有 6 所，20 人以上的有 60 所，反映出校际差异依然明显，课题组选取了其中有代表性的几所院校进行分析，详见表 1。

表 1　部分中职学校师资情况表

序号	院校名称	旅游大类专业专任教师（单位：人）	双师型教师所占百分比
1	哈尔滨市第一职业高级中学校	9	100
2	沈阳市旅游学校	18	89
3	济南旅游学校	9	100
4	四川省旅游学校	98	77
5	宁夏旅游学校	30	63
6	贵阳市旅游学校	40	88
7	锦州市现代服务学校	32	78

资料来源：课题组根据抽样调查数据整理。

（2）师资结构正态分布

调研的样本院校中，副高级及以上职称的教师共 3641 人，校均 12 人。其中，有 10 所样本院校在 100 人以上。从整体而言，全国旅游职业教育师资职称结构分布呈中间多（中级、副高职称）、两端少（正高、初级）的正态分布。

学历结构方面，总体上旅游高职院校首先以硕士研究生学历为主，占 67.1%；其次是大学本科，占 24.74%，博士生占 6.98%，表明旅游类师资学历结构基本合理。旅游中职学校则首先以大学本科学历为主，约占 74%；其次是硕士学历，约占 21.4%；最后是大专学历，约占 3.12%。

师资来源方面，抽样调研数据显示，80.1% 的样本院校拥有校外兼职教师，302 所样本院校共有校外兼职教师 4238 人，校均 14 人。其中，有 10 所院校兼职教师数量多于 100 人。66.6% 的院校拥有来自旅游企业的中高层管理者，较 2018 年增长 7.9%。数据显示，我国旅游职业院校的师资来源结构日趋合理，校企合作日益深入，院校聘用企业兼职教师的人数显著增长。

（3）师资培养不断加强

据课题组调研数据显示，中高职院校旅游专业教师人均赴企业挂职天数较往年有大幅增加。79.9% 的样本院校旅游大类专任教师在 2019—2020 学年有赴企业挂职锻炼的经历。

131 所高职院校旅游类专业教师年度人均企业挂职天数约为 38.9 天。中职学校中，教师人均企业挂职天数约为 26.97 天，课题组分别对中、高职院校年度挂职天数进行了排名，详见表 2、表 3。

表 2　高职院校旅游类专业教师年度人均企业挂职锻炼天数排名（前五位）

序号	院校名称
1	苏州经贸职业技术学院
2	浙江商业职业技术学院
3	日照职业技术学院
4	长春职业技术学院
5	大连职业技术学院

表 3　中职学校旅游类专业教师年度人均企业挂职锻炼天数排名（前五位）

序号	院校名称
1	广东省河源理工学校
2	兴安盟乌兰浩特市职教中心
3	信阳市第一职业高级中学
4	江苏昆山花桥国际商务城中等专业学校
5	福建省三明市尤溪职业中专学校

本年度，各旅游院校更加重视师资队伍建设，持续加大师资培养力度，通过项目培训、企业挂职、人才引进等方式多措并举打造“双师型”教师队伍。2019 年 12 月，国务院印发《国家职业教育改革实施方案》，要求职业院校、应用型本科高校教师每年至少 1 个月在企业或实训基地实训，落实教师 5 年一周期的全员轮训制度。江苏省出台了《深化新时代江苏职业教育“双师型”教师队伍建设改革实施办法》，要求分层分类打造“双师型”教师队伍。职业院校兼职教师占教师总数的 25%。同时，进行中职学校教师职称评审改革，启动实施中等职业学校“领航计划”，引导中高职院校分类发展。

上海旅游高等专科学校以“精选增量、优化存量”为要求，打造一支“双师双能”、具有国际化水准的师资队伍。在人才引进渠道上，注重国际视野和行业背景，实施分类标准，吸纳具有优秀海外经历及高技术职业等级或高管职位背景的行业专门人才。在人才培养上，学校推出人才队伍建设工程“五大计划”项目，即“腾飞计划”“攀登计划”“灯塔计划”“星光计划”“雏鹰计划”，不断提高教师对教学科研工作创新的积极性。同时，积极推进教师的国际化培养，近三年，教师出境访问、进修、讲学共计 70 人，参与产学研践习计划 13 人，承担国家旅游局外派工作 3 人，其中 2 人赴联合国世界旅游组织（WTO）挂职。在人事制度健全上，学校实施人员分类考核机制，改革教师职称聘任机制，适应学校“双师双能”人才的发展。

江苏旅游职业学院结合省市要求，逐步开展了江苏省“333 工程”推荐选拔、省青蓝工程培养对象和团队推荐选拔、省双创人才申报、全国育人楷模推荐选拔、乡土人才推荐选拔等各项人才项目工作。学院已有 4 人入选省青蓝工程培养对象，1 人入选省“333 工程”第三层次培养对象，1 人被评为领军人才，1 人被评为乡土人才。除此之外，有国际级技能名师、大师 12 人，省级技能名师 28 人，名师工作室 16 个。同时，学校坚持人才强效战略，大力加强“双师型”师资队伍建设力度，形成了一支高水平专兼职结合的双师队伍，实施了“名师工作室工程”“青蓝结对工程”等培养工程，健全学科带头人和骨干教师培养制度，鼓励教师报考定向培养研究生及参加各类技能培训，营造教师培养提升的浓郁氛围，以科研、教研、技能大赛推动教师专业发展，已成立扬州市乡土人才“三带”研修学院、全省职业院校技能大赛烹饪赛项师资培训基地、国家万名旅游英才计划扬州金牌导游工作室等品牌项目。

4. 产学研合作日益深化

（1）校企合作领域进一步扩大

长期以来，职业教育校企合作大多集中在“实训”“实习”两个领域，对于人才培养目标设定、人才培养方案制订、教育教学过程、教材编写、教师互通、毕业招聘等其他环节较少涉及。校企合作的区间有限性应进一步改进，根据校企共同利益的寻找，在校企共赢的基础上，推动校企合作的全过程协同，不仅仅是接纳毕业生实习就业，而是扩展到学生由入学到出校的全过程培养，获得培养过程的真正“工学结合”一体，贯穿讲台上下、课堂内外、学校里外。可通过多个协同来进行校企合作的全过程育人，从知识到技能，从素养到能力，从课程到考核，从教学到教师，校企全程合作，全程共融，才能真正增强旅游职业教育的适应性，实现专门化、技能型人才培养。

（2）构建多元协同育人体系

同时，还强调多元利益主体协同参与。高职教育的“跨界”特征决定了办学不能仅局限于学校内部，必须要吸纳行业、企业、社会、政府等其他主体积极参与，多元协同，多主体共同培养，同时也能获得社会效益、学校效益、企业效益的统一。为了适应旅游业的需求，可在教育部门和文化与旅游部门的指导下，旅游高校、旅游中职院校、旅游相关企业、旅游行业协会等共同参与，成立多方深度合作的人才培养联盟机制。

5. “三教”改革不断推进

（1）教师发展

随着我国经济社会发展、产业转型升级和供给侧结构性改革的不断深入，互联网和智能制造技术对越来越多的行业领域进行再造，众多职业岗位的知识体系发生了重大改变。产业转型升级必然要求职业院校专业、课程和教材的转型升级。但根据调研结果，旅游职业院校教师授课与一线岗位技术应用的实际情况有一定程度的脱节。应继续组建高水平教学团队，吸收企业人员成为教学团队实际成员，达到学校和企业的双师共同培养，建立成熟的双师培养机制，带动教师实践技能的深化培养，提高教师实践教学能力，提高企业教师的教学组织能力，建立新型的教学考核机制。

（2）教材建设

教材是学生获取知识、发展能力的重要来源，也是体现国家意志、传承民族文化的重要载体。教材的质量直接影响教学活动的开展，关系到职业教育教学改革的顺利进行。《国家职业教育改革实施方案》明确提出，要促进产教融合校企“双元”育人，为深化“三教”改革指明了方向，要求“将新技术、新工艺、新规范纳入教学标准和教学模式”，建设一大批校企“双元”合作开发的国家规划教材，倡导使用新型活页式、工作手册式教材并配套开发信息化资源，以适应“互联网＋职业教育”发展需求。目前，我国旅游业已经成长到崭新阶段。新的发展阶段必然需要新的企业构成、新型人才推动作为组成和支撑，也就对高职旅游人才的培养提出了新的要求和目标。旅游职业教育类教材应努力践行“工学结合”“产教融合”，力求培养出满足当代旅游产业岗位上的新要求、新标准、新理念的优质人才。推进新时代数字化教材建设，使学生能够通过更新在线课程、数字化资源等，及时更新知识，适应“互联网＋旅游职业教育”发展需求。

（3）教法改革

教法改革应以校企合作、深度融合为改革基点，在课程设置和教学内容改革的基础上，抓住机遇，更新教学方法和教学手段，与时俱进，带动课堂、实习、实训三个关键环节，加强教学过程的有效性、实用性、功能性。新时代职业院校课堂和课外都发生了巨大转变，已不再是传统的“纸质教科书＋授课”形式，而是演变为以课堂为核心、以任务为载体、以信息技术为手段，充分融合纸质教材和数字化资源，并通过多种实训实践方式呈现、应用技能，使得多渠道、多选择、碎片化、自主性、终身性学习成为可能。职业教育课程、教学方法、手段应建立整体和立体化教学系统。在开发理念上，要由注重技能向提升素养转变；在课程理念和内容上，要突出新形态下一体化；在开发技术上，要实现智能化、信息化；在开发团队上，应力求多元化。

6. 旅游创新创业教育水平不断提升

旅游职业教育应立足于培养具备实用型技能，思路开阔，思维创新，视野宽广，个人素养素质良好，拥有较强创造力和卓越服务意识的旅游创新创业人才。这就要求加强学生创新创业教育，提高创业水平。加强旅游职业院校创新创业课程体系的完善设置，打造精品创新创业课程，优化创新创业教育师资，改革创新创业教育理念导入途径和方式。创新创业需要完整的课程体系支撑，需要专业论证，具体在教学中进行实践和验证，然后进一步改革和调整，增强旅游信息产业、旅游新媒体产业、旅游营销行业等必备领域的创业知识强化，优化课程设置。同时，引进大量的企业师资进行创新创业教育。目前很多旅游职业院校创新创业师资仅仅为校内师资，甚至有一些学校以辅导员为主体，教师构成单一，构筑视野过于狭窄，不能拓宽行业知识面。应加大企业教师比例，尤其是聘请高级别的企业管理人员担任创新创业教育师资，以行业实战经验带给学生思索，开启学生的创业理念，增强学生的创新创业实践能力，满足旅游行业的人才新需求。

三、旅游职业教育面临的挑战

（一）文化和旅游业发展对旅游人才提出了新要求

文化和旅游融合发展对旅游人才培养提出了新的要求。旅游者对于旅游的目的、期望、方式都发生了很大的变化，不再满足于走马观花、点到为止的观光，而是有了更深入的需求。根据2020年对全国高等职业院校旅游管理专业建设情况的调研，旅游行业领域未来3年对技能型、复合型旅游人才的需求量最大。从人才类型看，企业最急需能够进行技能服务的旅游人才，占比达到70.89%。新工业革命背景下，在新模式、新规则、新技术、客户服务偏好新变化、游客市场新变化以及其他行业的驱动下，根据近三年文化旅游业发展实际情况，结合相关专家的研究，本报告认为，旅游行业领域在目前及未来一段时间内对于人才的需求趋向于综合型高素质的技术技能型人才。

（二）疫情防控常态化之下行业变革对旅游人才培养提出新挑战

2020年发生的新冠肺炎疫情是新中国成立以来传播速度最快、感染范围最广、防控难度最大的一次重大公共卫生事件。新冠肺炎疫情发生以来，中国境内外游客数量呈现“断崖式”下跌，全球旅游业开始进入冰封期。新冠疫情同时深刻改变了人们的生活方式，驱动旅游市场环境变革，带来旅游产业商业模式转型，催生了旅游新业态。随着国内疫情得到控制，我国进入常态化疫情防控阶段，旅游业不断回温，创造了大量就业岗位。同时我们也看到，后疫情时代，行业的变化对旅游人才培养也提出了新的要求。数字化专业人才、复合型人才、高端细分化的行业人才，比如，精通互联网技术的专业人才，精通策划的旅游定制师，全方位服务的旅行管家，懂直播的旅游人才，文化修养高的景区讲解员，懂教育的研学策划师等受到市场青睐。

四、旅游职业教育发展展望

新时代，我国旅游职业教育面临着新机遇、新挑战。在文旅融合向纵深发展与职业教育环境不断改善的情况下，我国旅游职业教育应抓住机遇，迎接挑战，不断拓宽发展路径，在前进中完成自我调整，紧贴产业发展需求，探索形成旅游职业教育发展的创新模式。

（一）旅游人才培养更加“多元化”

2018年文化和旅游部发布的《关于提升假日及高峰期旅游供给品质的指导意见》中指出，未来将着力开发文化体验游、乡村民宿游、休闲度假游、生态和谐游、城市购物游、工业遗产游、研学知识游、红色教育游、康养体育游、邮轮游艇游、自驾车房车游等11个旅游新业态。新业态的不断发展需要大量的专业人才作为基础，而目前我国并未形成面向旅游新业态需求的人才培养体系，大多数企业员工来自传统的旅游相关专业毕业生。未来，各院校应该紧贴本区域内旅游新业态发展，有针对性地培养专门人才，为新业态发展提供人才支撑。

（二）旅游职业教育更加"智慧化"

根据国家发展和改革委员会《产业结构调整指导目录（2019年本）》，鼓励类项目中的文化项目包括：文化信息资源共享工程，智慧博物馆建设，传统媒体和新兴媒体融合发展。《国务院办公厅关于进一步激发文化和旅游消费潜力的意见》（国发〔2019〕41号）提出，要推进"互联网+旅游"，强化智慧景区建设，实现实时监测、科学引导、智慧服务。

随着新休闲时代的到来，新媒体和全民传播的大时代特征日益明显，尤其是在疫情期间，旅游业网络营销、直播带货的异军突起现象，使旅游电商专业呼声渐高。受调研企业和专家普遍认为，职业院校应积极适应旅游产业新变化，抓住机遇，勇立发展潮头。但目前从事旅游新媒体和旅游网站工作的大多数只是计算机专业人才，具备旅游行业所需综合知识能力的人才不多，远不能适应旅游电子商务发展的需求。被调研的近30%的省（直辖市、自治区）所在学校提出了开设旅游电子商务专业的建议，以培养能够从事旅游电子商务网站建设与维护、网络营销、网络策划和编辑、网站运营与管理、旅游企业电子商务平台建设与维护、旅游在线客户管理的旅游电商人才。旅游职业教育调整应结合产业发展趋势，高职院校考虑新增"旅游产品创意与设计""乡村旅游经营与管理""旅游新媒体应用""旅游信息传播"等相关课程，挑战专业开设方向，为当前的旅游企业、旅游网站培养既熟悉电子商务又精通旅游业务的复合型人才。

（三）产教融合更加"立体化"

2018年9月，习近平总书记在全国教育大会上明确强调，"要高度重视职业教育，大力推进产教融合，健全德技并修、工学结合的育人机制，源源不断为各行各业培养亿万高素质的产业生力军，让职业院校毕业生在职业发展上也有广阔空间"。2019年初，国务院印发《国家职业教育改革实施方案》，为我国职业教育擘画了未来发展蓝图。该方案强调落实好立德树人根本任务，健全德技并修、工学结合的育人机制，完善评价机制，规范人才培养过程，从国家层面突显了"德技并修"育人机制的重要意义。在国家政策引领下，各旅游职业教育院校全面落实育训结合、德技并修的育人机制，大力推进产教深度融合，提升工学结合育人水平，提升我国旅游职业教育服务地方产业、服务国家发展改革深水区时期对人才的需求，尤其是对"德技并修"的高素质技术技能人才的需求，实现旅游职业教育内涵式发展。

（四）课程思政更加"系统化"

"立德树人"是教育的根本任务。党的十八大以来，习近平总书记在全国教育大会、全国高校思想政治工作会议、全国学校思想政治理论课师生座谈会等会议上，多次发表重要讲话，反复强调要落实"立德树人"的根本任务，抓好思政课程建设，"使各类课程与思想政治理论课同向同行，形成协同效应"。课程思政作为一种新的教育理念，是新时期加强高校人才培养和思想政治教育的新要求、新举措、新方向，从根本上回应了"为谁培养人、培养什么样的人、怎样培养人”等重大理论与实践问题。

为构建全员育人、全过程育人、全方位育人的良好格局，全国旅游职业教育教学指导委员会开展了全国旅游职业教育“课程思政”展示活动。全国 26 个省（直辖市、自治区）的 69 所院校推荐了 170 个作品参加活动。经过专家评审，共确定了 30 个案例入选全国旅游职业教育“课程思政”课堂教学和教学设计的示范案例（详见表 4、表 5）。这些课程内容丰富、形式多样、生动活泼，反映了当前旅游职业教育“课程思政”的成果，极大地推动了旅游职业教育领域思想政治教育工作。本次全国旅游职业教育“课程思政”在线展示活动的组织和实施，搭建了全国旅游专业课程思政建设交流的平台，对充分挖掘各类课程思政资源起到良好的推动作用。

表 4　2020 年全国旅游职业教育“课程思政”在线展示活动课堂教学示范案例入选名单

序号	院校名称	负责人	作品名称	备注
1	武汉城市职业学院	胡璟	我的家乡之恩施玉露	高职
2	浙江旅游职业学院	温燕	习茶礼仪——茶人修养与茶德精神	高职
3	江苏海事职业技术学院	姜锐	我国乡村旅游转型升级和产品开发	高职
4	山东旅游职业学院	马珺	法国概况	高职
5	南京旅游职业学院	卢凤萍	红色旅游文化讲解	高职
6	长春职业技术学院	张颖新	观冰湖腾鱼　品冬捕文化——《导游词创作与讲解》	高职
7	潍坊职业学院	刘杰	“蒙山高来沂水长　红色精神永传扬”——红色景区导游讲解	高职
8	重庆工商职业学院	杨华	基于观众类型的讲解词编写要领探究	高职
9	浙江旅游职业学院	华蕾	黄“芯”诚品，桥“意”臻尝——黄桥烧饼的制作	高职
10	青岛酒店管理职业技术学院	田超	先师功德垂青史　儒学精华照五洲——孔庙大成殿	高职
11	南京旅游职业学院	杨婷婷	酒店日常防疫接待之入住登记	高职
12	河南经贸职业学院	赵肖肖	全陪准备工作	高职
13	宁夏旅游学校	汪文钰	宁夏导游基础	中职
14	威海市职业中等专业学校	徐琳	走进刘公岛	中职
15	宁波市镇海职教中心	丁宁	匠心独具——中餐宴会摆台	中职

表 5　2020 年全国旅游职业教育“课程思政”在线展示活动教学设计示范案例入选名单

序号	院校名称	负责人	作品名称	备注
1	恩施职业技术学院	莫玉鹤	讲述民族的符号　编织共融的记忆——《西兰卡普文化与编织技艺》	高职

续表

序号	院校名称	负责人	作品名称	备注
2	浙江旅游职业学院	於佩红	看祖国大好河山品中华人文之美——《中国旅游地理》	高职
3	聊城职业技术学院	刘长青	冲泡名优红茶	高职
4	青岛酒店管理职业技术学院	杨栋	旅行社计调实务	高职
5	太原旅游职业学院	罗海英	文旅天然黏合　德技同步并修——《山西红色文化与旅游》	高职
6	武汉城市职业学院	朱德勇	旅游文化	高职
7	石家庄职业技术学院	樊莉莉	重走革命路再温柏坡情	高职
8	南京旅游职业学院	张岳军	旅游学概论	高职
9	黑龙江农业经济职业学院	乔海丽	千古一帝　世间奇迹——秦始皇陵兵马俑导游词创作	高职
10	长沙商贸旅游职业技术学院	谢敏	文旅重振，初心如磐；导游养成，于斯为盛——《导游实务》	高职
11	河北旅游职业学院	王敏	“四融四双五步”——《模拟导游》	高职
12	漳州职业技术学院	薛秀云	“与您同行，成为更好的自己”——旅游英语口语课程思政教学设计案例	高职
13	长春职业技术学院	吕天春	“小物件”品“大文化”，“小礼物”传“中国情”——“Chinese Paper Cutting（剪纸－区域特色产品推介）”	高职
14	西宁市第一职业技术学校	姚海燕	课程思政进课堂，三江保护共助力	中职
15	宁夏旅游学校	张海蔚	导游业务	中职

党的十九届五中全会公报指出：“当前和今后一个时期，我国发展仍处于重要战略机遇期，但机遇和挑战都有新的发展变化。”我国旅游职业教育已走进高质量发展阶段，面对构建新发展格局以及高质量教育体系建设等新要求，探索具有中国特色的旅游职业教育发展模式，增强旅游职业教育的地方适应性，对我国建立结构合理、层次齐全、类型特征鲜明的高质量旅游职业教育体系，全面提升旅游职业教育的社会吸引力和服务贡献度，推动旅游职业教育现代化进程，助力社会主义现代化国家建设，具有重要的现实意义。

参考文献

［1］彭顺生．中国旅游业：后疫情时代恢复与振兴研究［J］．扬州大学学报（人文社会科学版），2020，24（05）：54–66.

［2］傅晓羚．旅游定制师走红　未来一年人才缺口达 5 万［N］．南方都市报，2019–07–02（A22）.

［3］张金霞．旅游大类高职高专毕业生就业困境及策略［J］．武汉职业技术学院学报，2020，19

（04）：97-101.
［4］李素芬，徐晶，敖登．高职旅游院校社会服务存在的问题及对策研究［J］．旅游纵览（下半月），2019（02）：219.
［5］徐锁玉．高职院校社会培训质量的提升研究——以江苏旅游职业学院为例［J］．教育现代化，2020，7（42）：163-166.

（本报告由山东旅游职业学院课题组完成，课题组负责人：魏凯；执笔人：孙健、姜良伟、石少婷）

分论篇

中国旅游职业教育专业建设年度报告

课题组主要采用问卷调查的方法对“全国职业院校旅游类及相关专业建设发展情况”进行了调研，涵盖已开设旅游类及相关专业、2019—2020年新增旅游类及相关专业、旅游类及相关专业招生、1+X证书试点、高水平专业群等内容。调研于2020年10月通过问卷星发放问卷，共计发放321份调查问卷，回收问卷321份，回收率为100%，获得有效问卷269份，有效率为83.80%。

一、中国旅游职业教育专业建设现状

在本次调研的全国321所开设旅游类及相关专业的中、高职院校中，高等职业院校有142所，占比44.24%；中等职业院校有152所，占比47.35%。对这两类院校进行专业建设相关的数据分析，如下所示。

（一）中国高等旅游职业教育专业建设现状

1. 开设旅游类及相关专业情况

根据最新版国家职业教育专业目录显示，旅游大类包含18个专业，其中旅游类13个专业，餐饮类5个专业，与调整前的专业目录相比，部分专业变动较大，详见表1。

表1　普通高等学校高等职业教育（专科）专业目录新旧专业对照表

54 旅游大类					
5401 旅游类					
序号	新专业代码	新专业名称	原专业代码	原专业名称	调整情况
545	540101	旅游管理	640101	旅游管理	保留
546	540102	导游	640102	导游	保留
547	540103	旅行社经营与管理	640103	旅行社经营管理	更名
548	540104	定制旅行管理与服务			新增
549	540105	研学旅行管理与服务	640107	研学旅行管理与服务	保留
550	540106	酒店管理与数字化运营	640105	酒店管理	更名

续表

序号	新专业代码	新专业名称	原专业代码	原专业名称	调整情况
551	540107	民宿管理与运营			新增
552	540108	葡萄酒文化与营销	640108	葡萄酒营销与服务	更名
553	540109	茶艺与茶文化	630704	茶艺与茶叶营销	归属调整、更名
554	540110	智慧景区开发与管理	640104	景区开发与管理	更名
555	540111	智慧旅游技术应用			新增
556	540112	会展策划与管理	640301	会展策划与管理	归属调整
557	540113	休闲服务与管理	640106	休闲服务与管理	保留
5402 餐饮类					
558	540201	餐饮智能管理	640201	餐饮管理	更名
559	540202	烹饪工艺与营养	640202	烹调工艺与营养	更名
560	540203	中西面点工艺	640204	中西面点工艺	保留
561	540204	西式烹饪工艺	640205	西餐工艺	更名
562	540205	营养配餐	640203	营养配餐	保留

在142所高等职业院校中，删除未填写信息的9所，填写“无”“不清楚”“还没有开设旅游相关专业”等信息的有6所，得到有效旅游类及相关专业信息的共有128所，有效率达到90.14%，具体如表2所示。其中，开设专业最多的是“旅游管理”，有104所学校，占比81.25%；其次是“酒店管理与数字化运营”专业，有47所，占比为36.72%；接下来的专业是“休闲服务与管理”“烹饪工艺与营养”，分别有20所和18所，占比约为15%；开设“会展策划与管理”“导游”的均为14所院校，占比10.94%；“智慧景区开发与管理”“空中乘务”专业等较为常规，占比不超过10%；数量最少的是新型专业，均为近几年刚刚开设，例如“研学旅行管理与服务”，仅有3所院校，占比2.34%。

表2　高等职业院校开设旅游类、餐饮类专业情况汇总

序号	专业名称（按照新专业目录名称统计）	数量（所）	占比
1	旅游管理	104	81.25%
2	酒店管理与数字化运营	47	36.72%
3	烹饪工艺与营养	18	14.06%
4	旅行社经营与管理	3	2.34%
5	会展策划与管理	14	10.94%

续表

序号	专业名称（按照新专业目录名称统计）	数量（所）	占比
6	导游	14	10.94%
7	智慧景区开发与管理	7	5.47%
8	休闲服务与管理	20	15.63%
9	研学旅行管理与服务	3	2.34%
10	空中乘务	8	6.25%
11	城市轨道交通运营与管理	6	4.69%
12	国际邮轮乘务管理	2	1.56%

2. 2019—2020 年新增旅游类及相关专业情况

在 142 所高等职业院校中，过滤掉未填写信息的 10 所，得到有效信息的共有 132 所，有效率达到 92.96%。但是，在这 132 所院校中，有 107 所没有新增旅游类及相关专业。其他 25 所院校共新增 9 种旅游类及相关专业，具体如表 3 所示。其中占比最高的是新兴专业“研学旅行管理与服务”，有 6 所院校，占比 24.00%；其次是“休闲服务与管理”，有 5 所，占比 20.00%；“旅游管理”和“电子商务”占比均为 16.00%；占比最少的是“烹饪工艺与营养”和“导游”，均仅有 4.00%。

表 3　高等职业院校 2019—2020 年新增旅游类及相关专业

序号	旅游类及相关专业	数量（所）	占比
1	旅游管理	4	16.00%
2	烹饪工艺与营养	1	4.00%
3	电子商务	4	16.00%
4	导游	1	4.00%
5	休闲服务与管理	5	20.00%
6	研学旅行管理与服务	6	24.00%
7	空中乘务	3	12.00%
8	城市轨道交通运营与管理	1	4.00%
9	国际邮轮乘务管理	2	8.00%

3. 旅游类及相关专业招生情况

在 142 所高等职业院校中，过滤掉未填写信息的 15 所，得到有效信息的共有 127 所，有效率达到 89.44%。但是，在这 127 所院校中，有 9 所院校填写为 0，成为无效样本，最终有效样本为 118 所。

计算最终结果如表 4 所示。2019 年，高等职业院校招生人数在 100 人以下的有 27 所，占比最多，为 42.19%；其次，招生人数在 101~200 人及 301~500 人之间的分别有 12 所和 10 所院校，占比为 18.75% 和 15.63%，均未超过 20%；最后，有 6 所院校招收旅游类及相关专业人数在 501 人以上，占比最少，为 9.38%。2020 年，高等职业院校招生人数在 100 人以下的有 44 所，依然占比最多，为 37.29%；其次是招生人数在 201~300 人之间的院校，为 27 所，占比 22.88%，招生人数在 101~200 人的院校，占比 21.19%，均超过了 20%；招生人数在 301~500 人的院校仅 9 所，占比为 7.62%。

表 4　2019 年和 2020 年高等职业院校旅游类及相关专业招生情况

2019 年	招生人数选项	院校（所）	占比	2020 年	招生人数选项	院校（所）	占比
A	100 人以下	27	42.19%	A	100 人以下	44	37.29%
B	101~200 人	12	18.75%	B	101~200 人	25	21.19%
C	201~300 人	9	14.06%	C	201~300 人	27	22.88%
D	301~500 人	10	15.62%	D	301~500 人	9	7.62%
E	501 人以上	6	9.38%	E	501 人以上	13	11.02%
		64	100.00%			118	100.00%

备注：2019 年有 54 所院校未填写招生人数，具体原因不详。因此不能单单认为其是“0”。

描述 118 所高等职业院校在 2019 年和 2020 年的招生趋势，如图 1 所示。总体来看，2020 年的招生人数均高于 2019 年，也就是说高等职业院校旅游类及相关专业招生呈现增长的趋势。

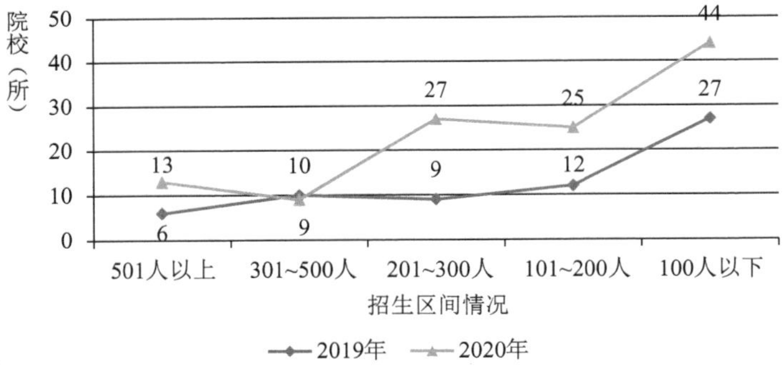

图 1　2019 年和 2020 年高等职业院校旅游类及相关专业招生情况

4. 1+X 证书试点开展情况

2019 年 2 月，国务院印发《国家职业教育改革实施方案》，明确提出从 2019 年开始，在职业院校、应用型本科高校启动“学历证书 + 若干职业技能等级证书”制度试点（以下称 1+X 证书制度试点）工作。“1”为学历证书，“X”为若干职业技能等级证书。学历证书全面反映学校教育的人才培养质量，而职业技能等级证书是毕业生、社会成员职业技能水平的凭证，反映职业活动和个人职业生涯发展所需要的综合能力。“1”是基础，“X”是“1”的补充、强化和拓展，书证相互衔接融通正是“1+X 证书制度”的精髓所在。

据调研数据可知，在 142 所高等职业院校中，超过 70% 的学校（106 所）开展了 1+X 证书试点，未开展 1+X 证书试点的只有 36 所学校（见表 5）。在 106 所已开展 1+X 证书试点的院校中，删除未填写信息的院校 16 所，过滤掉填写“无”“不清楚”“不知道”的无效样本信息，最终有效样本院校为 71 所，有效率为 66.98%。

表 5　高等职业院校 1+X 证书试点开展情况

序号	1+X 证书试点	数量（所）	占比
1	开展	106	74.65%
2	未开展	36	25.35%

5. 高水平专业群

2019 年 1 月国务院印发的《国家职业教育改革实施方案》提出：启动实施中国特色高水平高等职业学校和专业建设计划，建设一批引领改革、支撑发展、中国特色、世界水平的高等职业学校和骨干专业（群）。到 2022 年，建设 50 所高水平高等职业学校和 150 个骨干专业。这标志着中国高等职业教育已进入“提质增效”的发展阶段。2019 年 4 月，《关于实施中国特色高水平高职学校和专业建设计划的意见》和《中国特色高水平高职学校和专业建设计划项目遴选管理办法（试行）》陆续发布，对“双高计划”建设中的高水平高职学校以及高水平专业群均明确了建设要求和目标。

《中国特色高水平高职学校和专业建设计划项目遴选管理办法（试行）》中提出，“高水平专业群”建设的内涵包括四个方面：一是专业群定位高，二是产教融合度高，三是育人效果好、信息技术水平高，四是师资团队要求高、国际化水平高。

2019 年高职院校“双高计划”建设申报并公示的旅游大类专业群共有 5 所院校的 5 个专业群，具体院校及其专业群设置及所含专业如表 6 所示。

表 6　2019 年“双高计划”旅游大类专业群设置

学校名称	高水平建设等级	专业群名称
海南经贸职业技术学院	高水平学校建设单位（C 档）	旅游管理
浙江旅游职业学院	高水平专业群建设单位（B 档）	导游
陕西职业技术学院	高水平专业群建设单位（B 档）	旅游管理
青岛酒店管理职业技术学院	高水平专业群建设单位（C 档）	酒店管理
长沙商贸旅游职业技术学院	高水平专业群建设单位（C 档）	餐饮管理

据调研数据可知，在142所高等职业院校中，删除未填写信息院校16所，过滤掉填写“无”“不清楚”“不知道”“0”的无效样本信息，最终有效样本院校为82所，有效率为57.75%。

表7　高等职业院校高水平专业群建设情况

序号	高水平专业群	数量（所）	占比
1	旅游管理专业群	21	61.76%
2	酒店管理专业群	5	14.70%
3	烹饪类专业群	4	11.76%
4	文旅创意专业群	3	8.82%
5	旅游餐饮双高专业群、导游专业群、旅游英语专业群、旅游会展专业群、现代服务专业群、休闲旅游专业群、森林生态旅游专业群、旅游接待业专业群、国际邮轮乘务管理专业群、婚庆管理专业群、高速铁路运营与管理专业群、空中乘务专业群	1	2.94%

具体而言，82所高等职业院校中，建设高水平专业群的旅游类及相关专业包含旅游管理专业群、酒店管理专业群、烹饪类专业群、文旅创意专业群、旅游餐饮双高专业群、导游专业群、旅游英语专业群、旅游会展专业群、现代服务专业群、休闲旅游专业群、森林生态旅游专业群、旅游接待业专业群、国际邮轮乘务管理专业群、婚庆管理专业群、高速铁路运营与管理专业群、空中乘务专业群等16类，其中数量最多的依然是旅游管理专业群，占比为61.76%，其余旅游类及相关专业占比之和与其相比略低。

（二）中国中等旅游职业教育专业建设现状

1. 开设旅游类及相关专业情况

根据国家发布的职业教育专业目录显示，旅游大类包含9个专业，其中旅游类6个专业、餐饮类3个专业。

表8　中等职业教育专科新旧专业对照表

74 旅游大类					
7401 旅游类					
序号	新专业代码	新专业名称	原专业代码	原专业名称	调整情况
281	740101	旅游服务与管理	130200	旅游服务与管理	合并
			130500	景区服务与管理	
282	740102	导游服务	130400	导游服务	保留
283	740103	康养休闲旅游服务	131000	康养休闲旅游服务	保留
284	740104	高星级饭店运营与管理	130100	高星级饭店运营与管理	保留

续表

序号	新专业代码	新专业名称	原专业代码	原专业名称	调整情况
285	740105	茶艺与茶营销	131200	茶艺与茶营销	保留
286	740106	会展服务与管理	130600	会展服务与管理	保留
7402 餐饮类					
287	740201	中餐烹饪	130700	中餐烹饪与营养膳食	更名
288	740202	西餐烹饪	130800	西餐烹饪	保留
289	740203	中西面点	131100	中西面点	保留

在152所中等职业院校中，删除未填写信息的3所，填写“无”“不清楚”“还没有开设旅游相关专业”等信息的有8所，得到有效旅游类及相关专业信息的共有141所，有效率达到92.76%。

141所院校共有8个不同的旅游类及相关专业，其中有5个专业与高等职业院校是相同的，具体如表9所示。其中，开设专业最多的是“旅游服务与管理”，有114所学校，占比80.85%；其次是“酒店管理”专业，有48所，占比接近35%，开设“中餐烹饪与营养膳食”专业的院校有23所，占比超过15%；开设“导游服务”专业的有14所院校，占比不到10%；开设“景区开发与管理”“旅游外语”“航空服务”这三个专业的占比均未超过5%。

表9　中等职业院校开设旅游类及相关专业情况

序号	旅游类及相关专业	数量（所）	占比
1	旅游服务与管理	114	80.85%
2	酒店管理	48	34.04%
3	中餐烹饪与营养膳食	23	16.31%
4	旅游外语	3	2.13%
5	导游服务	14	9.93%
6	景区开发与管理	2	1.42%
7	航空服务	3	2.13%

2. 2019—2020年新增旅游类及相关专业情况

在152所中等职业院校中，过滤掉未填写信息的5所，得到有效信息的共有147所，有效率达到96.71%。但是，在这147所院校中，有111所没有新增旅游类及相关专业。有新增的36所院校共新增9种不同的旅游类及相关专业，具体如表10所示。占比最高的依然是“旅游服务与管理”专业，有10所院校，占比27.78%；其次是“导游服务”专业，有6所，占比16.67%；“中餐烹饪与营养膳食”专业，有5所，占比为13.89%；“航空服务”“旅游电商”“康养休闲旅游服务”，均仅有 2 所。

表 10　中等职业院校 2019—2020 年新增旅游类及相关专业

序号	旅游大类专业	数量 / 所	占比 /%
1	旅游服务与管理	10	27.78%
2	导游服务	6	16.67%
3	中餐烹饪与营养膳食	5	13.89%
4	西餐烹饪	3	8.33%
5	酒店管理	3	8.33%
6	航空服务	2	5.56%
7	康养休闲旅游服务	2	5.56%
8	高铁服务	3	8.33%
9	旅游电商	2	5.56%

3. 旅游类及相关专业招生情况

在 152 所中等职业院校中，过滤掉未填写信息的 11 所，得到有效信息的共有 141 所，有效率达到 92.76%。但是，在这 141 所院校中，有 10 所院校填写为“0”或者“不清楚”，成为无效样本，最终有效样本为 131 所。

计算最终结果如表 11 所示。2019 年，中等职业院校招生人数在 100 人以下的有 29 所，占比最多，为 46.77%；招生人数在 101~200 人有 16 所，占比 25.81%；招生人数在 201~300 人之间的有 7 所院校，占比 11.29%；有 10 所院校招收人数在 301 人以上。2020 年，中等职业院校招生人数在 100 人以下的有 54 所，依然占比最多，为 41.22%；招生人数在 101~200 人，占比为 28.24%；301~500 人及 201~300 人之间的院校，分别为 16 所和 15 所，占比 12.21% 和 11.45%；招生人数在 501 人以上仅为 9 所，占比为 6.87%。

表 11　2019 年和 2020 年中等职业院校旅游类及相关专业招生情况

2019 年	招生人数选项	院校（所）	占比	2020 年	招生人数选项	院校（所）	占比
A	100 人以下	29	46.77%	E	100 人以下	54	41.22%
B	101~200 人	16	25.81%	D	101~200 人	37	28.24%
C	201~300 人	7	11.29%	C	201~300 人	15	11.45%
D	301~500 人	5	8.06%	B	301~500 人	16	12.21%
E	501 人以上	5	8.06%	A	501 人以上	9	6.87%
		62	100.00%			131	100.00%

备注：2019 年有 69 所院校未填写招生人数，具体原因不详。因此不能单单认为其是“0”。

描述131所中等职业院校在2019年和2020年的招生趋势，如图2所示。总体来看，2020年的招生人数均高于2019年，也就是说中等旅游职业院校旅游大类专业招生呈现增长的趋势。

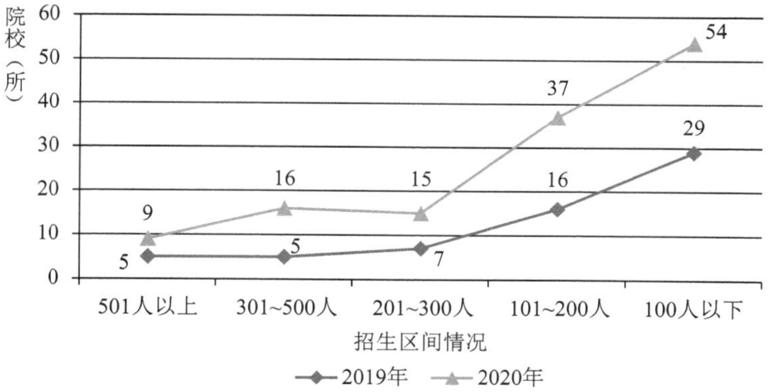

图2　2019年和2020年中等职业院校旅游类及相关专业招生情况

4. 1+X证书试点开展情况

据调研数据可知，在152所中等职业院校中，超过50%的学校（90所）开展了1+X证书试点，这个比例低于高等职业院校；未开展1+X证书试点的有62所学校。如表12所示。

表12　中等职业院校1+X证书试点开展情况

序号	1+X证书试点	数量（所）	占比
1	开展	90	59.21%
2	未开展	62	40.79%

二、中国旅游职业教育专业建设存在的问题

（一）专业定位不明确

专业定位解决的是“为谁培养人”和“培养什么样的人”的问题。明确的专业定位是制定人才培养方案的基本依据，也是一切教学活动的总的指导方向。目前许多职业院校的旅游人才培养目标基本一致，如高职旅游教育普遍定位于对高素质技术技能型人才的培养，但对接区域旅游产业发展不具体、不深入，目标过于空泛。另外，中职、专科、本科等不同旅游教育层次之间的界限定位模糊，人才培养模式、课程体系设置等无论从形式上还是内容上都较为相似。旅游行业从业人员的自身特色是适应行业发展的关键，但目前国内大部分职业院校旅游类及相关专业建设缺乏特色。

（二）专业布局不均衡

在2004年教育部印发的《普通高等学校高职高专教育指导性专业目录（试行）》文件

中，旅游大类包括“旅游管理”“餐饮管理与服务”两大专业类，涵盖“旅游管理”“涉外旅游”“导游”“旅行社经营管理”“景区开发与管理”“酒店管理”“餐饮管理与服务”“烹饪工艺与营养”等8个专业。2015年，为适应产业转型升级、产业链延伸交叉的需要，结合专业布点、招生规模等实际情况，教育部全面修订《普通高等学校高职高专教育专业设置管理办法》，在此基础之上，每年会根据国家经济社会发展所涌现出来的新需求、新业态增补新专业。截止到2020年12月，旅游大类包括“旅游”“餐饮”“会展”三大专业类，涵盖“旅游管理”“导游”“旅行社经营管理”“景区开发与管理”“酒店管理”“休闲服务与管理”“餐饮管理”“烹饪工艺与营养”“营养配餐”“中西面点工艺”“西餐工艺”“会展策划与管理”“研学旅行管理与服务”“葡萄酒营销与服务”等14个专业。虽然旅游大类涵盖专业多且较为全面，但是现实情况是全国许多职业院校依然把旅游管理和酒店管理两大专业作为重点布局，旅游大类下设的14个专业发展对应产业需求而言，有些专业供过于求，有些专业供不应求，从而呈现不平衡、不充分的特点，这势必影响整个专业大类的发展水平与实力，无法满足旅游市场的需求，不利于旅游产业深层次发展。

（三）专业设置与产业发展衔接不紧密

当前，旅游呈现“出游高频化、需求品质化及旅游休闲化”等特征，旅游与互联网、旅游与文化、旅游与养老等业态的融合衍生出了“乡村旅游”“红色旅游”“低空旅游”“自驾车旅游”“康养旅游”“文创旅游”等多个新业态。这些新业态的不断涌现对旅游从业人员的知识结构和基本素质提出了更新更高的要求，同时也增加了对多种旅游人才的需求量。在当前的旅游大类专业目录中，旅游相关专业设置与新业态发展的衔接度有待提高，同时部分院校在一些新专业的专业方向设计、人才培养方案上，依然延续了传统的针对酒店、景区、旅行社等人才的培养。旅游人才培养相对滞后，无法满足新业态发展的需要。

（四）课程体系设计不合理

虽然我国的旅游职业教育经过多年的发展，已逐渐探索出一套独特的课程体系，但是我国的旅游职业教育由于缺乏必要的理论准备和相应的实践经验，课程体系仍然存在一些问题。其一，课程体系设计缺乏充分论证。部分院校在设置专业课程体系时没有充分调研企业和行业需求，导致专业课程体系的设计与行业和企业需求存在脱轨现象。其二，课程内容不合理。部分院校在课程体系设计时专业课中的很多课程内容重复，导致学生兴趣不高，同时课程内容不能及时反映“新知识、新技术、新工艺和新方法”，许多知识实用性不强，理论过深、过难、容量过大，缺乏相应的职业技能训练。其三，课程结构不合理。忽视实践教学环节或实践教学设计不合理，实践教学得不到有效落实，导致理论与实践衔接不够紧密，学生实操能力较弱；忽视创新创业教育，部分院校的创业创新项目和职业素养项目设置过于宽泛、笼统，和专业结合度不够，不能很好地体现专业素养和专业创新创业能力。

（五）教材建设不完善

教材是教学工作的中心和关键，是体现教学内容和教学方法的知识载体，是深化教育教学改革、全面推进素质教育的重要保证。教材建设一直是旅游类及相关专业改革的重点，经过多年的努力，已形成一批内容形式精良的教材，然而由于教材编写者专业素养不够、缺乏行业实践以及行业转型升级等一系列主客观原因，旅游类及相关专业教材虽数量众多、种类繁多，但是仍存在一些问题。其一，选题重复，缺乏体系。部分教材缺乏专业的视角，书写方式雷同，缺乏自身特色，多为东拼西凑，教材编写缺乏系统性和逻辑性。其二，实践性差，内容交叉。部分专业教材以理论知识为主，缺乏与岗位实际工作相关的知识，教学内容空洞，且由于教材缺乏统一规划，导致部分教材内容交叉、雷同，如《全国导游基础知识》与《中国旅游地理》在内容上存在较多重复的地方。其三，内容陈旧、缺乏创新。近些年来，旅游业发展迅猛，出现了一系列新名词、新概念、新理论、新现象，然而部分教材依然在“炒冷饭”，案例陈旧，缺乏新知识、新内容的嵌入，同时，传统文字教材仍然占据主导地位，实物教材、电子网络教材的建设亟须提升。

（六）师资队伍结构不完善

经过多年的发展，旅游类及相关专业教师经历了从无到有、从有到优、从杂到专、从量到质的过程，师资队伍建设取得了较大的成绩，然而，面对新的挑战与发展机遇，专任教师结构仍然不完善，主要面临以下痛点：在职称结构上，专业教师呈现出高级职称教师占比较低的窘境；在学缘结构上，专任教师相当一部分是“半路出家”，缺乏对旅游专业的深入研究和透彻理解；学历结构上，虽然近几年相关院校加大引进旅游相关专业硕士和博士研究生力度，但是高学历教师所占比例仍然较低，同时，在引进过程中存在唯学历论的倾向，引进的硕士、博士大多偏重于理论研究，具体实践操作水平却有待提高；在国际化水平上，专任教师仍然以国内高校毕业生为主，具有海外留学、研修等国际化背景和国际化阅历的归国人员和高水平外籍教师较为匮乏。专任教师师资结构的不合理势必影响学生培养的质量和教师的学术研究水平，最终会制约本专业的发展与转型。

（七）人才培养不明晰

人才培养模式改革和创新一直是职业教育发展的一个热点问题，经过多年的探索和实践，“以产学结合为导向”成为职业教育不断创新人才培养模式的重要抓手和共识。目前旅游类及相关专业普遍采用且被证明有效的是“2+1”人才培养模式，即 2 年在学校学习知识，1 年在企业开展教学。然而，在实践过程中，“2”与“1”被简单地理解为时间上的概念。大部分职业院校一般都是采用前两学年在学校学习，第三学年集中安排跟岗实习、顶岗实习的方式，没有根据不同专业的内涵和特点合理、灵活地分配这一年的实习时间，忽略了探索理论教学与实践教学融合这一本质问题。另外，随着旅游业的迅猛发展，中高职一体化人才培养问题凸显，如何创新衔接中高职旅游教育成为痛点。目前，在旅游类及相关专业中高职衔接“一体化”的人才培养实践中，较为普遍存在着人才培养目标定位不清晰、课程教学内容交叉重叠、实习实训项目内容重复等问题。这些严重制约着旅游职业教育人才培养质量的提高，也不利于现代旅游职业教育体系的构建。

（八）实训效果不明显

相比于其他专业，旅游类及相关专业实践性较强，除教授理论知识之外，更需侧重实践技能的培养，如何培养应用型人才成为职业院校旅游类及相关专业迫切需要解决的突出问题，而校内实训基地成为各院校落实实践教学环节的重要抓手之一。近年来，一些职业院校投入大量的资金和精力，建设了一批高水平、高规格、信息化程度高的校内实训基地，实践教学的软硬件条件得到了极大的改善，实践教学质量也不断提升，但是在实践教学过程中仍然存在一些问题，比如，投入少、发展慢。大部分院校的旅游类及相关专业依然是小且弱的状态，办学经费紧张，校内实训基地建设很难及时到位，不利于实践教学的开展。

三、中国旅游职业教育专业建设的对策

（一）立足自身优势，明确专业定位特色

专业定位是为专业发展确定方向、目标、任务等而进行的一系列前瞻性战略构想和规划活动。在旅游产业层面，职业院校旅游类及相关专业主要是依托旅游行业的就业岗位而设置的，因此专业定位需要凸显旅游业的特色，对接传统情况和新兴业态。在社会需求层面，发达国家职业教育办学经验和我国职业教育的实践探索表明，围绕地方区域经济建设的发展需求而建设特色专业是把职业院校办大、办强的前提条件和重要保障。因此社会需求，以及政府有关职业教育、旅游业等政策举措，也是专业定位时要考虑的因素。

专业定位还要考虑专业科研成果和办学优势。从科学研究提供的结果中借鉴已有先进经验，能避免不必要的弯路，还可以了解教育、旅游行业发展的新前沿，对专业定位有很大的帮助。另外，旅游是一门综合性的学科，和许多学科都有关联性，因此，“旅游 +”是凸显专业特色很重要的一个方面。农业性质的职业学校，可以重点发展农村旅游、乡村旅游；林业性质的职业学校，重点发展生态旅游、林业旅游；艺术类学院可设立文旅融合类专业等。对于独立建制的高职高专旅游院校，即以旅游专业作为办学主体的学校，可以在内涵发展、教学方法、教学课程、教学目标、人才培养模式等方面体现专业的特色。

（二）紧跟行业发展，优化专业布局结构

职业院校具有鲜明的行业特色，行业的发展变化对专业建设影响重大，而旅游业对社会变化有很高的敏感度，发展变化非常迅速。因此，怎么快速将行业新知识、新工艺、新理念等内容融入到人才培养中去，是旅游职业教育面临的挑战之一。建立紧密对接产业链、创新链的学科专业体系和动态调整机制，非常有必要。

独立建制的高职高专旅游院校在优化专业布局和结构时，要避免过度追求“大而全”，以免丧失了自身的特色。要紧跟国家高水平专业群建设步伐，各专业围绕一个核心目标协同发展，凸显特色。

（三）对接行业前沿，建设弹性课程体系

课程体系及教材选择是专业建设中的重要组成部分，也是和产业发展产生联系的核心板块。旅游产业的综合性、对高端人才的需求、文旅融合大趋势，要求旅游专业课程覆盖面要广；旅游业快速发展，课程内容就要跟得上步伐，保持时效性；数字科技革命带来的冲击，智慧旅游的发展，对学生信息素养要求逐渐提高；“一带一路”的背景下，课程体系要保持国际化。这些都对旅游专业课程建设提出挑战。若将这些新知识、新技能、新理念等内容融入到课程体系中，需要梳理课程逻辑关系，合理组织安排，构建科学的、有弹性的课程体系。学分制是在选修课的基础上发展起来的，在国内本科院校教学管理中比较普遍，但是在中高职院校中比较少见。旅游专业教学内容知识覆盖面广、要有时效性这个问题，可以通过设立选修课解决。

和产业紧密结合，还可以通过校企合作、产教深度融合、校企共建课程等方式，目前这些方法处于不断探索、完善的过程中。达到产学研一体化还需要政策支持，校企双方明确责任，建立管理评价机制。

在这方面，澳大利亚的做法值得借鉴。澳大利亚旅游类高校通过第三方机构评估，或者组织业界人士定期对旅游专业的课程名称、教学内容及教学大纲进行评审，以保证契合行业发展的需要。还要求各学科所选用教材的版本不得过于陈旧，并鼓励教师将自己最新研究成果结合到教学中去，以保证学生获得学科最前沿的知识。

（四）推动产教融合，完善人才培养模式

党的十九大报告提出“不断完善职教培训体系，深化并加强校企合作”。国务院《关于深化产教融合的若干意见》中，提出引导行业企业参与职业教育、规范多元化办学机制体制、全面开展校企协同育人，形成教育和产业良性互动并融合发展的格局，健全完善人才培养模式，解决需求导向、人才供给与产业结构性需要之间的重大矛盾，显著增强职教、高教对产业发展的贡献。

目前，中高职院校已经进行不同形式的校企合作，但是不少产教融合还停留在比较浅的层次。在推动产教深度融合，促进人才培养质量提高方面缺乏长效机制。产教融合人才培养模式改革内涵丰富，涉及工匠精神培育、产教协同育人、产教共建师资队伍、产教共建育人机制等大量创新性工作。旅游职业教育的育人方案要体现出梯次有序、功能互补、资源共享，形成合作紧密的产教融合网络，要紧密围绕产业需求，强化实践教学，完善以应用型人才为主的培养体系。

苏州工业职业技术学院和同程旅游共建了“同程旅游学院”，师生企精心研究和选编的授课内容，80% 源自“同程旅游”等龙头骨干企业的典型岗位、典型工作任务、基本工作流程。坚持“做中学、学中研、研中悟”，指导订单班大一“识岗”、大二“习岗”、大三“顶岗”等专业实践，把创新意识、工匠精神，注入每位学生的血液中。

（五）建立多元机制，全面提升双师素质

优秀的师资队伍是学校发展的根基，建设有较高专业理论水平，又有较强实践操作能

力的“双师型”教学师资队伍是搞好科研教学科研的重要保证。实施职业院校教师素质提高计划，完善教师培训体系。探索“走出去”和“引进来”双向职业教育人才培养渠道和模式，突出先进的国际化理念和目标定位。

同时，加强职业院校编制管理，建立健全职业院校教师编制动态管理机制，推动企业工程技术人员、高技能人才和职业院校教师双向交流。实施职业院校兼职教师特聘岗计划，支持职业院校聘请高水平技术人员和能工巧匠担任兼职教师。完善具有职业教育特点的职业院校教师职称评审标准，由唯文凭、唯论文、唯“帽子”向重教育教学能力、重人才培养质量、重服务经济社会发展的贡献转变。

（六）完善评价机制，创新实践实训模式

实践教学是高等职业教育教学体系中的重要一环，在检验理论知识，培养学生创造力、行动力和业务素质等方面，起着至关重要的作用。旅游业是实践性和操作性很强的行业，因此，旅游实践教学在整个旅游职业教育教学环节里不可或缺。

首先要调整教学计划，保证实践课时。在课程设置上，针对学生个人能力培养、职业能力形成，大量开设实用性较强的相关课程。在课时安排上，实践教学所占的比例应不少于总课时的 50%。

其次是加强实习管理与评价工作。实习管理贯穿整个实践教学过程，包括实习前指导、实习中管理、实习后反馈三个环节。企业应该积极配合学校开展实践教学工作，与学校签订实习合同，明确双方权责，保证实习顺利进行。要实现企业与学校学生的线性连接可以从四方面入手：一是旅游企业技术管理层与校方专业教研组联合协作；二是旅游企业人力资源部门与学校就业指导中心互通信息；三是旅游企业管理层与学校决策层成立专业指导委员会；四是旅游企业优秀员工与学校资深教师强强联合组成共享师资队伍。

除了实习、实训室，社会实践也是培养学生自主学习能力的一种形式。课堂往往只提供基本知识和基础训练，学生必须在课外做大量的功课和社会实践。鼓励教师经常在课堂上布置课题供学生课后研究，将毕业论文写作作为实践教学重要的一部分，要求学生做充分的调查研究来完成；同时鼓励学生利用课余时间进行社会实践，提高自身能力。

四、总结

经过 40 多年的发展，国内旅游职业教育专业建设不断加快，取得了较大的成效。开设旅游大类专业的职业院校数量不断增多，招生规模蓬勃增长；旅游大类专业数量不断拓展，新专业持续涌现，专业发展极具活力；旅游类专业群建设成效显著，不断加速高质量内涵式发展。但是我们需要清楚地认识到，旅游类专业发展仍落后于旅游产业的更新迭代，依然存在专业定位不明确、专业结构不均衡、专业布局与产业衔接不紧密、课程体系不合理、师资队伍不完善等问题。随着职业教育和旅游产业高质量发展成为主旋律，随着旅游消费的迭代升级，随着旅游人才需求侧更加多元化，职业院校要抓住机遇，时刻紧跟旅游市场发展的脉络，顺势而为，在培养旅游专业人才时，既要有破局的信心，又要有转型的方法，坚持因地制宜，深耕当地文化，找准专业定位和特色，根据旅游市场需求和学校实际情况合理布局新专业，不断提升人才培养质量，努力为地方旅游发展建设提供高质量的专业人才。

参考文献

[1] 郭志戎．高职院校专业建设中存在的问题及原因分析［J］．职业时空，2008（10）：76.

[2] 韩宾娜，吕品晶．普通高等院校旅游教育实践教学之中外比较［J］．人文地理，2010（06）：154–157.

[3] 周其厚．当代中国高等旅游教育研究［M］．合肥：合肥工业大学出版社，2013.

[4] 张旭刚．高职教育供给侧结构性改革的四维透视：逻辑、内涵、路径及保障［J］．职业技术教育，2016（19）：8–12.

[5] 国务院办公厅．关于深化产教融合的若干意见［EB/OL］.http：//www.gov.cn/xinwen/2017–12/19/content_5248592.htm，2017–12–19.

[6] 唐祥金，成秀萍．高水平高职校视阈下高水平专业建设探究——以苏州工业职业技术学院“同程旅游学院”为例［J］．职业技术教育，2019（08）：40–42.

[7] 黄松山．澳大利亚的旅游高等教育与旅游学科建设［J］．旅游学刊，2019，34（11）：8–11.

[8] 刘晓岩，赵欣宇．黑龙江旅游产业发展与旅游类专业优化调整的研究［J］．职业技术，2020，19（09）：22–26.

[9] 刘颖，周高华，高明等．中国旅游高等职业教育年度报告（2018—2019）［M］// 中国旅游协会旅游教育分会．中国旅游教育蓝皮书 2019—2020. 北京：中国旅游出版社，2020.

[10] 四川省旅游学校课题组．中国旅游中等职业教育年度报告（2018—2019）［M］// 中国旅游协会旅游教育分会．中国旅游教育蓝皮书 2019—2020. 北京：中国旅游出版社，2020.

（本报告由郑州旅游职业学院课题组完成，课题组负责人：王少华；执笔人：王璐、王梦茵、任瑞娟）

中国旅游职业教育师资队伍建设年度报告

2019—2020年，全国旅游院校认真贯彻落实国务院《关于印发国家职业教育改革实施方案的通知》(国发〔2019〕4号)、教育部等七部门《关于加强和改进新时代师德师风建设的意见》的通知(教师〔2019〕10号)、教育部等四部门《关于印发深化新时代职业教育"双师型"教师队伍建设改革实施方案的通知》(教师〔2019〕6号)、教育部《关于印发全国职业院校教师教学创新团队建设方案的通知》(教师函〔2019〕4号)等系列文件的精神，以改革教师培养、评聘和考核为核心，全面提高教师的德育工作能力、专业教学能力和实训指导能力等综合素质，师资队伍建设取得了显著成效。

一、调研内容和方法

2019—2020年度旅游职业教育师资队伍建设状况调查内容涵盖师资队伍基本情况(含专业授课情况、性别结构、年龄结构、学历结构、职称结构、双师型比例、校内外兼职等)、校企合作师资建设、创新教学团队建设、信息化建设和课程思政建设等方面内容。课题组力图在汇总数据的基础上，呈现2019—2020年全国旅游职业教育师资队伍发展现状及其存在的问题，为全国旅游职业教育师资队伍建设提供参考。

本调研课题自2020年11月起，运用问卷调查、电话咨询和文献收集等方法，对海南、云南、浙江、广东、福建、山东、江苏、新疆、甘肃、湖南、湖北、四川、安徽、吉林、黑龙江、广西、河南、河北、内蒙古、北京等遍布东西南北中的23个省份367个院校进行调查，包括中高职、国家示范校、国家骨干校、国家双高计划校、省级示范校、公办及私立旅游职业院校及各省职教中心等单位。回收问卷313份，回收率85.3%。回收的问卷中90.34%为公办院校，9.66%为民办院校，其中高职高专院校占47.98%，中职学校问卷占47.35%，本科院校占4.67%。问卷调查对象覆盖面较全面。问卷收回后，经查核剔除无效问卷，有效问卷286份，有效回收率为91.4%，问卷调研结果具有普遍代表性。

二、旅游职业院校师资建设的发展现状

(一)师资队伍基本情况

1. 性别结构：女教师多于男教师

据调查资料显示，旅游高职院校男女教师比例约为28∶72，中职学校男女教师比例为

24∶76（见图 1、图 2），对比全国高职院校男女教师 46∶54 的比例，旅游职业院校师资明显呈现男少女多的特征。

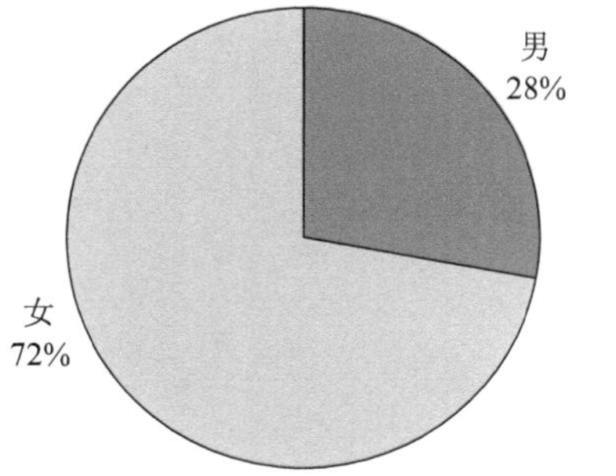

图 1　旅游高职院校师资性别结构图

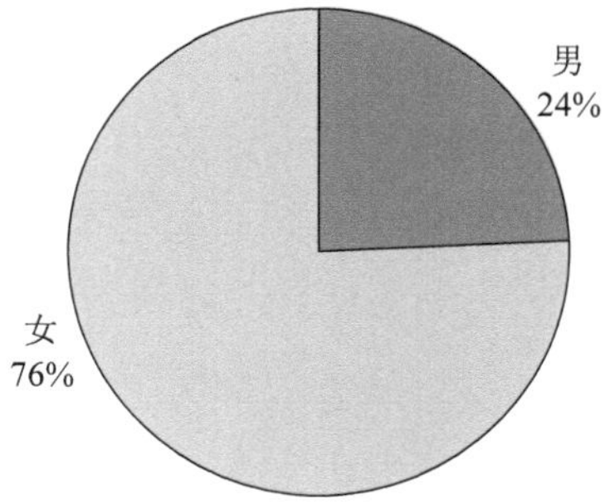

图 2　旅游中职学校师资性别结构图

具体来说，高职旅游院校，男性教师占比在 30% 以下的院校占 66.67%（见图 3），女性教师比例达 60% 以上的院校占 72.22%（见图 4）。

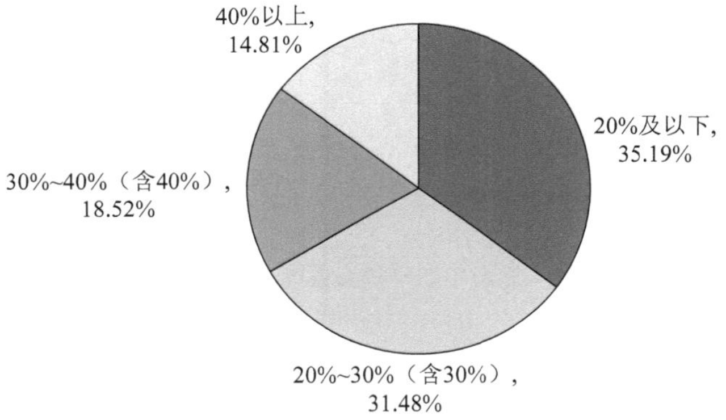

图 3　旅游高职院校男性师资比例分布图

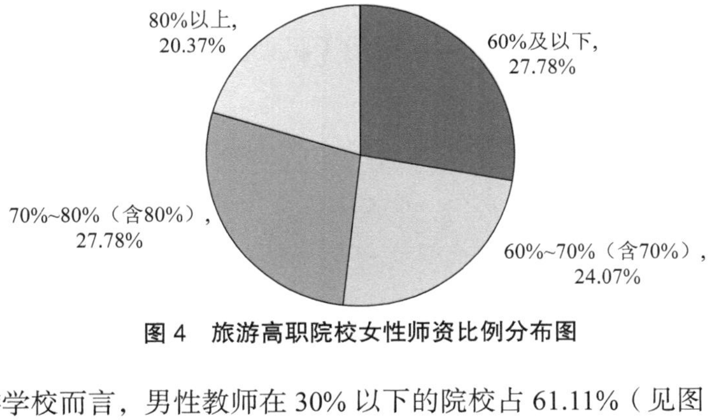

图 4　旅游高职院校女性师资比例分布图

就中职旅游学校而言，男性教师在 30% 以下的院校占 61.11%（见图 5），女性教师比例达 60% 以上的院校占 66.67%（见图 6）。

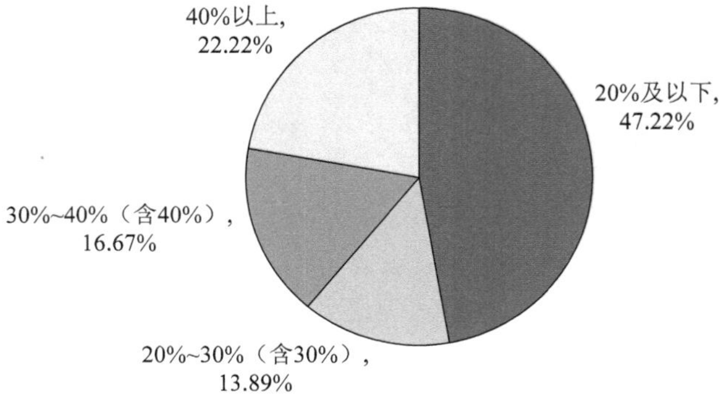

图 5　旅游中职学校男性师资比例分布图

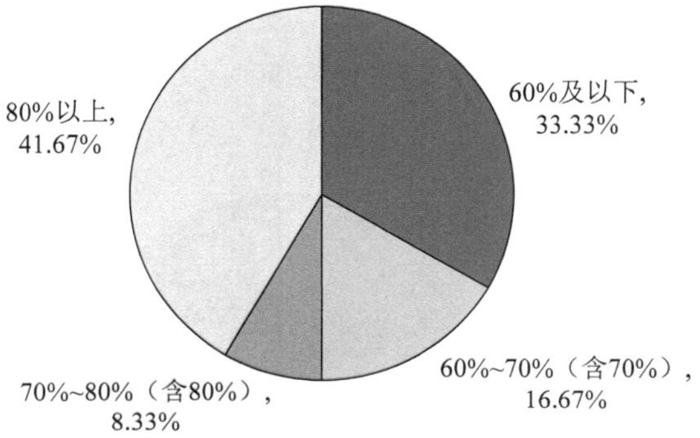

图 6　旅游中职学校女性师资比例分布图

2. 年龄结构：中青年教师成为主力军

从年龄构成上看，如图 7 所示，旅游高职院校教师以 36~45 岁最多，其次为 35 岁以下，两者合计占 78.74%。如图 8 所示，旅游中职学校则以 35 岁以下最多，其次为 36~45 岁，两者合计占 78.55%。表明旅游职业院校的教师以中青年为主，1975 年后、1985 年后出生的教师成为旅游职业教师的主力军，显示了职业教育旅游类专业师资队伍近十年随着专业范畴扩大而逐渐增多的趋势。

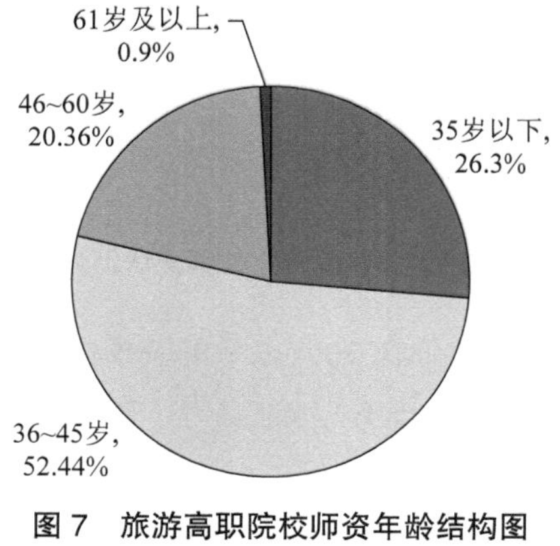

图 7　旅游高职院校师资年龄结构图

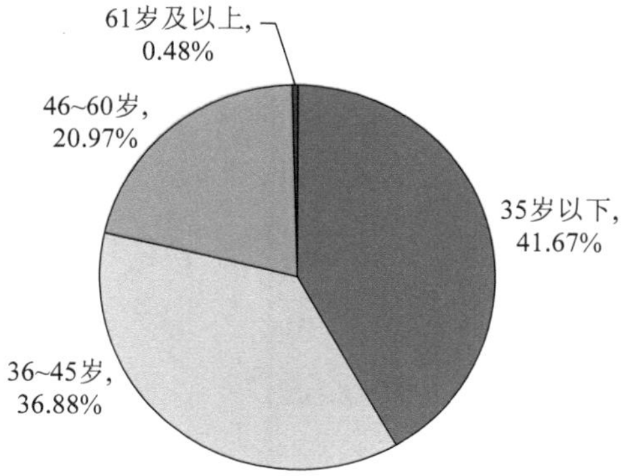

图 8　旅游中职学校师资年龄结构图

3. 职称结构：基本呈正态分布

从整体而言，全国旅游职业教育师资职称结构分布呈中间多（中级、副高职称）两端少（正高、初级）的正态分布，其中中级职称占比无论是在高职还是中职学校均最高。高职院校高级职称的比例为 34.94%，比中职学校 24.71% 高出约 10% 的比例（见图 9）。

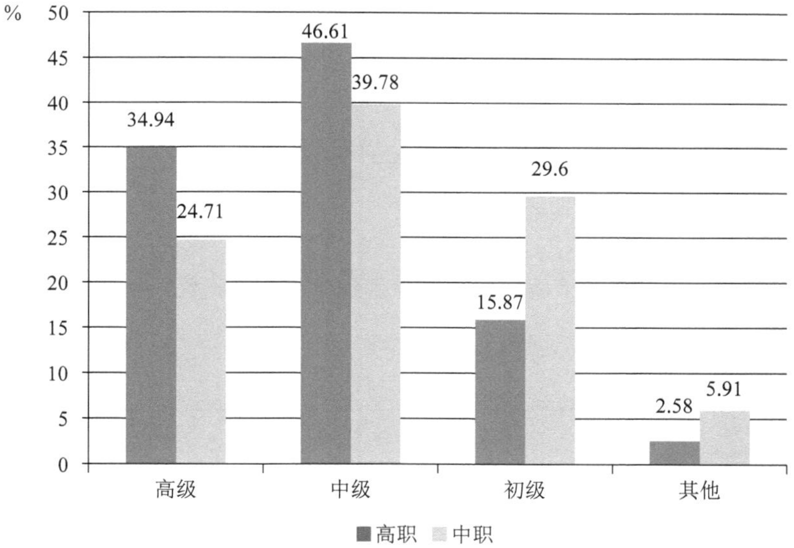

图 9　旅游职业院校师资职称结构图

就副高级以上职称进行分析，如图 10 所示，在 25% 比例以下的院校约占 38%，其次，在 31%~40% 比例的院校占 20%，副高级职称达 50% 以上比例的院校占 18%。

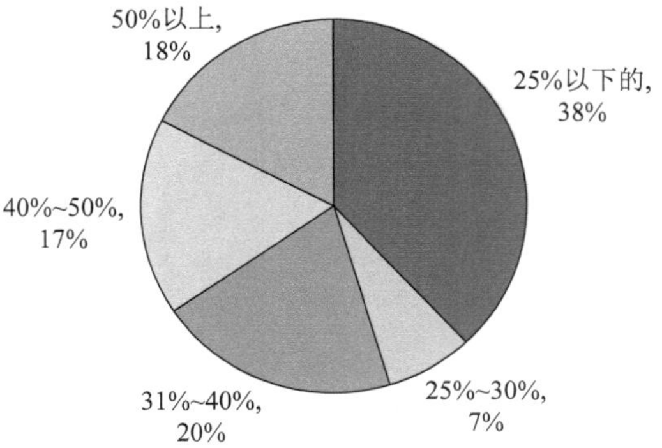

图 10　全国旅游职业院校副高级以上职称占比分布示意图

4. 学历结构：高职院校以硕士为主，中职学校以本科为主

总体上全国旅游高职院校教师以硕士研究生学历为主，占 67.1%，大学本科学历占 24.74%，博士生占 6.98%，高于全国示范校博士生占比水平（2020 年为 1.38%），表明旅游类师资学历结构合理。旅游中职学校则以大学本科学历为主，约占 74%，其次是硕士学历占 21.4%，再次是大专学历占 3.12%（见图 11）。

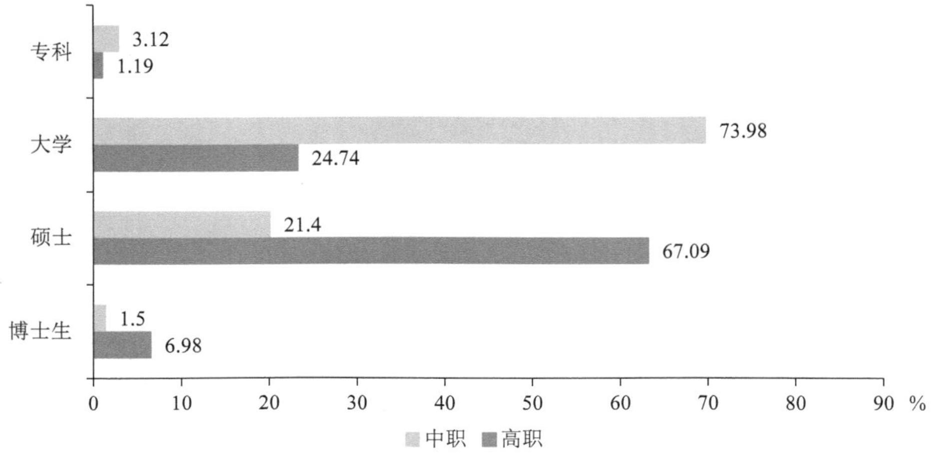

图 11　旅游职业院校师资学历百分比结构图

5. 双师素质结构：明显高于全国职业院校平均水平

调查结果显示，全国旅游高职院校师资的“双师型”教师比例平均值为 85.17%，中职学校为 70.3%，均远高于全国职业院校“双师型”26.38% 的结构比例，表明旅游职业院校师资双师素质高。超过一半（52.6%）的院校双师型结构比例高达 80% 以上（见图 12）。2019—2020 年度专任教师人均企业挂职锻炼时长 32 天，校外兼职教师每所院校平均约为 13 人，其中来自旅游企业的中高层管理者人数平均约为 5 人。

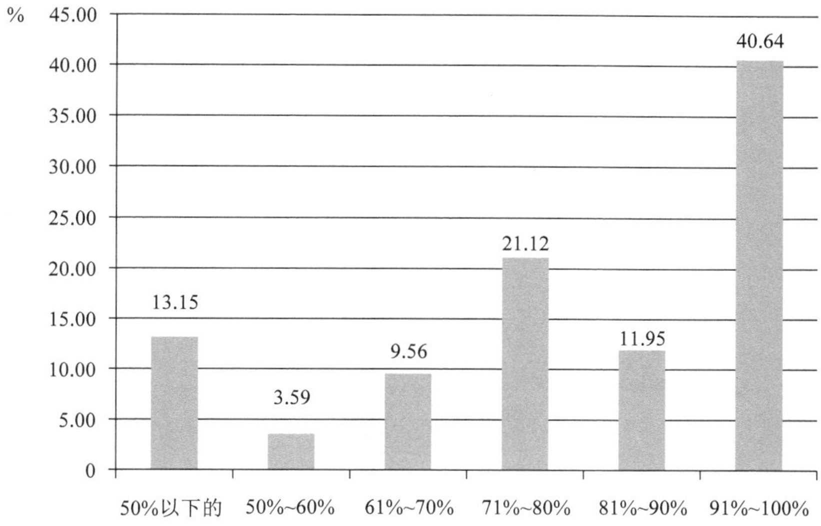

图 12 旅游职业院校双师型结构比例院校百分比分布图

（二）校企合作师资建设情况

校企合作师资建设情况从校内外师资比例、产业教授聘请、技能大师聘请、教师企业挂职、校企师资共建课程体系、现代学徒制项目校企师资比例等因素调查。

调查结果显示，高职院校企业兼职教师与校内师资比例平均为 43.84%，明显高于中职的 25.97%。约有 57.41% 的高职院校聘请产业教授到校开展教学、讲座、竞赛指导、横向课题指导等活动，而中职学校聘请产业教师的比例则为 44.44%。大约 90% 的旅游职业院校要求教师到合作企业挂职锻炼，校企师资共建课程体系。

表 1 校企合作师资情况表

校企合作师资建设项目	高职	中职
企业兼职教师与校内教师师资比例平均值	43.84%	25.97%
聘请产业教授	57.41%	44.44%
请行业专家或本校教师担任技能大师	92.59%	91.67%
是否要求教师到合作企业挂职锻炼	94.44%	86.11%
课程体系是否校企师资共建	92.59%	83.33%
现代学徒制校企合作师资比例达到 1∶5	68.52%	50%

90% 以上中高职院校都建有技能大师工作室，其中高职院校 44.44% 由企业或行业专家担任，由校内教师和企业行业专家二者组成的占 48.15%；16.67% 的中职学校技能大师由校内教师担任，由校内教师和企业行业专家二者组成的占 52.78%（见图 15、图 16）。现代学徒制校企合作师资比例分布比较不均匀，从表 1 中可见，高职院校现代学徒制校企

合作师资比例达到 1∶5 以上的比中职学校高出 18.52%。从图 17、图 18 可见，师资比例 1∶1 的高职比中职高出 12.96%，说明中高职实施现代学徒制校企师资队伍力度有待加强。

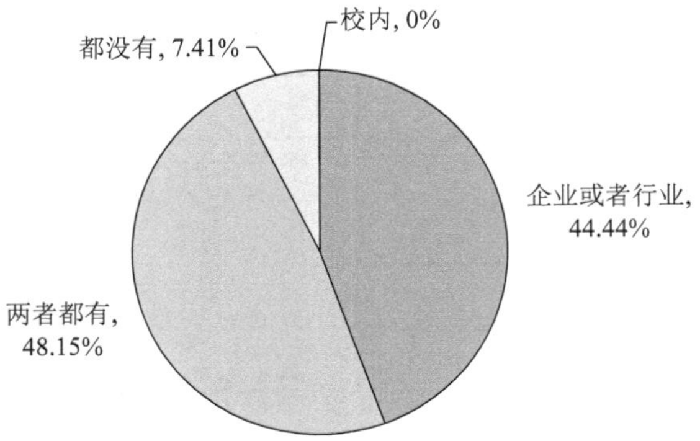

图 13　高职旅游院校技能大师工作室建设情况

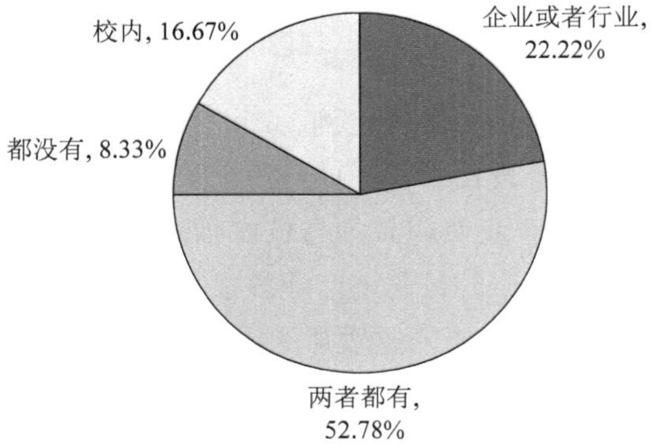

图 14　中职旅游学校技能大师工作室建设情况

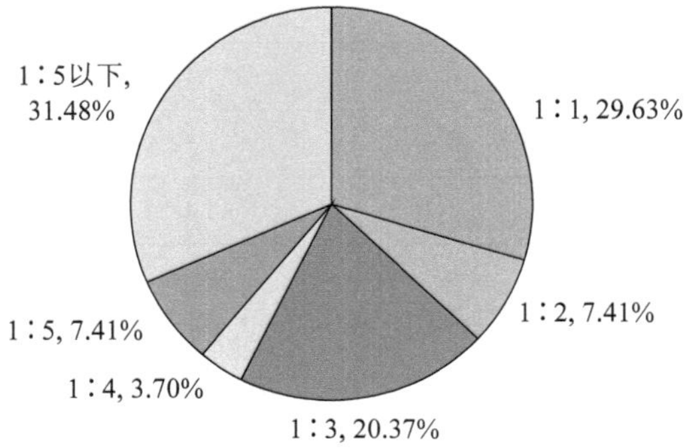

图 15　高职现代学徒制校企合作师资比例

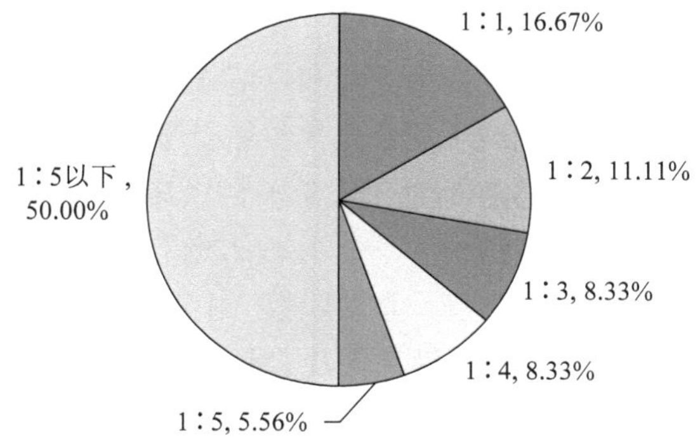

图 16　中职现代学徒制校企合作师资比例

（三）创新教学团队建设情况

创新教学团队建设调研涵盖课程建设协作组、校企合作办学率、校企师资互聘、校企共建人才培养方案、信息化教学平台及资源、信息化教学能力、课程思政、学生创新创业创造能力学习成效、校企实训实习基地建设、教学资源建设、岗课证融通、技术服务与社会培训、行业影响力等因素。调研结果显示，75.93% 的高职院校与 80.56% 的中职学校建有专业同类课程教师课程建设协作组。高职院校建设比重较大是的教科研成果（98.15%）、信息化教学能力（85.19%）、“双师型”教师比例（83.33%）。中职学校比重较大的是“双师型”教师比例（88.89%）、教科研成果（88.89%）和信息化教学能力（88.89%）。

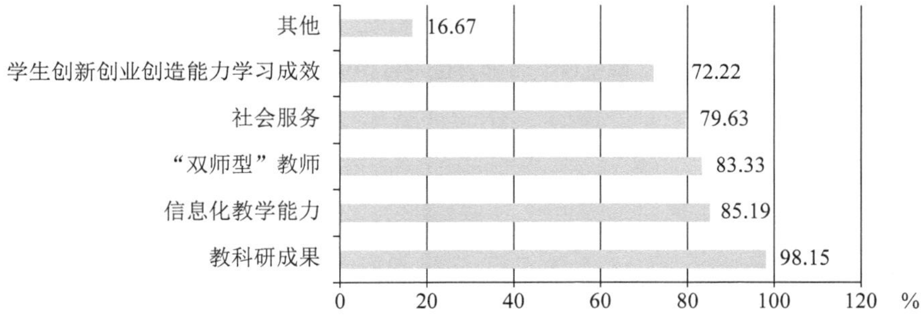

图 17　高职院校旅游教学团队建设考评指标

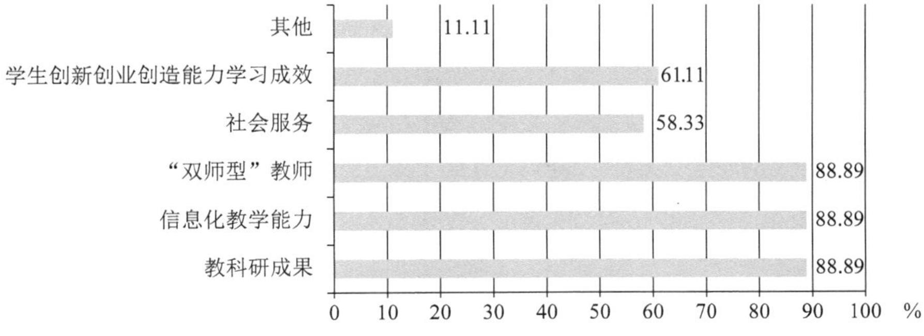

图 18　中职学校旅游教学团队建设考评指标

（四）师资队伍信息化素养情况

信息化教学能力大赛、教师教学能力大赛和疫情线上授课加快了旅游职业教育信息化的建设步骤。各种线上教学、线上线下混合式教学等有序推进，教师信息化教学水平明显提升。调查显示，教师综合运用各种信息化教学平台，其中超星比重最大（高职 83.33%，中职 75%），其次是智慧职教（高职 50%，中职 47.22%）。高职院校旅游师资信息化教学平台利用程度排在前五位的分别是超星、智慧职教、中国大学 MOOC、智慧树和学校自主开发网络教学平台。中职学校旅游师资信息化教学平台利用程度排在前五位的分别是超星、智慧职教、智慧树、中国大学 MOOC 和蓝墨云班课。值得注意的是，教师运用学校自主开发网络教学平台的比例较大，表明无论是高职旅游院校还是中职学校都重视信息化教学。

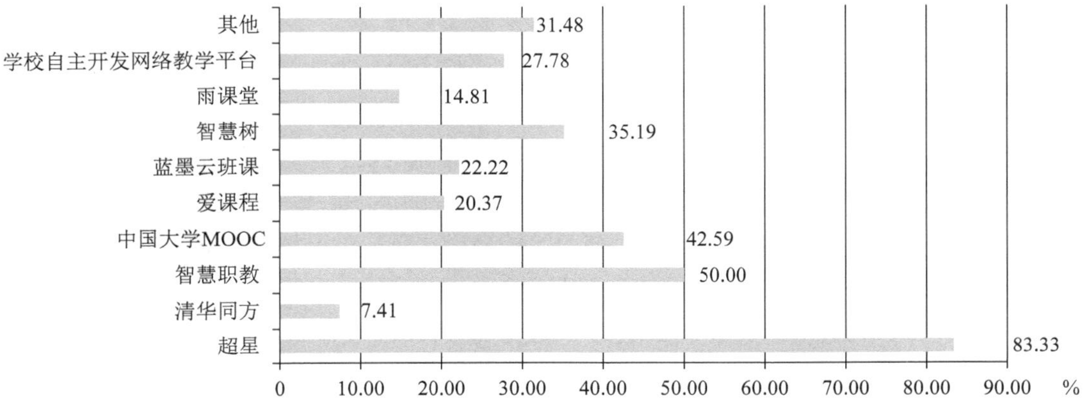

图 19　高职院校旅游师资运用各种信息化教学平台

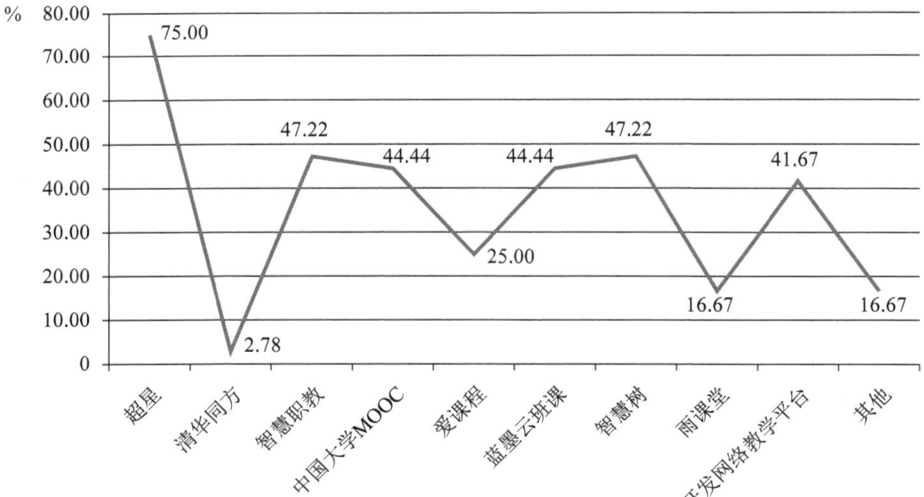

图 20　中职学校旅游师资运用各种信息化教学平台百分比结构图

信息化教学能力比赛参与度有很大提升。90% 以上中高职院校参加了信息化教学能力比赛并获奖，其中省级信息化教学能力比赛获奖比例较高，高职为 89.8%，中职为 80.56%，国家级信息化教学能力比赛获奖比例高职院校 40.82%，中职学校 38.89%。

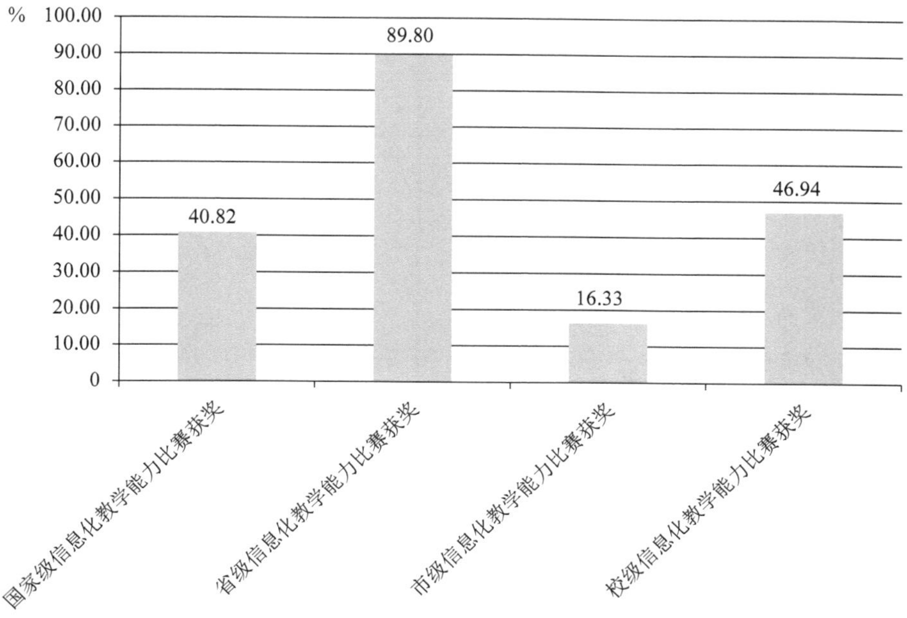

图 21　高职院校旅游师资信息化教学能力比赛获奖情况

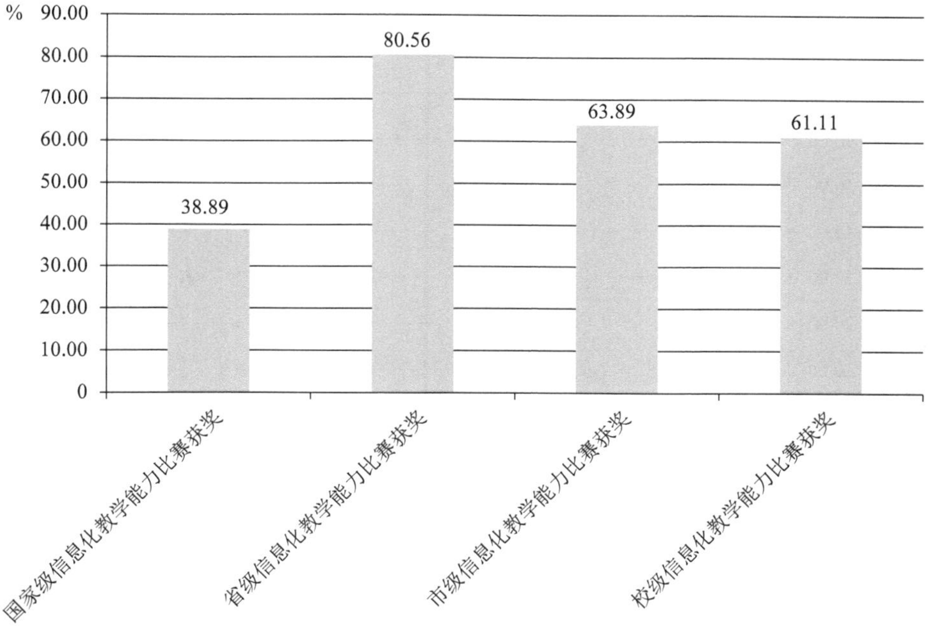

图 22　中职学校旅游师资信息化教学能力比赛获奖情况

OBE 教学理念（指基于结果教育，即教学设计和教学实施的目标是学生通过教育过程最后所取得的学习成果）在中高职职业教育中运用还不够广泛，调查中只有 50% 的高职院校和 30.56% 的中职学校开展了 OBE 课程教学改革。

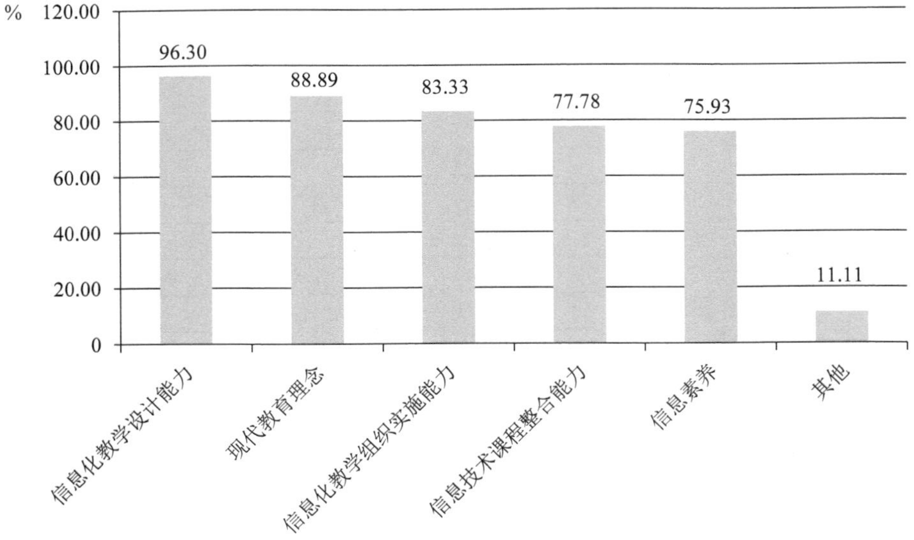

图 23　高职信息化教学能力的衡量指标

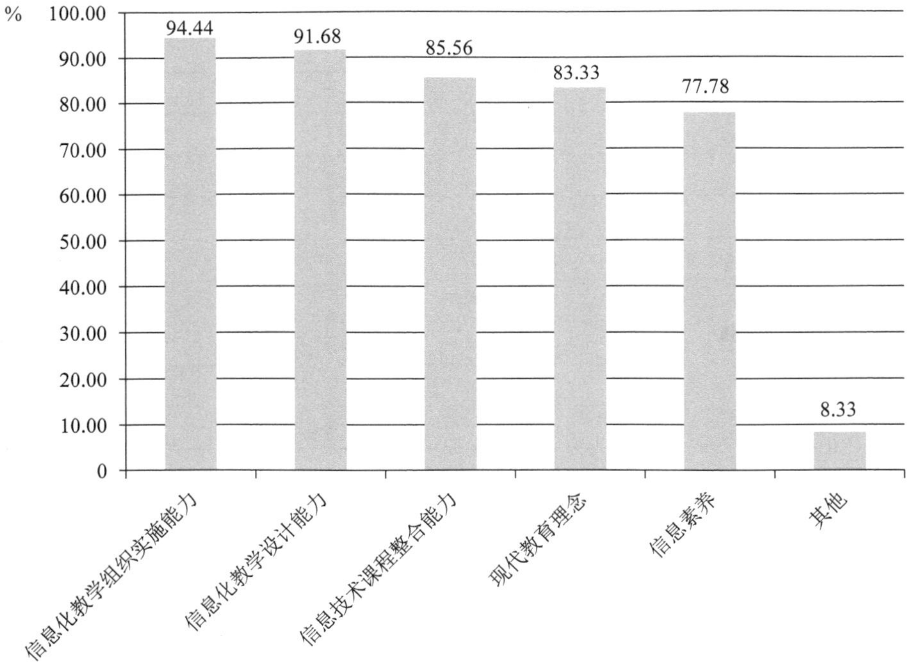

图 24　中职信息化教学能力的衡量指标

（五）教师开展课程思政情况

据调查统计，90% 以上的中高职学校都开展了课程思政的研讨。高职院校的课程思政全覆盖率和组织能力提升培训开展比较全面，基本达到 80% 以上，课程思政案例分析比赛达到 64%，参与度较高。中职的课程思政覆盖率和培训达到 70% 以上。中高职在课程思政教育教学资源库建设方面整体较弱，建有课程思政教育教学资源库的高职院校只有 46.3%，而中职学校更低，只有 38.89%。课程思政教育教学资源库建设现状表明，大部分中高职院校尚未开展课程思政资源化建设，这显然不利于课程思政纵深化实施。

表 2　课程思政教师队伍建设情况表

教师课程思政实施项目	高职		中职	
	是	否	是	否
是否开展了课程思政研讨活动	96.3%	3.7%	94.44%	5.56%
是否建有课程思政教育教学资源库	46.3%	53.7%	38.89%	61.11%
是否开展了课程思政案例分析比赛	64.81%	35.19%	41.67%	58.33%
是否要求每门课程思政元素全覆盖	88.89%	11.11%	77.78%	22.22%
是否举行课程思政教学组织能力提升培训活动	83.33%	16.67%	72.22%	27.78%

（六）教科研情况

在被调查的院校中，2019 年新立项的纵向科研项目数量 717 项，平均每校 5.28 项，其中省部级及以上项目数量 264 项，占全部纵向科研项目 36.82%，平均每校 3.01 项。旅游高职院校平均每校 3.62 项，旅游中职学校平均每校 2.31 项。2019 年横向项目经费到账总额平均每校 86.26 万元，其中旅游高职院校 89.38 万元，中职学校 82.59 万元。校内专、兼任教师独立或作为第一作者发表论文的数量平均 30.02 篇，其中在国内核心期刊发表论文的数量 6.67 篇，旅游高职院校平均 8.42 篇，中职学校 4.48 篇。

表 3　职业院校旅游教师教科研情况表

主要指标	总体	高职	中职
新立项主持的纵向科研项目数量（项）	5.28	7.32	2.76
其中省部级及以上项目数量（项）	3.01	3.62	2.31
2019 年横向项目经费到账总额（万元）	86.26	89.38	82.59
校内专、兼任教师独立或作为第一作者发表论文的数量（篇）	30.02	33.66	26.69
其中在国内核心期刊发表论文的数量（篇）	6.67	8.42	4.48

三、旅游职业教育师资队伍建设现存主要问题

（一）动态适应新业态新形势能力不足

随着文旅融合、全域旅游、旅游信息化智能化、后疫情职业教育手段新变化，师资队伍产业适应性动态提升建设呈现出不足。旅游新业态促成了职业教育专业目录调整。全国旅游职业教育目前统计，高职院校开设有24个专业，中职学校开设有18个专业。为满足旅游人才培养需求，2019—2020年开设了一些新的专业或方向，如研学旅行管理与服务、研学旅行策划与管理、国际邮轮乘务、康养休闲旅游服务、茶艺营销休闲农业、森林生态旅游、城市轨道交通运营与管理，甚至适应行业发展需求调整了一些专业名称，如酒店管理与数字化营运等。配套新专业发展，除了比较传统的实训室，如导游实训室、中餐实训室、西餐实训室、茶艺实训室、咖啡实训室、综合实训大楼等以外，各旅游职业院校也建设了一些适应行业发展需求的新实训室，如文化实训室、非遗基地、研究所、产业学院、技能大师工作室、产业教授工作室、企业冠名的校企合作实训基地、旅游智能化实训室等。

新专业开设和产教融合基地所呈现的传授技能需求，对职业教育师资队伍建设提出了全新而又急迫的挑战。一方面要求教师尽快适应新变化提升新专业教学理论，另一方面要求专任教师下企业挂职适应新工艺、新技术、新信息技能人才培养需求，同时要求提高企业师资聘请比例。目前专任教师人均企业挂职锻炼时长平均约32天，各职业院校校外兼职教师总人数平均约13人，其中旅游企业的中高层管理者人数均约5人，兼职教师数量占比显然较小，下一步仍需进一步深入开展校企融合项目，加大兼职教师队伍建设，吸引更多优秀的行业企业专家加入旅游职业教育兼职教师队伍。

（二）旅游类专业群团队建设有待加强

调查结果显示，旅游职业院校共建有31个省级高水平专业群，其中高职20个、中职11个。高职主要建有旅游管理、餐饮旅游、导游、酒店管理、旅游会展、旅游接待业、旅游英语、烹饪工艺与营养、森林生态旅游、文化旅游、休闲旅游等专业群；中职主要建有高星级酒店运营与管理、旅游服务与管理、旅游服务与管理现代化、旅游服务与酒店管理、中餐烹饪与营养膳等专业群。专业群建设核心目的是形成群内各专业优势互补，资源互补，最大程度优化行业需要的技能技术人才培养质量。但综上调查数据所述，职业院校教师专业群的师资团队优势聚集不足，共享课程教师结构尚未形成。从教师职称比例呈正态分布可以看到，中高职院校普遍缺乏由核心专业正高级省级专业带头人引领、群内其他专业带头人为骨干的高水平、专业优势互补的专业群带头人队伍。从校企师资比例可见，校企师资“互聘、互兼”双向交流机制不够完善，从课程协作组数据可知，相近课程或者同类课程师资并没有全部打通实现优势互补，资源共享。此外，教师队伍教科研及服务社会能力较弱。出现以上现象，很大程度上跟专业群师资建设缺乏顶层设计有关。

（三）中高职旅游师资队伍建设存在一定差距

从调查数据比对，发现中高职旅游师资队伍建设存在一定差距。学历结构上高职院校以硕士为主，中职学校以本科为主。总体上全国旅游高职院校以硕士研究生学历为主，占67.1%，其次是大学本科占24.74%，博士生占6.98%。中职院校教师学历则以大学本科学历为主，约占74%，取得研究生学历的教师占21.4%，大专学历占3.12%。其次，在校企合作师资建设方面（表1），中职校企合作师资建设明显逊色于高职。中高职企业兼职教师与校内教师师资比例为43.84%∶25.97%，产业教授聘请两者比例为57.41%∶44.44%，课程体系校企师资共建比例为92.59%∶83.33%；要求教师到合作企业挂职锻炼比例为94.44%∶86.11%，现代学徒制校企合作师资方面，平均比例达到1∶5的高职院校有68.52%，中职学校有50%。创新教学团队建设方面，高职院校在教科研成果、信息化教学能力、社会服务、学生创新创业创造能力学习成效方面明显胜出中职学校。中高职师资队伍差距容易造成中高职衔接人才培养参差不齐，对于高职课程衔接人才培养成效造成一定影响。

（四）信息化教学能力有待提高

教师信息化教学能力的衡量指标包括信息化教学设计能力、现代教育理念、信息化教学组织实施能力、信息素养及信息技术课程整合能力。根据调查，85.19%的旅游高职院校、69.44%的中职学校认为存在信息化教学能力薄弱的情况。调查发现，旅游职业教育教师信息化教学能力主要存在教学设计与实施能力普遍不高、教学能力发展不均衡以及信息化教学能力发展机制不完善三个方面的问题：

1. 信息化教学内容与教学组织设计能力较薄弱

调查结果显示，职业院校教师普遍具备较强的信息化教学意识和理念，但其信息化教学设计能力偏薄弱，平均分值分布在3.004分至3.857分之间。教师普遍反馈，在信息化教学中，学习资源设计、情景设计与教学过程设计、自主学习策略设计等方面能力不足。部分教师教学设计中纯粹追求信息化教学形式，过度放任学生自主学习而忽视教师引领的模式，忽视了教学内容、知识传授与思想引领。

2. 信息化教学能力发展不均衡

对统计数据分析发现，职业院校旅游专业教师信息化教学设计及实施能力发展不均衡。男教师的信息化教学设计及实施能力稍高于女教师，而旅游职业教育女教师多于男教师，导致信息化教学能力提升困难。学历层次较高、教龄在5年到10年的教师信息化教学设计及实施能力最高，而年龄较长的教师普遍存在信息化教学能力薄弱的问题；职称方面，信息化教学能力较强的集中在职称为中级、副高级别的教师群体。因信息化素养有限，学校采购的先进教学设备得不到有效使用，未真正发挥其教育教学效果。

3. 信息化教学能力发展机制不健全

首先，教师在数字资源建设中各自为政，教学资源重复建设、低质量建设、非标准化建设等现象时有发生。其次，据访谈，被调研院校教师普遍有较强的提升信息化教学能力培训需求，但当下信息化能力提升培训存在时间短、内容重复、过于理论化、实用性不强、缺乏连续性等问题。不完善的发展机制阻碍了教师信息化教学能力的提升。目前大多数旅游职业院校教师的信息化教学能力培训基本上采用统一安排的形式，然而经前期问卷调查发现，不同性别、不同职称、不同学科和不同工作年限的教师在教师信息化能力认知上存在显著差异，因此培训需求也存在较大差异[1]。

（五）教师产学研意识及成果水平有待提高

当前，职业院校教师科研意识不高，科研成果赋能生产力发展较为薄弱。职称晋升为大部分老师开展科研活动的主要动力，具有明显功利性。国家级、省级重大科研课题缺乏向职业院校倾向性指标，甚至申请渠道不对职业院校开放，职业院校科研侧重应用与转化优势被弱化，导致重大课题申请难度大，一定程度打击了职业院校科研人员的热情。重大课题和核心期刊论文因完成难度大、周期长、不容易发表，令很多职业院校教师敬而远之，严重制约了科研创新能力的提升。职业院校缺乏科研转化平台作为引导和支撑，其科研项目成果或者专利成果实际应用转化率都不高，难以融入区域经济服务与产业发展中，很难获得地方政府和企业科研资金支持。

（六）课程思政建设有待加强

1. 学校顶层设计不足，教师建设理念薄弱

很多职业院校对于开展课程思政建设工作的重要性、必要性、紧迫性，没有进行广泛宣传和严格要求，大部分教师未从思想上深刻领会课程思政育人的重要性，自然缺乏切实有效的具体实施。大部分学校重通知、轻监督，重形式、轻内涵，缺乏全覆盖、多层次、富有特色的课程思政建设顶层设计。教师对于将思政元素融入课堂教学这一做法认同度不同。有些教师尚认为学生的思想素养提升依靠班主任、辅导员、思政课教师和院系的学生工作者，专业课教师的职责就是传授学生实用性的知识技能，把素质教育和技能提升完全割裂开，缺乏政治敏锐性，出现了专业课教师“只教书不育人”“只授业不传道”的现象。有些专业教师认为在课程中植入思政元素是有必要的，但教学重点仍致力于传授学生专业知识，对于在授课过程中融入思政元素的这一观点不排斥，但也不重视。以上现象说明课程思政的教育教学理念并没有完全深入人心，引起全体教师的共鸣。

2. 专业教育与思政教育合力育人能力不强

课程思政教学作为新的教学理念，其践行思路和教学方法尚在探索实践中。大多数教师课后独立备课，相互之间缺乏交流和信息共享，且他们自身在思政教育方面的知识储备、教学经验、教学技巧和教学能力存在不足。因此，引入思政元素的思路不清、方法不多，教学目的和教材选用未考虑课程思政建设。

3. 课程思政教学管理体系尚未健全

课程思政建设是一项针对素质教育的重大改革，目前大部分职业院校尚未建立具体运行管理与考核机制。教师们在课程思政建设中缺乏明确的教改方向、科学合理的评价体系、有效的信息反馈及奖惩分明的激励机制，导致教师在课程思政建设中缺乏积极性、主

动性、创造性、约束力。院校尚未建立健全多部门合力推进课程思政建设的管理机制体制，难以树立“全课程、全员育人理念”。

（七）教学创新团队建设成效不明显

1.“双师”达不到“双胜任”，领军人物匮乏

《国家职业教育改革实施方案》（职教20条）鼓励职业院校从行业企业能工巧匠中引进教师，但是当前绝大部分旅游职业院校招聘条件仍然没有依照行业企业引进教师实际技能水平设岗招聘，专业教师招聘大多仍来源于应届高校毕业生，且学历门槛较高，大大限制行业内实践经验丰富的人才进入[2]。而绝大部分专业教师入职初期无企业实践经历，入职后虽不定期企业挂职锻炼但大多流于形式，所谓“双师”更大程度是具备了双师基本素质的“双证”教师。部分院校专业带头人的身份和地位被形式化，带头人名不副实，无法胜任新时代文旅产业迅速发展及职业教育改革创新发展的需求。

2. 团队结构比例有待优化

中职学校教师比例不合理主要体现在职称结构比例，高职称占比较低，高职院校结构比例主要是专业比例不合理。受学科建设思路的影响，职业院校教师结构大多为校内专业课教师和极少数校外兼职教师，实习指导教师被边缘化，公共基础课教师未被纳入专业教师团队，团队成员专业结构不合理。

3. 团队协作密切度低

调查显示，很多高职院校依专业课程设置将专业教师以专业教研室形式组合在一起，未能实施课程协作组信息互通与资源共享等共同建设目标顶层设计。团队成员主要任务仅限于完成各自课程建设任务，对专业整体建设关注不够意识不强，彼此间缺乏合作意识、大局意识及凝聚力。

4. 创新创业实践少

产教融合校企合作办学不够深入，导致校企合作双方对专业教师挂职实践认知有误或者机制建设不全。校方忽略企业方的利益天命，不能通过技术服务、员工学历提升及素能培训、志愿活动助力及旺出淡归实习等多模式校企合作办学带给企业方利益，短时间的师资挂职就很难让企业产生创新企业管理的利好。一旦专业教师缺乏岗位实践，反哺实践教学能力就得不到有效提升，产学研教育模式只能是空谈。

四、旅游职业院校师资队伍建设的思考

（一）建设“双师型”团队师资，提高教育教学质量

除传统的人才引进、层次提高、结构调整、专兼结合等措施外，师资队伍建设的措施有：

1. 设立建设专项经费，多渠道获取建设经费

目前很多旅游院校对师资队伍的重视主要停留在观念与规划上，常见的就是外部引进和内部师资短期的培训、学习。但培养经费经常不足或者被其他事项占有挪用，少有院系

专门设立师资队伍培养专项经费的。建议学校、院系设立师资队伍培养专项经费，该专项经费主要用于教师的进修提高、科研教改、学术交流活动，经费统一掌握，确保专款专用。同时，以项目驱动，鼓励多渠道获取师资培训与科研经费。建立对接省厅、专业协会、行指委的校系两级对接机制，鼓励教师积极申报这些单位各类产学研项目，获取各类项目建设经费，各项目经费根据需要专设师资建设各项目经费预算。

2. 坚持专兼结合培养，强化综合素养提升

“双师”型教师的建设，通常采取“引进来”和“走出去”两种方式。一方面从旅游政企事业单位聘请既有理论基础又有实践经验的管理者和专家为兼职教师，聘请国外专业教师和国内专家学者、企业 CEO 来讲学、任教，提高师资整体素质和水平。另一方面，通过专项经费对现有师资进行培养，进一步培养能够解决生产中关键技术问题及主持应用研究项目的骨干教师。派出优秀的青年教师到国内外办学经验丰富、实践教学有特色、专家学者集中的重点院校去深造，以提高教师的理论水平和教学水平。与国内外兄弟旅游院校交流师资，改变目前旅游院校的传统惯性思维，保持办学活力。鼓励教师平时多学习、多收集、积累教学资料，尽可能参加各种学术交流、实践研讨，参与科研课题、著书立说、发表论文等，提高专业知识的理论深度。

3. 完善挂职与考证机制，切实提升实践能力

旅游专业应用性强，要求教师不仅理论基础好，实践操作能力也要强。不仅要鼓励教师提高学历，还要提高专业技能。要形成制度，定期安排专业教师尤其是青年教师到相关企业直接参加专业技术工作，了解旅游业动态和前沿发展信息，增加实践经验，提高教师的专业能力、技术服务和咨询能力。对赴企业挂职锻炼教师的教学工作量实行综合计算制度，如 80% 的工作量来自于企业一线实践指导、企业员工培训和技术咨询等工作，剩下 20% 的工作量从事校内教学。创造条件，支持教师在取得教学专业技术职称的同时，获得与本专业相关的其他系列的中级或高级技术职称，或取得相应的职业证书或技术等级证。鼓励教师参加各级各类的专业技能竞赛并指导学生参加技能大赛，对获奖者或者指导者给予丰厚奖励，以赛促学、以赛促教，带动“双师型”素质教师队伍建设。

（二）“政行校企”四位一体，深化产学研水平

1. 搭建“政行校企”四位一体建设平台

加强文旅行业与旅游职业教育共同发展研究。旅游院校要积极寻求多种途径，加快促进产、学、研一体化。认真落实“政府主导、依托行业、紧联企业、立足岗位、服务区域”的专业建设思路，组建由行业机构、学院和旅游企业共同组成的专业师资队伍建设指导委员会。该委员会对师资队伍建设方案进行审定，企业行业参与师资队伍建设全过程，旅游企业行业全方位参与师资队伍建设计划的制定、培训内容的编排、师资队伍建设成效的考核、教师挂职岗位的安排和教师挂职实践基地的建设。

2. 深化产学研合作内容

实施多模式合作项目，是校企深入合作，深化产学研合作的关键。一是校企双方积极

推动现代学徒制和二元制项目有效实施，校企师资互聘，学校聘请行业企业大师和旅游理论研究学者做兼职教师，企业聘请专业教师到项目学徒实习岗位挂职，解决双方师资理论与实践相脱节的问题。二是合作企业可遴选优秀毕业生解决人力资源需求，旅游企业员工可接受院校培训或到院校进修，旅游企业在实际运行中遇到的问题，也可以成为教师的研究课题。实现“以学办产、以产辅学、以研带产、产学研相互促进”的良性循环，真正做到“双需、双赢、互动”，共同发展。三是校企共建校中厂，校企师资共同到校内生产性实训基地教学、实训管理培养基地实训学生，研发工作页式的教材，可实现课堂与职场无缝对接人才培养成效，提升师资队伍整体水平。四是可通过 1+X 证书试点校企合作师资培训，提升教师岗位实操能力，更好反哺于教学。

（三）多渠道学习培训，提升综合教学能力

1. 强化专业教研顶层设计，提升职教新理念新能力

要突破以往专业教研活动重课堂教学技能提升理念，忽略行业探索形成的职业教育政策与理念引导的缺失，强化教师职业教育新政策新理念学习，从政策与理念学习中获取职业教育新观念、新手段信息，提高教师掌握行业新技术、新工艺的能力。科学制定教研活动学期计划、年度计划，甚至配套专业发展制订三年教研活动行动计划，除了说课、听课、教学交流等常规活动，充分拓展教师教研活动范畴，学习产业发展规划、学校发展规划和专业建设规划以及行业前沿信息和热点问题。教务处关注各系部教研活动质量开展情况，加强系与系之间教研观摩交流活动。教研活动每周一次或者每两周一次，每次除了常规活动外，每次一主题，专业性强的可分专业进行，如专业青年教师说课剖析，涉及教学法的如优秀教师授课展示可全校集中学习交流，也可开展创新型教学模式理念讲座（可全校性统筹资深教师或名师讲授）、职业教育政策解读等讲座。通过教研活动，有效开阔教师思想视阈，根植职业教育新理念，提升教师专业教学综合能力。

2. 关注后疫情下教学信息化能力提升

新型冠状病毒疫情促成了职业教育信息化教学全面铺开。现代教育理念、信息素养、信息技术课程整合能力、信息化教学设计能力、信息化教学组织实施能力对于全体教师既是全面挑战，又是势在必行的提升要素。

一是学校要搭建各种网络教学平台，如超星、清华同方、在线 MOOC、云课堂或者学校自主开发网络教学平台，推进现代教育技术在课程教学过程及教学资源建设中的应用。加强教与学全过程的数据采集和效果分析。鼓励教师充分、合理运用数字教育资源开展教学，解决技能培养中的重点、难点问题。推广远程协作、实时互动、翻转课堂、移动学习等信息化教学模式，最大限度地调动学习者的主观能动性，促进教与学、教与教、学与学的全面互动，进一步提高教学质量与人才培养质量。二是搭建多元交流、培训、科研及教学技能大赛平台，加大师资信息化水平提升。有的放矢开展培训工作，提升教师信息化教学育人理念和建设实践。完善激励机制，以赛促教，以研促教。鼓励教师积极参加信息化教学竞赛、申报精品在线课程等与信息化相关的教科研课题，加速信息技术与教学课

程的深层融合，加速激发教师成长的内动力，加深信息化教学实证研究。三是建立运行管理机制和监控考核机制。专设信息化管理领导小组，由校领导担任组长，全面负责教学信息化工作。构建信息化管理部门与业务部门协作的管理组织机制，科学统筹，分工实施，数字资源建设全过程监控，健全教学能力评估体系，及时反馈并定期考核，有效推进信息化教学水平。

3. 加强顶层设计，提升课程思政建设含金量

做好顶层设计是专业教师实施课程思政的重要保障。要从组织上建立思政工作小组，全面领导课程思政工作，研究部署和组织实施课程思政的教学建设和教学改革。从思想上强化课程思政教育理念植入。组织课程思政大学习活动，认真剖析教育部《高等学校课程思政建设指导纲要》[3]，筑牢教师课程思政建设意识，思政育魂，技能强身，就是解决为社会主义培养德技双馨人才的关键所在。一是确立课程思政全覆盖建设目标。引导教师做好课程教学大纲和教案思政元素设计，科学构建专业理论课和专业实践课思政递进融合的课程思政体系。二是加强专业课程思政资源库建设。充分发挥专业课程协作组作用，组织团队挖掘各专业分类课程特色思政教育元素，做好课程思政资源审核把关。三是健全奖励机制，强化思政课程教育能力建设。通过评优评先和年终绩效及职称评聘等，奖励课程思政示范课研讨与课题研究，努力培养一支懂思政元素，善于将思政元素融入专业知识与技能培养的师资队伍。四是推进现代教育技术在课程思政教学过程及教学资源建设中的应用，创新教学手段，着力培育精品课程，打造示范课堂，突出专业与区域特色。五是健全课程思政教学质量考核评价机制，构建具有专业特色的课程思政育人体系。

（四）多方互动，构建特色科研工作体系

1. 摒弃功利性科研观，促进科技创新能力持续提升

院校应改革职称评聘、绩效管理和科研管理相关制度，摒弃职称评聘唯论文论，纠正功利性的科研观，打造良好的科研氛围。各职业院校应该将科研与技术服务目标和任务完成情况纳入对教学单位、平台团队、教职员工的考核和奖励指标体系，激励单位和个人为实现相关目标和任务做贡献，确保科研与技术服务目标和任务顺利完成。根据各院校情况，要积极出台绩效工资改革实施方案、岗位设置与聘用管理实施方案等文件，将教师科研与技术服务情况与年度考核、评优评先、职称评定、绩效奖励挂钩，强化考核与激励，促进教师成长。同时，在教师职称评定、专业技术岗位聘任中构建多元复合的评价体系，体系中融入教学、教研、科研、社会服务与推广等评价指标，强调调研和实践研究，强化科研过程管理，对缺乏实质内涵的课题和论文在职称评聘和绩效考核时加以限制，形成具有职业院校特色的科研管理制度。应加快成果转化激励探索，将发明成果转让收益在重要贡献人员和学校之间合理分配，提高奖励科研负责人、骨干技术人员等重要贡献人员和团队的收益比例。通过系列的制度创新，激发高层次人才的科研热情，促进职业院校科研、科技创新能力持续提升。

2. 立足区域产业，突出“开发”和“转化”

职业教育肩负技术技能转化为生产力的职责，这也是职业院校科研发展的方向。职业院校科研工作的立足点在区域产业，着力点在于应用研究和技术服务，重点在于服务中小微企业的技术研发和产品升级。职业院校科研的突破要从以下三方面着手：一是突出“立地”，立足于区域经济社会发展需要，立足于产业技术需求和企业实际需求；二是突出“开发”，利用应用研究的成果和已有的知识技术储备，创造新技术、新方法和新产品；三是突出“转化”，实现开发成果的产业转化和教学转化。

3. 聚拢优势资源，搭建专业建设创新服务平台

职业院校科研发展的重点任务是建设技术技能创新服务平台，依托平台聚拢优势资源、组建科研团队，提升学校助推产业发展能力和服务教育教学能力。平台建设应综合考虑学校和学科优势，围绕优势学科进行布局，挖掘重点学科领域的研发成果，有效提高职业院校专利申请质量。根据区域产业布局，基于区域经济发展实际、以企业需求为导向的专利申请将有效提高专利授权率和转化率。旅游类专业院校在专利申请上也有很大潜力，可根据自身专业特点在实用新型和外观设计专利申请方面有所突破。通过聚焦区域产业结构调整和行业企业技术需求，结合院校自身专业群建设，借助和整合社会资源，逐步搭建对接专业建设的技术技能创新服务平台。可打造校企利益共同体，使产业与教育形成合力，使技术研发与教育教学形成合力，不断提升职业院校在技术研发、成果转化、社会服务和人才培养等方面的能力和水平，构建起具有职业院校特色的科研工作体系。

4. 学研互动，打造职业院校科研增长点

职业院校需加强科研与教学之间的互动，让科研有效反哺教学，教学助力科研发展。通过科研项目、企业实践项目转化为课堂教学案例，学生三创项目等形式，进行教学与科研的互动，有效提升教师和学生的创新能力。学研互动不仅会有效促进教师和学生能力的提升，也能够通过挖掘学生的科研潜力，为职业院校科研带来创新活力和新的增长点。

五、总结

2019—2020 年全国旅游职业教育师资队伍整体建设水平明显大幅度提升。尤其体现在产教融合深化，“双师型”师资比例大幅度提升，疫情下信息化教学全覆盖，校企合作师资共商共建共进等方面。但是在新业态新形势下，职业院校教师如何应对新变化，实现课程协作资源共享，相应调整自身知识结构、教学组织能力及提升信息化教学水平，尤其是如何提升课程思政执教能力成为师资队伍建设亟待解决的问题。应适应新形势、新发展，转换观念，坚持产教深融，校企合作，以建设一支又红又专的旅游职业教育师资团队。

参考文献

[1] 曾凡娇，霍磊.基于TPCK的高职院校教师信息化教学能力提升研究［J］.河南农业，2020（9）：11-12.

[2] 马敏，杨光，李晓梅.TPACK视角下高职教师信息化教学能力提升策略研究［J］.无线互联科技，2020，17（24）：146-147.

[3] 教育部.关于印发《高等学校课程思政建设指导纲要》的通知（教高〔2020〕3号）［Z］.2020-05-28.

（本报告由漳州职业技术学院课题组完成，课题组负责人：曾咪；执笔人：黄冬群、周富广、薛秀云、李菊香）

中国旅游职业教育文化建设年度报告

学校的根本使命是立德树人，校园文化是学校实现立德树人任务的重要内容、载体和途径。加强文化建设，发挥文化育人功能是古今中外所有学校永恒的课题。中国古代典籍《大学》开篇讲道："大学之道，在明明德，在亲民，在止于至善。"意即大学的首要精神在于以文化育人，弘扬人性之善，培养健全人格。党的十八大以来，党和国家将文化自信与道路自信、理论自信、制度自信并列，上升到前所未有的高度，给予了前所未有的重视。校园文化作为学校的"灵魂"，不仅是育人的重要手段，也是衡量学校办学质量的重要指标，是学校综合办学实力的集中体现。也正是基于这样的背景、要求、认识和体会，旅游职业院校适应新时代需要，自觉以习近平新时代中国特色社会思想为指导，改革创新，大胆探索，彰显旅游行业特色、职教实践特色，一定程度上克服了重专业知识和技能培养、轻人文精神和文化素质培育的弊端，在文化建设方面取得了显著成就，实现了以文化育人的目标。

一、新时代中国旅游职业教育加强文化建设的必要性

文化建设在现代旅游职业教育内涵提升中具有基础性意义。对于旅游职业院校来说，加强文化建设是落实立德树人的根本任务，彰显和增强文化自信的外赋使命，也是改革人才培养弊端，构建新型人才培养模式，实现内涵式高质量发展的内在需求。

（一）加强文化建设是实现立德树人根本任务，彰显和增强文化自信的重要内容和途径，既是价值观又是方法论

习近平总书记深刻指出："我们要坚持道路自信、理论自信、制度自信，最根本的还有一个文化自信。"文化自信是一个民族、一个国家以及一个政党对自身文化价值的充分肯定和积极践行，并对其文化的生命力持有的坚定信心。党的十八大以来，习近平总书记多次就文化自信发表重要论述，传递出他的文化理念和文化观。2014 年 2 月 24 日，在中央政治局第十三次集体学习中，习近平总书记提出要"增强文化自信和价值观自信"。2014 年 10 月 15 日，在文艺工作座谈会上的讲话中指出，"增强文化自觉和文化自信，是坚定道路自信、理论自信、制度自信的题中应有之义"。2014 年 12 月 20 日，在和澳门大学学生座谈时指出，"建立制度自信、理论自信、道路自信，还有文化自信。文化自信是基础"。

2016年5月17日，在哲学社会科学工作座谈会上再次指出，“我们要坚定中国特色社会主义道路自信、理论自信、制度自信，说到底是要坚持文化自信”。2016年7月1日，在庆祝中国共产党成立95周年大会的讲话中指出，“文化自信，是更基础、更广泛、更深厚的自信”。文化自信成为继道路自信、理论自信和制度自信之后，中国特色社会主义的“第四个自信”。2017年10月18日，在十九大报告中深刻指出，“要坚定文化自信，推动社会主义文化繁荣兴盛”。“文化自信是一个国家、一个民族发展中更基本、更深沉、更持久的力量”“文化是一个国家、一个民族的灵魂。文化兴国运兴，文化强民族强。没有高度的文化自信，没有文化的繁荣兴盛，就没有中华民族伟大复兴”。2020年10月26日，在党的十九届五中全会报告中明确提出到2035年建成文化强国的远景目标，强调要“坚定文化自信，坚持以社会主义核心价值观引领文化建设，加强社会主义精神文明建设”。

中国旅游职业教育要贯彻党和国家意志，要全面贯彻党的教育方针，落实立德树人根本任务，解决“培养什么人”和“怎样培养人”这一教育的核心问题，就必须将加强文化建设、彰显和增强文化自信作为自己的使命。另一方面，随着文化和旅游融合进程加快，中国旅游业进入高质量发展阶段，旅游产业升级和结构调整不断加快，对技术技能人才的需求越来越紧迫，中国旅游职业教育的文化建设亟须提上日程。要加强和改进校园文化建设，加强理想信念教育、传统文化教育、革命文化教育、社会主义先进文化教育、职业文化教育，通过融人文素养、职业精神、职业技能于一体的育人文化，使学生牢固树立大国工匠的劳动价值观，“学一行、干一行、爱一行”的劳动理念，以及用劳动实现自己人生梦想的劳动观念。文化建设是职业教育现代化的重要一环，没有文化现代化就没有职业教育现代化，就没有教育现代化。

（二）加强文化建设是旅游职业教育改革人才培养模式，实现内涵式高质量发展的内在需求

改革开放以来，中国旅游职业教育为旅游业发展提供了有力的人才和智力支撑，但在文化建设方面还存在许多不足，例如对于校园文化建设重视不够，还存在很大的进步空间。职业教育先驱黄炎培早就指出，“仅仅教学生职业，而于精神的陶冶全不注意，是把一种很好的教育变成‘器械的教育’，只能是改良艺徒培训，不能称之为职业教育”。积极健康的校园环境、丰富的文化内涵、先进的文化理念，能涵养学生的精神气质，促进学生的全面发展，让学生成长为高素质的技术技能人才，让职业教育真正获得尊重、焕发生机活力。

而现实的情况是，我们将知识传授等同于文化培育，或者过于重视对专业知识和技能的培养，而对于培育学生的道德品行并没有给予足够的重视，或者说没有摆到应有的位置，导致了一系列教育问题的产生。近几年引起社会广泛关注且呈上升趋势的校园欺凌、自杀自残、严重刑事案件等现象，反映出各类学校在校园文化建设中存在严重的缺失和缺位。长期以来，职业教育受功利主义的影响，不同程度地存在着重专业轻素质，重智育轻德育的现象，只考虑解决人“怎样活”的问题，而不考虑解决人“为何活”的问题。“有技能没文化”是很多人对于职业教育的直观印象。职业教育不是以人为本而是以需为本，把学生作为满足社会需要的工具，不注重学生自我价值实现。

“形而上者谓之道，形而下者谓之器”。教育要以提高人的素质、培养身心和谐发展为根本目的。构建现代职业教育体系是一项宏大的系统工程，我们必须将校园文化建设作为基础性的要素来对待和培育，从而有效保证学校内涵提升和人才培养质量的提高。

旅游业的产业属性决定了旅游职业院校必须更加重视文化培育和塑造。一方面，旅游业是服务型产业，旅游院校的学生将来面对的是活生生的人而不是冷冰冰的物品，需要与客人进行面对面的沟通，为客人提供面对面的服务。旅游从业人员在与客人交往时，必须具有较高的文化素养和人文主义情怀，能够始终以顾客为中心，尊重顾客的人格、尊严、需求。另一方面，旅游业是开放型产业，旅游者文化背景不同，生活习俗各异，这就要求旅游从业人员具有一种宽广的文化情怀，具有正确的人生观、价值观和世界观，能够正确看待并尊重文化差异，一视同仁地对待所有顾客。而职业精神、职业素养和职业态度等人文素养方面的要求，仅仅通过职业技能的培养是做不到的，必须通过多元化的校园文化建设实现对学生人文精神的培育和塑造。旅游职业院校要实现内涵提升、管理水平提高和人才培养质量提升，要突出办学特色，首要的是立德树人，就必须高度重视校园文化建设，将校园文化建设作为一项基础工程、战略工程、系统工程、特色工程来培育。

校园文化在现代大学治校理政和人才培育中所具有的独特功能，一是导向功能，校园文化规定了学校的发展方向，对师生价值和行为的方向起着重要的引导作用；二是推动功能，校园文化可以推动学校观念转型、管理升级，使学校持续健康发展；三是凝聚功能，校园文化通过共同价值观和愿景的塑造，从各方面把师生聚合起来，产生一种巨大的向心力和凝聚力，构筑正能量；四是辐射功能，校园文化不仅对学校内部发挥作用，还通过各种渠道对外部产生影响，不断提高学校美誉度、知名度、品牌度；五是激励功能，校园文化能够激发师生潜能，保持奋发向上的精神追求；六是约束功能，是指校园文化对师生的思想道德和日常行为具有约束和规范作用；七是陶冶功能，古人讲“近朱者赤、近墨者黑”，良好的校园文化对教师的职业素养、学生的行为气质、领导者的管理素质具有潜移默化的熏陶和固化作用。

二、中国旅游职业教育文化建设的主要做法

文化是一个系统概念，是一种高度综合的复杂概念。一般认为，其结构和内容由精神文化、制度文化、行为文化和物质文化四要素组成。校园文化是文化的子系统，既具有文化的普遍属性，又具有自身独特的内涵和特征。旅游职业院校校园文化立足于文化的普遍共性，又突出强调自身个性，特别是充分发挥旅游职业院校在文化和旅游融合发展方面的独特优势，在理论和实践两个层面进行了有益的探索，形成了特色鲜明的文化育人体系。

（一）坚持系统构建，着力打造全要素文化体系

旅游职业院校校园文化，其结构和内容符合文化“四要素”说。它以校园为空间载

体，以师生为主体对象，以精神理念为核心要素，以旅游和职业教育为立足点、着力点，是将各种力量和资源统一于共同方向所形成的具有鲜明个性的群体文化。

从内容架构上看，旅游职业院校校园文化一般由四个子系统组成：一是观念系统。包括了校风、校训、校旗、校徽、校歌、学风、价值观念、人才培养理念、学校传统、发展愿景等。这是核心层，是校园文化最生动、最具个性的部分。调研数据表明，旅游职业院校对于校园文化观念系统高度重视，将其视为校园文化建设的首要任务，下大力气构建形成了具有自身鲜明特征的办学理念系统。如山东旅游职业学院打造以校训为统领、具有鲜明自身特色的七大办学理念体系，涵盖了学校办学和人才培养的方方面面，包括学校的校训、定位、使命、精神、气质、素养、愿景。二是制度系统。这是旅游职业院校校园文化的中间层，包括学校规章制度、发展规划、行为准则、工作流程等。其作用是通过发挥奖惩作用，规范师生行为，推动文化建设特别是精神文化落地落实落细。调研数据表明，旅游职业院校普遍重视制度建设，相当数量的学校定期对规章制度进行梳理修订汇编成册。当然，也有部分学校重视程度不够，规章制度以零散文件的方式存在，没有及时梳理修订，更没有汇编成册。三是行为和活动系统。这是旅游职业院校校园文化系统的行为层，包括师生行业规范、学生社团活动、文体大赛等。四是环境系统。这是校园文化系统的物质层，包括校园环境、设施设备、雕塑建筑、实训场馆等。从调研情况看，旅游职业院校对于校园文化的多维性具有明确认知，在打造校园文化系统上下足了功夫，注重校园文化不同层次间的协调统一，取得了显著的成效。

（二）坚持突出特色，着力打造兼容并蓄文化体系

旅游职业院校校园文化是整个社会文化大系统的组成部分，其根基在于时代发展和经济社会全局，必须从历史、理实中汲取营养。它不是一个脱离历史、脱离时代发展的孤立系统，而是与历史文化、时代文化、国际文化、地域文化、行业文化有着密切的联系。旅游职业院校加强校园文化建设，必须实行开门战略，不能闭门造车、自我陶醉。

从调研情况看，旅游职业院校在建设校园文化系统时，在来源上主要强调以下五个方面：一是旅游行业文化。旅游职业院校依托旅游业而生，为旅游业培育人才，因此在文化建设中必然突出旅游特色，处处体现旅游要素。如上海旅游高等专科学校的校徽就是以中国旅游业的标志“马踏飞燕”为主体，融合学校素材设计的。另外，未来社会将由服务型产业占主体，旅游业是典型的服务型产业，“服务意识”是旅游职业院校的突出特色。如山东旅游职业学院将“服务为本”确立为学校精神，突出体现了旅游职业特色。尤其需要特别指出的是，随着近年来文化和旅游融合发展进程加速，旅游职业院校文化建设更多体现出文化和旅游融合的特点。在这方面，旅游职业院校具有独特的优势，在注重文化一般性建设的同时，更多引入旅游行业文化，实现了两者的有机融合。

二是职业教育文化。职业教育不同于普通教育，其本质特征是以促进就业和适应产业发展需求为导向，强调校企合作、产教融合。旅游职业院校加强校园文化建设，必须立足职业教育本质，将职业教育的特征和要素融入校园文化系统的各个方面。从调研情况看，各个学校立足于职教本质，重视与行业企业的深度融合合作，将企业文化、资源引入校园文化建设，丰富了校园文化内涵，取得了显著成效。

三是地域特色文化。一方水土孕育一方文化，文化在地域层面具有同质性和内聚力。旅游职业院校校园文化必然带有浓厚的地域特色文化色彩。如南京旅游职业学院立足江南水乡，将江南园林的特色和要素融入校园环境塑造，以“水”为底色和媒介，将整个校园建设得特色鲜明、和谐美观。山东旅游职业学院位于孔孟之乡山东、天下泉城济南，所以整个学校的校园文化融入了大量传统文化、儒家文化、泉水文化的要素，打造了“百川文化”品牌矩阵。

四是国际开放文化。旅游业的天然属性是开放性、国际性，旅游职业院校校园文化建设必须坚持深化国际合作，突出国际特色。

五是革命文化和社会主义先进文化。校园文化建设的首要任务就是回答“培养什么人、怎样培养人、为谁培养人”这个根本问题。职业教育院校必须坚定不移坚持党对教育事业的全面领导，坚持把立德树人作为根本任务，贯彻党的教育方针，为党育人，为国育才，培养社会主义合格建设者和接班人。中华优秀传统文化、革命文化、社会主义先进文化共同构成中国特色社会主义文化的主体。调研数据表明，革命文化和社会主义先进文化全面融入旅游职业院校校园文化建设，在塑造校园文化底色和发挥文化育人功能方面发挥了巨大作用。

（三）坚持理念引领，着力打造立德树人精神体系

校园的精神文化是在长期办学实践中由师生共同创造的，体现的是师生共同的价值观，旅游职业院校校园文化建设围绕社会主义核心价值观，立足自身实际，根据办学定位、办学特色、行业产业特质、国际化办学需求，以立德树人为文化导向，将思想政治教育元素融入校园文化建设全过程，将社会主义核心价值观与学校的办学理念、传统特色、文化底蕴、理想追求有机融合，通过铸就新时代学校的校风校训、办学使命、办学精神、办学定位、办学愿景等，凝练确立了独具特色的办学理念体系，成为“三全育人”的一部分。各院校在加强精神文化建设的过程中，重视社会主义核心价值观对校园文化建设尤其是精神文化建设的指导，培育塑造了一大批契合时代潮流、紧扣时代脉搏的校园精神文化品牌。这些文化品牌对于提升学校办学内涵、强化师德教风建设、提升大学生思想政治水平，发挥了重要作用，具有很高的推广价值。例如，枣庄职业学院深入挖掘鲁班、墨子等工匠大师的历史文化资源和时代内涵，充分发挥枣庄作为中国工匠精神重要发源地的文化品牌优势，实施“工匠精神培育工程”，构建工匠精神培育体系，努力培养具有工匠精神的高素质服务型技术技能人才。上海农林职业技术学院弘扬“尚农乐耕生生不息”的校园文化精神，通过对“尚农”“乐耕”农业文化的总结，与培育和践行社会主义核心价值观结合起来，成为上海唯一一所以现代都市农业为特色的高等职业技术院校，基本对接了上海现代都市农业需求，通过“尚农”精神融入课堂教学、专业实习、氛围建设等方式，逐渐打造出了一系列“尚农”精神育人品牌，促进了校园精神文化建设。类似做法还有很

多，各院校基本上都是将自身的办学理念、特点、历史传统与社会主义核心价值观进行深度融合，并进行生动诠释，形成了独特的校园精神文化品牌，以“润物细无声”的方式增强了师生对社会主义核心价值观的认同。

（四）坚持落地落细，着力打造校园文化制度体系

学校理念体系要落到实处，必须建立完善的制度体系。各院校将“文化精神培育工程”作为战略任务纳入院校事业发展规划之中，成立文化精神培育工程工作领导小组，完善院校及系（院）两级实施培育工程工作机制，加大投入力度，设立专项资金，建立起文化精神培育的长效机制。各院校基本以宣传部或文化传播中心来统一负责校园文化策划、实施、调研等工作，加强文化建设的整体规划。同时，将大学章程、各级各类管理制度与院校实际业务相结合，形成独具特色的制度文化体系。另外，通过制度文化建设，各院校将治理体系转化为治理效能，内化为全体师生的行动指南。各院校普遍以对接文旅产业服务需求为核心，重视学生日常养成教育，把学习成绩、日常表现、社会实践、思想品德等纳入评价体系；教育引导学生养成良好的行为习惯，坚持做到随时检查学生仪容仪表，倡导着装朴素大方、仪表美观端庄，并将其细化为考评指标，列入考评体系。

（五）坚持突出特色，着力打造校园文化环境体系

校园环境是校园文化体系的重要组成部分和外在的表现形式。它又称物质层文化，是凝聚着学校文化抽象内容的物质体的外在显现，是学校文化最直观的部分，也是师生最易于感知的部分。各院校精心设计的校园景观、建设的众多一流的实践教学场馆，都注入了行业特质、职教特色、地域文化等底色元素，发挥着环境育人的功能，在实践中传承和弘扬了校园文化内涵。还精心设计校园标识系统，为所有的建筑物、道路等进行命名并制作精美的标识牌。例如，武汉职业技术学院将校名、校徽、标准字、标准色、校歌等基本要素进行统一设计，并应用于宣传品、展示陈列、交通工具、建筑外貌、展览橱窗、师生制服、旗幡标牌、产品包装中，形成较强识别性的视觉文化系统，强调了应用文化要素的直观性。

（六）坚持突出精品，着力打造校园文化活动体系

文化建设能否成功，除了先进的理念、完善的制度、优雅的举止、优美的环境等要素之外，能否打造和推出一批精品文化载体是关键。如果说校园文化是一座高耸的灯塔，精品文化载体就是塔顶熠熠生辉的航灯；如果说校园文化是一湾碧蓝的海湾，精品文化载体就是美丽精巧的贝壳。只有打造出一批文化精品，校园文化才有亮点，才有活力，才有吸引力，才有生命力。在这方面，各旅游职业学校进行了有益的探索和尝试，形成了一批师生喜闻乐见的文化品牌。如浙江旅游职业学院打造“人文铸旅”工程，作为立德树人特色品牌，打造人人恪守职业礼仪，处处得到艺术熏陶的文化载体。例如山东旅游职业学院取“海纳百川，有容乃大”为意，打造“百川”系列精品文化载体，创办《百川》报、百川论坛、百川辩坛、百川旅游管理服务创新沙龙等。郑州旅游职业学院创建“现代服务学院传统文化节”，大力弘扬中华优秀传统文化，用传统文化中的礼仪规范来培育学生的服务意识和服务精神。桂林旅游学院立足旅游院校办学特色和人才培养特点，注重校园文化与

优秀传统文化融合，打造了七玄乐府、陶瓷文化传播、旅游红色文化传承等一批具有浓厚旅游院校特色的校园文化品牌，形成了“一院一精品”的特色文化活动品牌。

三、中国旅游职业教育文化建设典型案例

（一）河北旅游学院弘扬传统文化，坚定学生文化自信

2020 年 11 月 19 日，河北旅游职业学院宣传部、团委、旅行社管理系联合举办传统文化进校园——紫竹京剧社专场演出，邀请承德市教育局紫竹京剧社前来学院，为师生们奉献了一场精彩绝伦的表演。演员们不仅表演了《贵妃醉酒》《三娘教子》《锁麟囊》和川剧变脸等经典节目，还为学生们普及了戏剧的基本知识，介绍了戏剧的行当、唱腔特点以及传统乐器。河北旅游职业学院副院长温守东指出，“中华传统文化是中华民族的根与魂，是我们文化自信的出处。每一名同学都应该弘扬传统文化，坚定文化自信”。经过戏曲文化陶冶，同学们深深感受到中华优秀传统文化是中华民族的精神命脉，是涵养社会主义核心价值观的重要源泉，也是我们在世界文化激荡中站稳脚跟的坚实根基。

（二）吉林电子信息技术学院与吉林市文化局成功联合开展“文化志愿者”活动

为弘扬吉林市民族文化，进一步做好吉林市文化志愿者服务工作，激发吉林电子信息技术学院学生参与文化服务的热情，增强大学生参加志愿服务的使命感，10 月 30 日，其下属现代服务学院与吉林市文化局联合开展了“文化志愿者”活动。

活动现场，吉林市文化局志愿者协会会长详细讲述了志愿者职责和服务章程。现代服务学院及学院分团委、礼仪协会、礼仪舞蹈协会的 80 多名学生参加了本次活动。同学们积极踊跃报名，完成了现场填报、网络注册、志愿者证件颁发。

学生志愿者们表示，将积极弘扬志愿服务精神，积极投身文化志愿服务工作，确保完成各项任务。活动起到了良好效果。

（三）南京旅游职业学院举办专业文化节，强化学生专业文化认知

南京旅游职业学院 2020 专业文化节暨“成才杯”学生职业技能大赛 11 月 27 日落下帷幕。酒店工装大赛、海报设计大赛、短视频营销大赛、导游讲解、西式烹饪竞赛、中式面点竞赛……一连五天，全校上演了 44 场专业技能比拼，内容精彩纷呈。27 日举办的烹饪大赛中，各式各样精心设计的糕点、中式面点、西餐等美食一一亮相，让人垂涎三尺。

南京旅游职业学院专业文化节相关负责人表示，强化大学生专业文化与艺术素养的提升，是高等职业院校实施素质教育的重要内容。丰富多彩的大学生专业文化与艺术教育活动，不仅是有效培养大学生创新创业意识、审美情趣和人文素养，以全面提高综合素质的重要形式，也是促进良好学风形成的重要途径。2020 年，学校在确保新冠肺炎疫情常态化防控的前提下，鼓励学生积极参与专业文化与艺术教育活动。

（四）太原旅游职业学院坚定学生红色信念，宣讲党的十九届五中全会精神

2020 年 11 月 30 日下午，太原旅游职业学院举办了党的十九届五中全会精神进校园宣讲活动。报告会后，学院领导与思政课教师代表、学生代表进行了座谈。大家围绕学习

十九届五中全会精神的体会，结合自身工作学习经验畅所欲言。学生代表围绕专业学习、人生规划、军旅文化进校园、红色研学等进行了发言，并表示通过讲座，更加强化了把自己的人生规划和国家宏观规划相结合的意识，更加鼓舞了对自己所学专业的信心，更加坚定了学习报国的梦想。

（五）浙江旅游职业学院“阳光工程”立意深远，显现阳光效果

“阳光工程”是浙江旅游职业学院高品质校园文化建设的一个核心抓手，是高素质人才培养的一个重要载体。10 年来，“阳光工程”初心内涵不变，形式内容常新，基本形成了“三横三纵”的工作体系：“三横”主要分为大一“阳光・坐标”、大二“阳光・明德”、大三“阳光・起航”三个横向梯队层级；“三纵”主要分为职业素养、人文素养、身心素养三个纵向目标要求。其中一年一度的重头戏“星级班级”“星级寝室”“阳光标兵”三个重大奖项的评选更是成了学生心目中的“奥斯卡”，成为学生尽情展示风采的盛典。下一步“阳光工程”要通过“三个高”的再设计，即高立意、高标准、高质量；“三个品”的再打造，即品德、品质、品牌；“三个味”的再塑造，即家国味、文化味、人情味，让阳光照进每一位学生的心灵，让学生成为最美的风景。

四、中国旅游职业教育文化建设存在的问题与不足

经过多年的探索和实践，旅游职业院校在校园文化建设方面立足本校实际，对接国家要求，八仙过海，各显神通，取得了长足的进展。但我们也要看到，建设过程中依然存在诸多问题。主要表现在：

（一）在目标引领方面，深度融合程度不高

各院校在校园精神文化建设的过程中，都非常注重社会主义核心价值观的目标引领作用，并在深度融合路径上进行了大量的探索，致力于发挥其凝聚共识的力量。但在实际工作中，也存在着明显的不足，主要表现在：一是深度融合过程中总结凝练不够。有些院校在“融入”方面存在着“两张皮”的现象，只是将社会主义核心价值观“写在纸上、挂在墙上”，却没有把与社会主义核心价值观相通的学校精神凝练出来，更没有融入到品牌体系中加以推广。二是融合工作缺乏应有的系统化保障。有些院校在落实社会主义核心价值观融合工作时形式单一，没有融入制度设计、课堂教学、文化活动、队伍建设、物质投入、后勤服务等工作，缺乏整体协调推进，没有形成整体系统培育工程，结果导致培育效果不理想。三是融合工作缺乏“有机接口”。由于校园精神文化建设是一个意象抽象却又影响深远的“慢变量”，在将社会主义核心价值观融入校园精神文化建设的过程中，往往倾向宏大叙事，忽视学生主体性，漠视学生接受能力，没有鲜活、生动的文化载体；同时，受功利主义、实用主义的冲击和考验，在建设过程中容易“脱离靶心”，一味强调文化载体的娱乐性质，缺乏应有的导向性主题。

（二）在制度建设方面，联动机制尚不完善

旅游高职院校在探索校园制度文化建设的过程中，取得了一些成绩，但也有不足。主

要表现在：一是顶层设计不够，重要制度体现文化元素不明显。缺少校园制度文化建设内容和目标的顶层设计，在院校章程、学生培养制度、教师评聘制度等重要制度中体现校园文化的元素还不够，而且相互之间的关联度也不够。二是缺乏联动的制度体系。很多院校没有设置专门机构来推动文化建设工作，一般都是党委领导下分部门落实的模式，这样必然导致落实的力度不足；而且相当部分院校教师都有这样的误解，认为文化建设工作是党务部门、组织部门、宣传部门和学生部门的事，因此教学部门、业务部门、服务部门对此工作重视就不足，制定的相关制度自然就很难体现校园文化精神。三是缺少健全的保障机制。很多院校在推动校园文化建设的工作中，开会多、践行少，存在着思想保障、组织保障、经费保障、人员保障、制度保障不足的情况，影响了文化建设的落地。

（三）在品牌打造方面，创新举措较为单一

一些院校在探索校园行为文化的过程中，创造了许多具有本校特色的品牌活动，但创新举措较为单一。主要问题有：一是方式方法较为单一，活动形式因循守旧。在建设校园行为文化活动中，部分院校仍遵循“读、讲、写、画”的方式方法，没有着力探索高品位、高内涵、高投入、高附加的文化活动，活动形式单一、陈旧，无法引起师生兴趣和共鸣。二是没有形成长效品牌活动。一些院校在开展校园文化活动时，基本上是由宣传部门、学生工作部门牵头开展，活动数量虽然多，但明显“后劲”不足，缺乏长效保障，师生参与程度不高，自然难以形成特色鲜明、影响广泛、长效保持的活动品牌。三是学术、教学活动中缺乏文化建设元素。院校教师职工理应是校园文化工作的组织者和主要参与者，但教师队伍中除了辅导员、党团行政干部和思想政治课教师由于工作原因参与较多外，其他群体教职员工参与活动较少，积极性不高；学术教学活动作为院校校园文化的主要载体之一，体现校园文化建设的元素相对较少，院校应该在培养师生崇尚职业精神、树立工匠意识、诚信考试和科研等方面加大文化建设力度。

（四）在核心要素方面，人文涵养重视不够

很多院校在校区建设过程中，深度挖掘校史文化、优秀传统文化、特色地域文化、大师精神文化等资源，体现在校园绿化、美化中，但对人文涵养的重视程度依然不够，主要表现在：一是在校园建设中缺乏人文精神。很多院校在校园环境建设中只注重实用性，没有重视审美功能的发挥，缺乏从视觉角度展现人文情怀。二是在工作中方法单一、粗浅，没有做到潜移默化。比如一些院校在做社会主义核心价值观融入校园物质文化建设这一工作时，只是简单地挂挂条幅、换换橱窗，方式方法简单、粗浅，没有真正起到“润物无声”的效果。三是文化建设工作缺乏系统规划和顶层设计，没有发挥整体效应。很多院校在做校园物质文化建设时，没有与学院历史传统、行业特色、地域特点结合起来，更没有融入到师生日常必经的宿舍、教室、运动场、图书馆等场所，没有形成整体的校园物质文化育人格局。

（五）在阵地建设方面，网络空间开发不够

运用好校园网络文化建设，积极探索融媒体条件下高职院校校园文化建设的工作规

律，创新工作思路、激活工作队伍、优化工作方法，打造出具有时代特色、符合传播特点的育人平台，可以取得很好的效果。但是网络空间的开发仍存在许多隐患。一是在社会主义核心价值观网络传播过程中的吸引力、亲和力和感召力还不够强。很多院校负责文化建设的工作人员年龄偏大，对新媒体、新技术的接受程度不够，操作技巧不够娴熟。因此，对素材的原创能力和深度整合能力较低，没有做出既能发挥社会主义核心价值观的引领作用，又能符合当下师生需求特点的宣传素材。二是以学院官方网站、官方新媒体平台为核心的网络体系搭建不够成熟。一些院校搭建起了以学院官方网站、新媒体平台为主导，职能部门和二级学院、系部的网站、新媒体平台为支撑的网络宣传体系，在学生群体中具有一定的影响效应，但是各网站和平台之间缺乏互动和沟通，因此对校园文化宣传程度深浅不一，很多内容和视角雷同，没有发挥整体协同效应。三是线上线下互动、部门联动的协调体系没有形成。很多院校的网络互动性不高，学生的呼声和需求通过网络正当渠道很难表达和满足，而且一些院校职能部门新媒体意识不足，没有将日常的教育管理服务融入到网络文化建设中，网络工作联动协调体系没有形成，给师生员工造成了网上培育校园文化是“面子工程”的误导。

五、中国旅游职业教育文化建设对策建议

新时代需要新担当，新形势需要新作为，新任务需要新举措。在新的形势和任务面前，中国旅游职业教育在文化建设方面必须与时俱进，坚持问题导向、目标导向，扬长避短，开拓创新，建设更加成熟、更加完善的校园文化系统。只有这样，才能实现立德树人的根本任务。

（一）实施理念落地工程

办学理念是大学精神文化之“根”，是对为什么办学、办什么样的学、如何办学等基本立场、理想追求的理性概括，也是对“培养什么人、怎样培养人、为谁培养人”的集中体现。主要展现在院校办学的核心价值取向在社会功能定位、人才培养、科学研究、社会服务及办学思想等基本问题上的扎根落地。要全面贯彻落实以“学院校训、办学定位、办学使命、学院精神、学院气质、学院素养、办学愿景”为核心的院校办学理念体系，切实发挥院校文化的导向功能、推动功能、凝聚功能、辐射功能、激励功能、约束功能、陶冶功能，全面融入教育教学、治校理政和师生行为规范，使之成为全院师生自觉的精神追求和价值标杆，打造特色鲜明、富有强大凝聚力、感召力的文化育人系统。

（二）实施文化扎根工程

旅游职业院校要立足于文化传承创新，顺应旅游产业和职业教育的发展趋势，着力突出旅游特色文化、技能特质文化、职教特色文化、地域文化、国际开放文化，打造兼容并蓄、底蕴深厚的文化育人系统。要积极顺应文化和旅游融合发展的趋势，充分发挥旅游职业院校的独特优势，在校园文化建设中更多更好体现文化和旅游融合发展的要素。要吸收借鉴行业企业文化，成立具有优秀企业管理人员参与的校园文化建设机构，定期或不定期

地组织校园文化建设专题研究。借助产教融合的契机，邀请企业共建共享文化主题教室、实训室，通过企业文化与校园文化的交流融合，彰显职业教育文化。邀请企业高层管理人员为校园文化建设出谋划策，征求企业对校园文化建设方面的书面意见和想法。邀请知名企业家到院校开展讲座，在为师生员工讲解行业前沿的同时，融合企业文化教育，对学生进行职业道德和劳动纪律教育，培养学生吃苦耐劳的敬业精神，同时可以组织优秀毕业生回校演讲，激励在校大学生树立职业目标，奋发图强，磨炼意志。

（三）实施文化精品工程

进一步完善“论坛”“小剧场”等文化活动载体的内容和形式，策划推出更多师生喜闻乐见的精品文化载体，用丰富多彩的校园文化活动提升师生素质、锻炼才能、陶冶情操，打造丰富多彩、亮点突出的文化育人系统。江苏安全技术职业学院将中华传统文化引入到思想政治教育的全过程中，持续开展“中华传统节日教育系列活动”育人项目、“华文经典诵读”系列活动、“中华情”经典诗词书写大赛、“弘扬中华传统文化，深化班级内涵建设”等系列活动，在育人模式上做了大胆的尝试，形成了独具特色的文化育人模式。

（四）实施形象识别工程

坚持顶层设计和系统思维，全面引入CIS形象识别系统，对校园文化理念识别（MI）、行为识别（BI）和视觉识别（VI）进行系统设计，形成完整的CIS校园文化形象识别系统，实现精神文化、制度文化、环境文化、活动文化有机融合、相互协调、相得益彰，打造标识鲜明、系统完整的文化育人系统。加大对外宣传力度，有意识有计划地将校园文化向社会公众主动展示与传播，扩大学校知名度和美誉度。加大对内培育力度，强化师生校园文化认知和认同，让校园文化特质成为师生自觉的精神追求和价值导向。

参考文献

［1］习近平．中国共产党第十九次全国代表大会报告．

［2］教育部等．关于印发《现代职业教育体系建设规划（2014–2020年）》的通知（教发〔2014〕6号）．2014–06–16.

［3］蒋旋新，蒋萌．中国特色现代职业教育体系内涵与特征研究［J］．成人教育，2010（8）：17–20.

［4］宋德利，马保烈．全方位构建国际化的旅游职业教育新模式——以山东旅游职业学院为例［J］．中国成人教育，2011（14）：85–88.

［5］马保烈．现代职业教育体系构建中的校园文化建设探析——以山东旅游职业学院为例［J］．旅游世界：旅游发展研究，2015（3）：65–69.

（本报告由山东旅游职业学院课题组完成，课题组负责人：魏凯；执笔人：马保烈）

中国旅游职业教育创新创业教育年度报告

习近平总书记强调，“创新是社会进步的灵魂，创业是推动经济社会发展、改善民生的重要途径”。创新创业对于培育和催生经济社会发展新动力，扩大就业，实现富民目标，激发全社会创新潜能和创业活力具有重要意义。在大众创新、万众创业的浪潮中，人才成为推动其健康发展的重要支撑和保障。党和国家自“十七大”以来就将自主创新能力作为衡量人才的重要标准之一，以期打造一个“创新—创业—就业”的创新型国家，以创新的思路去创业，以创业解决更多人的就业问题。要加快培养规模宏大、富有创新精神、勇于投身实践的创新创业人才，为建设创新型国家、实现“两个一百年”奋斗目标和中华民族伟大复兴的中国梦提供强大的人才智力支撑。

自党的十八大以来，党和国家出台多个文件，以此来鼓励有创新意识和能力的青年人奋发图强，与国家的创新发展进行深度融合。2015 年，国务院办公厅印发《关于深化高等学校创新创业教育改革的实施意见》，明确要求将大学生创新创业教育融入人才培养体系；2018 年，教育部办公厅印发《关于做好 2018 年深化创新创业教育改革示范高校建设工作的通知》，要求深层次推进高校创新创业教育改革；2019 年，中共中央办公厅、国务院办公厅在《加快推进教育现代化实施方案（2018—2022 年）》中，提出实施创新创业教育改革燎原计划、高等学校毕业生就业创业促进计划。一系列政策的出台为高校创新创业教育的有效开展以及全面落实指明了方向。

职业院校作为旅游专业人才培养的重要基地，多年来积极贯彻和落实创新创业教育政策，在创新创业机构建设、课程建设、师资建设及人才培养模式构建等方面进行了积极探索，积累了一定的经验，也取得了较多成果。本报告旨在通过对全国开设旅游大类专业的职业院校深入调研的基础上，系统梳理我国旅游职业教育创新创业教育发展现状，总结好的经验和做法，分析存在的问题与瓶颈，尝试性地对高职旅游大类专业人才培养中创新创业教育的未来发展提出建议，以期为旅游职业教育创新创业教育体系的建立提供参考，推动旅游职业教育高质量发展。

一、旅游职业教育创新创业教育现状

为全面了解我国开设旅游大类专业的职业院校现阶段创新创业教育实施情况，课题组主要采用了问卷调查、文献资料分析、现场访谈等方法对我国开设旅游大类专业的部分职业院校进行了调查分析。其中，问卷内容主要包括就业创业教育专门机构设置、人员设置、课程建设、创业孵化基地建设和制度建设等方面。2020 年 10—12 月共计通过问卷星向全国 321 所开设旅游大类相关专业的中、高职院校发放调查问卷，回收问卷 321 份，回收率为 100%，筛除填写不完整的问卷，共获得有效问卷 269 份，有效率为 83.80%。课题组对问卷数据进行了整理分析，结合前期文献资料整理和对部分院校的访谈内容，总结出当前我国开设旅游大类专业的职业院校创新创业教育呈现的几个特点：

（一）创新创业氛围日渐浓厚

调研结果显示，在接受问卷调查和访谈调研的职业院校中，绝大多数院校对创新创业教育的认识不断提高，认为创新创业教育不再是指针对少数有相关潜质的学生的技能性教育，而是面向全体学生的精神教育。创新创业教育应该是在学生掌握专业理论知识和具备专业实践技能的基础上，培养具有创新思维、创业基本素质、开创个性人格的人；在本质上来说，创新创业教育的主要目的应该是提高学生的创新精神、创业意识和创业能力。在这一认知的基础上，各院校出台了本校的创新创业政策，同时在资金、师资等方面都加大了投入，也在不断探索符合各校实际的创新创业教育模式。部分院校初步形成了自身特色，无论在理论研究还是在实践操作层面都取得了一定成绩。整体来看，在开设旅游大类相关专业的职业院校中，创新创业教育的氛围初步形成。

（二）创新创业专设机构获得普及

针对创新创业教育专门机构设立情况，在调研的 321 所院校中，开设旅游大类专业的高等职业院校有 142 所，占比 44.24%；中等职业院校开设旅游大类专业的有 152 所，占比 47.35%。以下对这两类院校设立创新创业教育专门机构情况的相关数据进行分析。

根据调研数据可知，在 142 所开设旅游大类专业的高等职业院校中，超过 89% 的学校设有就业创业教育专门机构，即有 127 所，未设立就业创业教育专门机构的只有 15 所学校，如表 1 所示。

表 1　高职院校就业创业教育专门机构情况

序号	设有就业创业教育专业机构	数量（所）	占比
1	是	127	89.44%
2	否	15	10.56%

在 152 所开设旅游大类专业的中等职业院校中，74.34% 的学校设有就业创业教育专门机构，即有 113 所；未设立就业创业教育专门机构的有 39 所学校，占比为 25.66%，如表 2 所示。

表 2　中职院校就业创业教育专门机构情况

序号	设有就业创业教育专业机构	数量（所）	占比
1	是	113	74.34%
2	否	39	25.66%

总体来看，在接受调研的开设旅游大类专业的职业院校中，大部分设立了就业创业教育专门机构。如山东商业职业技术学院在校企深度合作的基础上，强强联合，成立了商院·新道创新创业学院，培养创新创业型技术技能拔尖人才，孵化未来企业家；浙江旅游职业学院成立了创业学院，负责创业信息的发布、创业课程的设计、创业实践的组织、创业赛事的参与以及创业导师库的组建等；顺德职业技术学院设立了创新创业教育办公室，接受学校创新创业教育领导小组的直接领导，是统筹全校创新创业教育的专门机构，负责统筹协调全校各部门创新创业教育工作的开展等。

（三）创新创业专职人员队伍初具规模

关于就业创业教育机构专职情况的调研中，共有 124 所高职院校填写此题目，在这些院校中，就业创业教育机构专职工作者人数在 1~5 人的有 81 所，占比为 65.32%；专职工作者人数为 0 人及 6~10 人之间的分别有 19 所和 13 所院校，占比为 15.32% 和 10.48%；专职工作者人数在 11~20 人之间的有 6 所院校，占比为 4.84%；专职工作者人数在 41~50 人之间有 2 所院校，占比为 1.61%；专职工作者人数在 21~30 人、31~40 人及 50 人以上的各有 1 所院校，占比各为 0.81%。

表 3　高职院校就业创业教育机构专职工作者人数情况

序号	专职工作者人数	学校数（所）	占比
1	0 人	19	15.32%
2	1~5 人	81	65.32%
3	6~10 人	13	10.48%
4	11~20 人	6	4.84%
5	21~30 人	1	0.81%
6	31~40 人	1	0.81%
7	41~50 人	2	1.61%
8	51 人以上	1	0.81%

有 136 所中职院校填写就业创业教育机构专职工作者人数一题，其中人数在 1~5 人的有 75 所，占比最多，为 55.15%；专职工作者人数为 6~10 人之间的有 12 所院校，占比为 8.82%；专职工作者人数在 11~20 人及 51 人以上的各有 3 所院校，占比均为 2.21%；专职

工作者人数在 41~50 人之间的有 1 所院校，占比为 0.74%。另外，有 42 所院校每月专职工作者人数为 0，所占比重为 30.88%，说明这些院校尚未成立专门的创新创业教育机构。

表 4　中职院校就业创业教育机构专职工作者人数情况

序号	专职工作者人数	学校数（所）	占比
1	0 人	42	30.88%
2	1~5 人	75	55.15%
3	6~10 人	12	8.82%
4	11~20 人	3	2.21%
5	21~30 人	0	0%
6	31~40 人	0	0%
7	41~50 人	1	0.74%
8	51 人以上	3	2.21%

（四）创新创业课程体系框架初步建立

相关课程在创新创业的教学活动中发挥了重要的作用，它是教师传道授业的基本载体，是完成教学任务、实现教育目标的基本途径。2015 年，国务院办公厅正式发文，明确全面部署深化高校创新创业教育改革工作，要求有关部门把创新创业课程纳入国民教育体系，健全创新创业教育课程体系。因此，加强开设旅游大类专业的职业院校的创新创业教育，构建科学合理的创新创业教育课程体系，引导和推动该类学生创新创业，既符合国家发展战略，也顺应时代发展的潮流。

根据调研数据可知，在 142 所开设旅游大类专业的高等职业院校中，有 136 所学校将就业指导课程纳入教学计划，占比为 95.77%；没有将就业指导课程纳入教学计划的只有 6 所学校，占比为 4.23%（见表 5）。

表 5　高职院校就业指导课程纳入教学计划情况

序号	就业指导课程纳入教学计划	数量（所）	占比
1	是	136	95.77%
2	否	6	4.23%

在 152 所开设旅游大类专业的中等职业院校中，有 139 所学校将就业指导课程纳入教学计划，占比为 91.45%；没有将就业指导课程纳入教学计划的有 13 所学校，占比为 8.55%（见表 6）。

表 6　中职院校就业指导课程纳入教学计划情况

序号	就业指导课程纳入教学计划	数量（所）	占比
1	是	139	91.45%
2	否	13	8.55%

在调研中课题组发现，部分院校在创新创业课程打造方面进行了深入探索，将创新创业课程和专业课程有机地融合起来，形成了具有专业特色的创新创业课程体系。如南京旅游职业学院创建了烹调工艺与营养专业课程，通过对国内外课程结构、课程体系的分析，构架出全新的将创新创业教育和专业教育融合在一起的“创新创业 +”的课程体系，并在实践中积极推进。全部课程包括人格与应知、思想与理想、应用与工具、旅游与素质、创新与创业、专业通识课、专业核心课、实践与设计 8 大模块，其中创新创业模块包括创新理论与实践、创业基础、创业拓展课程三部分，主要有旅游创造学、创业基础、管理学基础、经济学基础、创业管理、商务沟通、企业法与知识产权管理、创业投资与创业财务、电子商务前沿、技术创新管理、新产品开发和项目管理、创业设计、企业实习等综合素质课程。同时，将社会实践、志愿服务、社团活动、科研以及各类竞赛等纳入实践教学计划，建立成绩和学分认定机制，提升了学生创新创业的能力。

（五）创新创业教育实践平台建设初见成效

高职院校开展创新创业教育的根本目的就是要培养具有创新精神、发散性思维和创业能力的高素质职业人才。在对这类人才的培养中，实践操作能力的提升是必不可少的，需要为学生提供场所和机会，让他们在做中学，在学中做，在操作中不断提升创新能力，引发思考，形成创业思路。各院校在创新创业教育平台建设方面投入了大量的资源，基本路径包括通过推动校企合作建设创新创业实践平台，通过依托政府的创新创业孵化基地建立实践平台，通过举办和参加各类大学生创新创业大赛提升学生创业能力，从而培养学生素质，均取得了不俗的成果。

调研数据显示，在 142 所开设旅游大类专业的高等职业院校中，有 99 所建立了毕业生创业孵化基地，占比为 69.72%；没有建立毕业生创业孵化基地的有 43 所学校，占比为 30.28%（见表 7）。

表 7　高职院校建立毕业生创业孵化基地情况

序号	建立创业孵化基地	数量（所）	占比
1	是	99	69.72%
2	否	43	30.28%

在 152 所开设旅游大类专业的中等职业院校中，有 60 所学校建立了毕业生创业孵化基地，占比为 39.47%；没有建立毕业生创业孵化基地的有 92 所学校，占比为 60.53%

（见表 8）。

表 8　中职院校建立毕业生创业孵化基地情况

序号	建立创业孵化基地	数量（所）	占比
1	是	60	39.47%
2	否	92	60.53%

湖南外贸职业学院以旅游专业群创新创业孵化基地建设为抓手，推动创新创业教育纵深发展。该基地的创业项目有快乐旅游工作室、礼仪工作室、心屋咖啡、茶吧等，主要运作模式为：由师生自主经营，自负盈亏，开展业务经营活动；作为创新创业人才孵化基地，培养创新创业人才；作为实训场地，开展课程实训教学；作为技能培训中心，开展专业技能培训和考证。人才培养质量显著提高，创新创业教育初见成效。

学院定期举办创新创业大赛，鼓励学生组队参与。学院出台激励政策，并与创新创业大赛最佳项目团队签署创业孵化协议书，为项目团队提供创新创业场地和启动资金，委派专业老师和企业导师进行全程指导，制定创新创业项目运行监管办法。创新创业团队在专业老师和企业导师的指导下，全权负责项目的日常经营活动，自行决定产品类型、服务范围、营销手段和促销活动，自主经营、自负盈亏。比如“心屋咖啡”项目，针对学校的教师群体、学生群体和援外培训班学员三大群体，开发了不同档次的咖啡产品、果汁和手工西点，举办各种主题活动，承接并组织策划各种聚会和小型会议，承接咖啡师技能培训；销售方式也十分灵活，既有线下实体经营，又有线上网络销售；还经常开展各种营销活动，如咖啡屋代言人选拔、咖啡免费品尝、英语角、特色舞会、会员制营销等。学生的聪明才智得到充分发挥，项目运营充满生机活力，人才培养质量得到提升，创新创业教育效果显著。

（六）创新创业激励机制不断完善

根据调研数据可知，在 142 所开设旅游大类专业的高等职业院校中，有 117 所学校设有资助或奖励创业项目的政策和制度，占比为 82.39%；没有资助或奖励创业项目的政策和制度的有 25 所学校，占比为 17.61%（见表 9）。

表 9　高职院校资助或奖励创业项目的政策和制度情况

序号	资助或奖励创业项目的政策和制度	数量（所）	占比
1	是	117	82.39%
2	否	25	17.61%

在 152 所开设旅游大类专业的中等职业院校中，有 81 所学校设有资助或奖励创业项目的政策和制度，占比为 53.29%；没有资助或奖励创业项目的政策和制度的有 71 所学校，占比为 46.71%（见表 10）。

表 10 中职院校资助或奖励创业项目的政策和制度情况

序号	资助或奖励创业项目的政策和制度	数量（所）	占比
1	是	81	53.29%
2	否	71	46.71%

（七）创新创业技能竞赛成果显著

技能大赛对创新创业教育来讲，是一个非常重要的载体和组织形式。近年来，职业技能大赛越来越注重技术创新、产业升级以及对实际问题的解决能力，彰显了创新创业的理念。在各类大赛中，最具代表性的是中国“互联网+”大学生创新创业大赛，大赛的目的主要有以赛促学，培养创新创业生力军；以赛促教，探索素质教育新途径；以赛促创，搭建成果转化新平台。到目前为止，我国基本构建了国家级、省级、校级创新创业大赛体系。从调研情况来看，80% 以上的高职院校组织参加各级创新创业大赛，并在省级创新创业大赛中取得较好成绩。73% 的高职院校每年在校内举办创新创业大赛，以培育省赛、国赛参赛项目，推动本校创新创业项目向高质量发展。但是总体来看，在国家级比赛中，旅游院校成绩不是很突出。以第五届大赛为例，在全国总决赛职教赛道所有 201 项获奖作品中，旅游类项目共获得三等奖一项，银奖一项，在创新创业项目质量上还有待突破。

二、创新创业教育存在的主要问题

开设旅游大类专业的职业院校创新创业教育经过多年的探索与实践，取得了长足的进步，也形成了一定成果，但依然面临诸多挑战。

（一）思想认识仍需提升

从调研情况来看，部分院校对创新创业教育的重要性、复杂性和实践性认识不足，学生的创新创业能力培养常流于形式，没有把创新创业教育当作系统工程抓实、做细。绝大部分的创新创业能力培养局限于辅导学生自主设计创办和经营企业从事商业活动等。有些学校简单地将创新创业教育视为少数学生的创业行为，并没有根据各专业的特点开设针对性的创业类课程、提供相应的创业项目和场地。各学校比较常见的创新创业教育活动形式是邀请校外的创业专家为学生开设一两次专题讲座，或者是举办创新创业设计比赛。通常以学校的创新创业大赛和创业讲座的形式来进行，忽视对学生创业意识、创新精神和创业能力的基础培养。少量创新创业教育活动，很难激发学生的创业兴趣，更难形成全校性的氛围。

（二）师资队伍水平有待提高

提升学生创新能力，师资是关键。开设旅游大类专业的职业院校开展创新创业教育，对师资的要求更加全面，除应具有专业知识外，还需要对创新创业有一定的研究，能够对学生提出的创业问题进行解答，有调动学生参与创新创业热情的能力，需要全方位了解地方政府出台的各类支持大学生创业的政策等。在一定的时期，有些学校在开展创新创业教育过程中，创新创业师资由专业教师或者辅导员来兼任，校外创业导师选聘还不够深入全面，还没有形成一定规模的创业师资库，大部分人员还无法全面胜任大学生创业导师的角色。有时候采取创新讲座代替系统化的创新创业教育课程体系，很难对大学生的创新创业过程进行有效指导。另外，在开设旅游大类专业的职业院校，创新创业课程教师由于缺少实践经验，在实际的课程教学过程中，创新创业教育往往停留在理论层面，无法有效地开展创新创业指导。

针对教师普遍缺乏实践经验、创新教学能力亟待提高的情况，学校组织相关创新教学能力培训就显得十分必要。但目前许多高职院校在教师创新能力的培训上缺乏系统性的计划，对教师创新能力的培养不够重视，在进行考核或职称评定时并没有将教师创新能力纳入其中，打击了教师进行创新性教学改革的积极性。与此同时，也有许多院校开始越来越重视双创型教师的培养，通过选派教师外出学习或邀请专家举办讲座等方式进行师资培训，但许多培训没有具体系统的考核指标，教师返岗后只需简单提供培训心得即可，导致教师在培训时缺乏压力和动力，难以促进教师创新教学能力的提升，教师完成培训返岗后也无法起到模范带头作用。培训后的反馈和考评机制的缺位，导致了培训只是流于形式，也造成了国家和学校培训资源的浪费。

（三）实践平台数量不足

加强学生创新创业能力，不仅需要专业的创新创业理论，对开设旅游大类专业的职业院校学生而言，更多的是需要在实践过程中体验和提升。创新创业教学需要一定的场所来开展活动，然而在实际过程中，由于创新实践平台建设区别于传统的教学平台建设，对场地、资金、人员、政策、管理方式都有更高的要求，大部分的学校注重理论教学，忽视了实践平台建设，在实践操作方面往往用参加一些创业类比赛的方式来替代。部分校企合作的企业也缺少参与创新创业平台建设的动力和兴趣，导致校内校外均缺少实质性的创新创业实践平台。

（四）保障机制亟待加强

在创新创业教育实施过程中，有一些学校仅仅将其作为就业指导工作的附加部分，缺少相应的投入保障机制，导致创新创业教育活动的开展难以维持。一方面是经费问题。由于缺乏项目经费支持，开设旅游大类专业的职业院校很难做到为各专业安排创新创业专项经费。另一方面是创新创业项目实施的技术指导问题。由于创新创业教育的教师队伍基本上都是拼凑而来，对学生起不到有效的指导作用，多数情况下还是靠学生自己摸索，这必然会影响教育效果。再有就是创业环境和物资保障问题。由于学校层面的不重视，投入不够，项目少，旅游专业的学生即使学习了一些技能，也缺乏好的创业项目进行实践。

（五）评价体系不够科学

创新创业教育的目标是紧扣国家战略发展需要，积极响应国家技能人才需求，为中华民族伟大复兴培养创新创业型人才。教育评价是对教育活动满足社会与个体需要的程度做出判断的活动，是对教育活动现实的或潜在的价值做出判断，以期达到教育价值增值的过程。在调研中课题组发现，当前我国高职院校创新创业教育水平不断提高，但是在评价体系建设上还不够完善，大多数院校将投身创业实践活动的学生数量或每年毕业生自主创业比例作为评价创新创业教育效果的唯一指标，尚未建立完善的创新创业教育评价体系。

三、创新创业教育发展建议

（一）顶层设计，完善保障体系建设

创新创业教育是一个系统工程，是关乎国计民生的大事。无论从国家层面、地方政府层面还是从院校层面都应该引起足够重视，从政策保障、资金保障、机制保障等方面做好工作，营造健康、科学的创新创业教育体系。

从国家层面来看，政府要较好地发挥其行政优势，在创新创业过程中起到引导作用，要吸纳国外创新创业政策的有益之处，针对高职院校创新创业开展制定相关政策措施，建立多元化的资金筹措渠道，构建包括政府、企业、高校在内的多元主体的创新创业教育“生态系统”。从地方政府的层面来看，要以国家政策为纲要，根据地方经济特色，具体建立与区域发展相适应的创新创业政策，搭建创新创业教育平台，鼓励高职院校与地方企业开展相关合作，为旅游高职院校毕业生提供广阔的创新创业空间。开设旅游大类专业的职业院校应重视对国家、地方创新创业教育政策的解读及理解，结合学校自身发展的定位与特色，积极破解创新创业教育开展中遇到的难题，从而增强学校创新创业教育内生动力。创新创业教育不是简单地在学院部门中增设一个组织，在教学计划中增设几个创新创业课程与学分，如果简单化，不会收到理想的效果，反而会形式化、僵硬化，丧失创新创业活动应有的活力。当前，旅游高职院校都在注重追求高质量的发展，院校应加强顶层设计，将创新创业教育纳入学院人才培养计划的各个环节，并将其渗透在专业课程当中，在校园中宣传创新创业典型，营造氛围。要提升创新创业教育水平，就要推进创新创业教育有目的有方向地深化发展，让高校更好地服务社会，为社会培养高素质人才。

（二）科学谋划，构建人才培养机制

深化创新创业教育改革，必须构建科学、健全的人才培养机制，与企业、行业、社会发展深度融合，与实践教学深度融合，与文化培育深度融合。

一是推动协同育人。强化行业协会、旅游企业在创新创业教育中的重要作用，通过产教融合、校企合作为学生提供大量深入行业一线进行实践的机会；依托政府高新园区，建设科技创新平台，支持高职学生参与技术创新研究，并将创新研究的过程作为创新创业教育的教学内容，教学与研究互生共长。

二是强化实践育人。创新创业教育的关键在于实践，因此实践教学基地建设变得尤为重要，要推进建设校内仿真或全真实践教学基地，提升实践教学水平；通过在校外建设创新创业示范中心和创新创业示范园区，优化创新创业第二课堂，对有项目的同学进行针对性的指导，支持参加创新创业大赛，增强学生自信。

三是强化文化育人。倡导将创新创业文化融入校园文化体系，养成创新创业精神，形成创新创业价值观。通过科技创新项目、创客项目、课堂创新项目等项目带动校园创新创业文化建设。通过教师教学方法的改革，着重推进“体验式教学”和“翻转课堂”，厚植创新创业文化，让学生始终处于竞赛氛围中，培养学生勇于迎接挑战、独立面对质疑的精神。

（三）内外结合，提高师资队伍水平

教师是创新创业教育的具体实施者，也是相关教育活动的设计者与组织者，教师队伍的质量是创新创业教育质量的决定性要素之一。当前，高职院校创新创业教育正在如火如荼地开展，高水平创新创业导师的匮乏成为制约其发展的重要条件。从课题组调研的情况来看，当前大多数院校配备了专职的创新创业指导教师，但大部分是由专职辅导员、就业指导人员等兼任教学工作；同时，大多数教师没有真正实施或参与创业活动，缺乏创新创业实践经验。也就是说，大多数旅游高职院校还未形成有经验、有组织、能把握高职学生特性的创新创业师资队伍。基于调研结果，课题组对师资队伍建设提出以下建议：

一是建设优秀创新创业导师库。由地方教育部门从地方高职院校教师、企业人才中推荐创新创业导师，通过选聘进入全国高职院校优秀创新创业导师人才库。这些创新创业导师参与各地各高职院校的创新创业活动，有针对性地到高职院校讲授创新创业相关课程和讲座，担任高职院校创新创业大赛的评委，帮扶高职学生创新创业。

二是培养本校创新创业师资团队。第一，要打造高水平创新创业专职师资团队，根据学生数量确定团队人数，制定创新创业教师选拔标准，提高准入门槛，保证专业团队人数和质量；第二，充分发挥全体专业教师的作用，面向全体专兼任教师开展创新创业专题培训，根据教师专业能力与教学内容，组织教师进入企业进行实战实训，鼓励学习企业先进的制造技术和管理技术，不断提升教师实践水平和创新创业指导能力，将创新创业教育渗透到日常教学中。

三是建立企业兼职创新创业导师队伍。充分发挥旅游高职院校与行业企业联系紧密的优势，邀请旅游企业优秀管理人员及创业成功人士作为行业导师，建立一支知识型、技能型和开放型的行业导师团队。

（四）理实结合，创新多层次课程体系

在当前新环境下，在高校旅游管理专业教学中，要立足于从创新创业视角分析旅游管理专业人才的各项能力需求并以此为导向优化创新创业课程体系。从优化高职学生知识结构和提升专业技能出发，根据不同专业的教育教学特点和职业特点设计创新创业教育课程，融合基于专业的创新创意，结合创新创业教育开展具有特色、贴近需求的课程，完成专业教育教学内容与教学形式的改革升级任务。在充分调研分析的基础上，结合本学院实际探索建立“通识、专创、实践”三级创新创业教育课程体系。在原有课程基础上，开发基于学生“创新意识与能力提升”的通识课程，创设、完善创新创业基础课程体系，启蒙学生双创意识。根据旅游行业特点，开发包括“旅游文创产品创业”在内的旅游业创新创业融合课程，形成菜单式专创融合课程体系，提升学生创新创业和就业能力。通过校企共建合作开发“旅游企业创办”等实践操作课程，完善创业实践课程体系，提升学生对专业知识的综合应用能力。

（五）产学结合，搭建多层次创新创业平台

创新创业教育最终要落实在实践上，开设旅游大类专业的职业院校建设创新创业教育实践平台可以从以下几个方面进行构建：

1. 加强实践教学平台建设

亟须建设“实训 + 技能 + 生产”的实践教学平台，建设高质量的实验实训室，购买与企业接轨的实验实训设备，以提升学生的技能适应性。进一步加大实验室、实训室的开放力度，让学生有充分的时间去实践，在实践中培养兴趣，在实践中萌发创意。还可以与企业合作，共同建设实验实训场地，教师参与企业的研发与生产，让学生有机会参与到项目的选取、方案的实施、经费的预算、项目的验收等各个实践环节，同时感受企业文化，了解企业管理情况及企业发展前景与趋势，做好创业的心理准备和技能准备。

2. 搭建产学研合作平台

着重搭建院校与产业界的合作平台，为大学创新创业活动与产业界建立对话的窗口，促进学校与企业紧密合作，各取所需，既进行学校创新创业型人才的培养，又面向企业员工开放课堂，让企业员工与在校生一起学习。这个过程可以使在校生及时了解企业的技术需求和科研的发展走向，激发在校生创新创业的激情。联合地方政府建立科技创新平台，引企入校，这样做，一是可以为学生提供创新创业实践基地，后厂（场）为前店提供产品，前店为后厂（场）提供产品建议，学生在做中学、学中做；二是可以让学生将专业知识、岗位技能、职业素质、创业能力与工作任务有机结合，实现技术创新有效结合产业界。企业也给教师挂职锻炼的机会，给教师体验创新创业过程的平台，增强教师创新创业的实践性，促进创新创业的有序发展。

（六）多维融合，优化评价考核体系

创新创业教育经过多年发展形成了一定规模，不断朝着科学、健康的方向迈进，如何评价高职院校创新创业教育的质量成为我们应该重点研究的课题。构建科学完善的评价体系要以培养适应国家发展的创新创业技能人才为最终目的，主要从创新创业活动的开展方式、成果经验等角度全面、动态、立体地构建评价体系。评价体系的构建要抓住高职创新创业人才培养的特色，坚持科学性、先进性、全面性、可比性原则，构建包括地方政府、学校、社会、学生等在内的多维度指标体系，为创新创业教育的科学发展提供保障。

参考文献

[1] 汪慧琳．产教深度融合背景下高职学生创新能力提升路径研究［J］．科技与创新，2021（2）：78–79.

[2] 胡红梅. 高职旅游类专业创新创业教育现状及存在的问题 [J]. 湖北开放职业学院学报，2020（17）.

[3] 严泽美，张晓薇，陶佳琦. 旅游职校创新创业教育课程体系构建及实现路径 [J]. 现代交际，2020（21）：42–44.

[4] 沈文英. 探索职业院校创业教育课程体系的构建——以江苏联合职业技术学院苏州旅游与财经分院为例 [J]. 中小企业管理与科技，2015（12）.

[5] 方法林. "创新创业 +" 的人才培养模式核心：课程、课程结构及课程体系——以南京旅游职业学院烹调工艺与营养专业为例 [J]. 江苏教育研究，2016（2）.

[6] 乔小倩，毕德全，李涛. 高职旅游管理专业创新创业教育质量评价体系的构建 [J]. 旅游纵览·行业版，2019（11）.

[7] 李文静，武蒸，孔丹丹. 美国高校创新创业教育课程建设研究 [J]. 北京印刷学院学报，2021（9）：131–134.

[8] 任欣颖. 高职院校旅游管理专业"双创"实践教学探索 [J]. 文化产业，2019（24）.

[9] 刘波. 高职院校创业教育现状调查研究 [J]. 科教文汇，2021（01）.

[10] 李媛媛. 高职创新创业人才培养评价体系的构建与实践 [J]. 吉林省教育学院学报，2020（04）.

（本报告由山东旅游职业学院课题组完成，课题组负责人：魏凯；执笔人：宋斐红、陈永燕）

中国旅游职业教育产教融合年度报告

产教融合、校企合作是职业院校专业建设的重要组成部分，是职业院校彰显办学特色、提高教学质量的重要途径。近年来，国家大力推动产教融合、校企合作，鼓励校企协同、合作育人，倡导逐步提高行业企业参与办学程度，健全多元化办学体制。从《关于深化产教融合的若干意见》出台，到《国家产教融合建设试点实施方案》落地，产教融合构建起以城市为节点、行业为支点、企业为重点的新模式。当下，产教融合正迎来前所未有的发展契机，我国旅游职业教育领域的产教融合也进入了更精深的发展阶段。

一、旅游职业教育产教融合发展背景

2017 年 12 月，国务院办公厅印发《关于深化产教融合的若干意见》(国办发〔2017〕95 号)(以下简称《意见》)。要求“推进产教融合人才培养改革。推进产教协同育人，坚持职业教育校企合作、工学结合的办学制度，推进职业学校和企业联盟、与行业联合、同园区联结。健全高等教育学术人才和应用人才分类培养体系，提高应用型人才培养比重。推动高水平大学加强创新创业人才培养，为学生提供多样化成长路径。”各个省份积极响应国家号召，相继制定印发人才培养方案和职业教育改革方案，为高职教育专业建设和发展营造了良好的政策环境。

2019 年，国家发展改革委、教育部等 6 部门印发《国家产教融合建设试点实施方案》(以下简称《实施方案》)提出，通过 5 年左右的努力，试点布局建设 50 个左右产教融合型城市，在试点城市及其所在省域内打造一批区域特色鲜明的产教融合型行业，在全国建设培育 1 万家以上的产教融合型企业，建立产教融合型企业制度和组合式激励政策体系。为更好地打造支撑高质量发展的新引擎，《实施方案》明确提出在全国统筹开展产教融合型城市、行业、企业建设试点，并通过试点，在产教融合制度和模式创新上为全国提供可复制借鉴的经验。有专家评论称，《实施方案》的出台，标志着产教融合改革由“破冰期”迈入“深水期”，将成为引领新时代教育、人才、产业、经济变革的战略方向。

“校企合作”是学校为了实现人才培养目标而接近企业、寻求与企业联合办学的教育策略。起初，职业院校为专业建设或学生就业而主动接触企业，聘请行业人员作为兼职教师或咨询顾问，在企业建立学生实习实训基地，开展学生实习、就业，或者企业职工教育培训等。早期校企合作的建立和维系一般主要靠彼此“关系”或“感情”，交往简单，联系灵活，一般多是从学校到企业的单向过程，具有暂时性和易变性特点。

“产教融合”则是在校企合作的基础上，通过学校教育教学过程与企业生产过程的对接，形成融教育教学、生产劳动、素质养成、技能提升、科技研发、经营管理和社会服务于一体的行为或过程。其本质是以对接产业发展为先导，以系统培养技术技能为基础，强化实践教育，打破藩篱分割，开展合作育人。产教融合是校企双向互动与整合的过程，校企交往由单向自发走向双向自觉，具有较高的交融性和稳定性特点，是校企合作的高级阶段。[1]

在产教融合的教育模式下，企业和学校在人才培养中发挥各自的优势，把课堂教学环境与生产现场环境有机结合起来，培养既具有理论知识素养，又具备相关实践经验的技能型人才。高职院校按照用人单位对人才的需求特点安排教学活动或实践培训，打破传统局限于课堂的教学模式，给学生创造直接检验自身能力的机会和环境，实现校企双赢发展和协同育人的目标。

二、旅游职教集团发展现状调研

职教集团是一种极具中国特色的产教融合组织，其对适应与推动我国职业教育双主体育人模式起到了重要的推动作用。2017 年伊始，全国职教集团建设进入平稳发展期，组织数量增长趋缓，内涵发展成为建设重点。截至 2019 年，全国职教集团数量共有 1400 多个，行业型职教集团总数已达到 1095 个，这一建设成果为深化职业教育产教融合与提升职业教育办学质量夯实了培育基础。

根据本调研组的数据收集，目前我国共有旅游类（含餐饮）职教集团 76 个，其中由中等职业学校牵头承办的旅游职教集团 33 个，占比 43%，高等职业院校牵头承办的旅游职教集团 43 个，占比 57%。其中中等职业院校牵头承办的旅游职教集团基本为市一级层次的区域性旅游职教集团，主要服务于地方政府、企业和经济，而高等职业院校牵头承办的职教集团涵盖了省级、市级层次，区域覆盖较广，联合单位范围较大，联合企业类型多，服务内容全面（见表 1）。

表 1　我国旅游职业教育集团信息一览表

序号	省份	名称	成立时间	牵头单位
1	北京市	北京市西城区旅游职业教育集团	1992	8 所高职院校
2	天津市	天津旅游酒店职业教育集团	2008	天津职业大学
3	河北省	河北省旅游职业教育集团	2008	河北旅游职业学院
4	河北省	秦皇岛旅游职业教育集团	2012	秦皇岛职业技术学院
5	山东省	山东旅游职业教育集团	2010	山东旅游职业学院

续表

序号	省份	名称	成立时间	牵头单位
6	山东省	济宁旅游职业教育集团	2015	山东理工职业学院
7	山东省	山东现代酒店业职业教育集团	2018	青岛酒店管理职业技术学院
8	山东省	潍坊市餐饮服务职教集团	2020	山东省民族中等专业学校
9	山西省	山西省旅游职业教育集团	2008	山西旅游职业学院
10	山西省	晋城市旅游职教集团	2017	晋城职业技术学院
11	山西省	运城文化旅游产业职业教育集团	2016	运城学院
12	辽宁省	沈阳旅游职业教育集团	2006	沈阳市旅游学校
13	辽宁省	抚顺市大旅游职教集团	2017	抚顺现代服务学校
14	吉林省	北方旅游职业教育集团	2009	吉林电子信息职业技术学院
15	吉林省	长春市旅游职业教育集团	2014	长春职业技术学院
16	吉林省	白山市旅游职业教育集团	2014	白山职业技术学校
17	黑龙江省	黑龙江商贸旅游职业教育集团	2011	黑龙江旅游职业技术学院
18	上海市	上海旅游职业教育集团	2009	上海旅游高等专科学校 上海市商贸旅游学校
19	江苏省	南通旅游职业教育集团	2014	南通市旅游中等专业学校
20	江苏省	常州旅游职业教育集团	2010	常州旅游商贸高等职业技术学校
21	江苏省	江苏旅游职业教育集团	2005	金陵旅馆管理干部学院
22	江苏省	江苏餐饮职业教育集团	2007	江苏省扬州商务高等职业学校
23	江苏省	无锡市旅游职教集团	2011	无锡旅游商贸高等职业学校
24	江苏省	南通旅游职业教育集团	2014	江苏省旅游中等专业学校
25	江苏省	南京文化旅游职业教育集团	2020	南京市莫愁中等专业学校
26	浙江省	浙江旅游职业教育集团	2005	浙江旅游职业学院
27	浙江省	杭州职校旅游教育集团	2009	杭州市旅游职业学校
28	浙江省	绍兴市旅游职业教育集团	2011	绍兴市职业教育中心
29	浙江省	慈溪市旅游职业教育集团	2014	宁波行知中等职业学校
30	浙江省	宁波市鄞州区烹饪职业教育集团	2011	宁波市古林职业高中
31	浙江省	宁波旅游会展产学研合作教育联盟	2011	宁波城市职业技术学院
32	安徽省	安徽旅游职业教育集团	2011	黄山旅游管理学校
33	福建省	宁德旅游职业教育集团	2010	宁德职业中专学校
34	福建省	福建旅游职业教育集团	2009	福建旅游学校

续表

序号	省份	名称	成立时间	牵头单位
35	福建省	福州烹饪职业教育集团	2010	福州黎明职业技术学院
36	福建省	三明市商贸旅游职业教育集团	2014	三明职业技术学院
37	福建省	南平市旅游职业教育集团	2010	建阳旅游商贸学校
38	福建省	福州市旅游校企合作联盟	2012	福建师范大学旅游学院
39	福建省	厦门市旅游职业教育集团	2017	厦门南洋职业学院
40	福建省	闽江文旅演艺职业教育集团	2018	闽江师范高等专科学校
41	江西省	江西旅游职业教育集团	2017	江西旅游商贸职业学院
42	江西省	江西旅游商贸职业教育集团	2011	江西旅游商贸职业学院
43	河南省	河南旅游管理高等职业教育集团	2009	郑州旅游职业学院
44	河南省	焦作市旅游职业教育集团	2016	焦作市职业技术学校
45	湖北省	湖北省旅游职业教育集团	2008	武汉职业技术学院
46	湖北省	湖北省酒店管理职业教育集团	2013	武汉商学院
47	湖北省	荆州市旅游职业教育集团	2014	荆州职业技术学院
48	湖北省	宜昌文化旅游职业教育集团	2020	三峡旅游职业技术学院
49	湖南省	湖南商贸旅游职业教育集团	2009	长沙商贸旅游职业技术学院
50	湖南省	岳阳旅游职业教育集团	2009	岳阳职业技术学院
51	广西壮族自治区	广西旅游职业教育集团	2017	桂林旅游学院
52	广西壮族自治区	南宁市中职商贸旅游专业集团	2009	广西南宁市第一职业技术学校
53	海南省	海南旅游职业教育集团	2008	海口旅游职业学校
54	重庆市	重庆市旅游职业教育集团	2009	重庆市旅游学校
55	重庆市	重庆文旅（广电）职业教育集团	2020	重庆文化艺术职业学院
56	重庆市	成渝地区双城经济圈红色旅游职教联盟	2020	重庆旅游职业学院
57	四川省	成都旅游职业教育集团	2009	成都职业技术学院
58	四川省	乐山旅游职业教育集团	2008	乐山师范学院
59	四川省	四川文旅职业教育集团	2019	四川艺术职业学院 四川省旅游学校
60	四川省	雅安酒店管理职业教育集团	2021	四川省档案学校
61	贵州省	贵州省旅游职业教育集团	2008	贵州省旅游职业学校
62	贵州省	贵州黔南州旅游职教集团	2021	贵州经贸职业技术学院

续表

序号	省份	名称	成立时间	牵头单位
63	云南省	云南旅游职业教育集团	2009	云南旅游职业学院
64	云南省	玉溪市旅游职业教育集团	2003	玉溪第二职业高级中学
65	云南省	大理州旅游职业教育集团	2009	大理市中等职业学校
66	陕西省	西安旅游职业教育集团	2008	西安旅游职业中专
67	甘肃省	天水旅游职业教育集团	2010	甘肃省工业职业技术学院
68	甘肃省	兰州旅游职业教育集团	2012	兰州旅游中等专业学校
69	甘肃省	甘肃省商业与旅游服务业职业教育集团	2015	兰州市商业学校
70	广东省	广州市旅游商务职业教育集团	2011	广州市旅游商务职业学校
71	广东省	广东旅游职业教育集团	2012	广东省旅游职业技术学校
72	广东省	清远旅游职业教育联盟	2014	清远职业技术学院
73	新疆维吾尔自治区	新疆特色餐饮校企合作职业教育集团	2013	新疆职业大学
74	青海省	青海旅游职业教育集团	2017	青海师范大学
75	内蒙古自治区	包头市旅游学院职业教育集团	2016	包头市旅游学院

为深入学习贯彻习近平新时代中国特色社会主义思想，落实全国教育大会精神和国务院印发的《国家职业教育改革实施方案》（以下简称“职教20条”）等要求，教育部职业教育与成人教育司2019年开展了示范性职业教育集团（联盟）建设工作。根据教育部职业教育与成人教育司发布的《关于公布第一批示范性职业教育集团（联盟）培育单位名单的通知》（教职成司函〔2020〕33号）和《关于第二批拟入围示范性职业教育集团（联盟）培育单位名单的公示》（教职成司函〔2021〕25号），全国共有第一批示范性职业教育集团（联盟）150个，其中有旅游类职业教育集团3个；全国共有第二批示范性职业教育集团（联盟）149个，其中有旅游类职业教育集团12个。入选的旅游类职业教育集团详见表2、表3。

表2　全国旅游类职业教育集团（联盟）入选第一批示范性职业教育集团（联盟）名单

序号	集团名称	牵头单位
1	绍兴市旅游职业教育集团	绍兴市职业教育中心
2	江西旅游职业教育集团	江西旅游商贸职业学院
3	成都旅游职业教育集团	成都职业技术学院

资料来源：国家教育部网站。

表 3　全国旅游类职业教育集团（联盟）入选第二批示范性职业教育集团（联盟）名单

序号	集团名称	牵头单位
1	河北省旅游职业教育集团	河北旅游职业学院
2	北方旅游职业教育集团	吉林电子信息职业技术学院
3	上海旅游职业教育集团	上海旅游高等专科学校 上海市商贸旅游学校
4	浙江旅游职业教育集团	浙江旅游职业学院
5	宁波市鄞州区烹饪职教集团	宁波市古林职业高级中学
6	闽江文旅演艺职业教育集团	闽江师范高等专科学校
7	厦门市旅游职业教育集团	厦门南洋职业学院
8	河南旅游管理高等职业教育集团	郑州旅游职业学院
9	湖北旅游职业教育集团	武汉职业技术学院
10	湖南商贸旅游职业教育集团	长沙商贸旅游职业技术学院
11	南宁市中等职业教育商贸旅游专业集团	南宁市第一职业技术学校
12	云南省旅游职业教育集团	云南旅游职业学院 昆明假日国际旅行社有限公司

资料来源：国家教育部网站。

示范性职业教育集团（联盟）建设工作鼓励在先行先试、改革创新中探索新经验、新模式，培育和建设一批有特色、成规模的职业教育集团；坚持共建共享、内涵发展，集聚集团内各类资源，鼓励集团内校企间、院校间、企业间、区域间合作共赢；坚持分类指导、客观公正，针对不同区域、不同层次、不同类型特点分类指导，充分运用全国职业教育集团化办学统计数据，发挥公共服务平台作用，为旅游职业教育集团的进一步发展建设提供一定的指导引领。

三、旅游职业教育产教融合的基本类型

与医药类、交通运输类或装备制造类等工科技术型院校相比，旅游院校提供产教融合的领域和形式有所不同，前者更多侧重于为企业解决技术难题或突破核心技术、服务“中国制造 2025”、助力创新创业等，而后者的服务领域则一般集中在培训旅游企业员工，为地方政府发展旅游业提供决策与智力支持等。当前，旅游院校开展产教融合的类型可按融合主体、融合对象、依托资源和融合方式简要列举如表 4 的内容。

表 4　旅游院校开展产教融合的类型

融合主体	融合对象	依托资源	融合方式
学校	旅游行业、教育行业与各级政府	学校场地设备及师生资源	承办各级各类行业技能大赛或院校技能大赛；承办各类师资培训；承办各类资格考试，开展旅游数据分析、旅游扶贫等。
教师	政府或行业协会	专业知识和技能	为各类技能大赛、资格考试担任评委；担任 A 级景区评定和星级酒店评定评审员；受行业协会委托拟定各类行业标准；参与职业技能鉴定和行业市场秩序监督与暗访等。
	企业	专业知识和技能	员工培训；景区规划；编写导游词；横向课题等。
学生	政府、企业	专业知识和技能	为大型体育赛事、政务活动提供礼仪引导、现场讲解等志愿者服务；参与万名旅游英才项目实践活动和假日景区讲解服务等。

课题组通过对全国开设旅游类专业的 30 家高职院校（调研院校名单见表 5）的质量年报调研发现，目前旅游职业教育领域的产教融合模式不断创新，产业学院发展与建设等成为重点。

表 5　调研院校名单

序号	院校名称	序号	院校名称
1	安徽商贸职业技术学院	16	三亚中瑞酒店管理职业学院
2	安徽职业技术学院	17	厦门华天涉外学院
3	安徽中澳科技职业学院	18	山东旅游职业学院
4	北京财贸职业学院	19	山西旅游职业学院
5	广东酒店管理职业技术学院	20	陕西旅游烹饪职业学院
6	海南职业技术学院	21	上海旅游高等专科学校
7	河北旅游职业学院	22	太原旅游职业学院
8	黑龙江旅游职业技术学院	23	武汉职业技术学院
9	江苏旅游职业学院	24	云南旅游职业学院
10	江西旅游商贸职业学院	25	长沙旅游商贸职业技术学院
11	辽宁现代服务职业学院	26	浙江旅游职业学院
12	南京旅游职业学院	27	浙江舟山群岛新区旅游与健康职业学院
13	青岛酒店管理职业技术学院	28	郑州旅游职业学院
14	三峡旅游职业技术学院	29	郑州商贸旅游职业学院
15	三亚航空旅游职业学院	30	重庆旅游职业学院

（一）校企共建产业学院

30 所院校的《高等职业教育质量年度报告 2021》显示，部分院校率先成立了产业学院，例如，安徽商贸职业技术学院与金陵酒店管理有限公司联合成立了金陵酒店管理学院，黑龙江旅游职业技术学院联合杭州宋城演艺集团成立了龙旅宋城产业学院等，如表 6 所示。

表 6　部分院校组建的旅游类产业学院

序号	学校名称	企业名称	产业学院名称
1	安徽商贸职业技术学院	金陵酒店管理有限公司	金陵酒店管理学院
2	黑龙江旅游职业技术学院	杭州宋城演艺集团	龙旅宋城产业学院
3	青岛酒店管理职业技术学院	山东银座旅游集团	山东文旅产业学院
4	厦门华天涉外学院	北京中航天使教育集团	航空旅游学院
5	山东旅游职业学院	北京执惠旅游文化传播有限公司	主题娱乐与休闲学院
		北京广慧金通教育科技有限公司	金通民航乘务学院
		山东舜和酒店集团	酒店技术学院
		北京金色世纪商旅网络科技股份有限公司	旅游信息学院
6	重庆旅游职业学院	武汉惟楚新未来科技有限公司	凌云航空产业学院
		伟创聚赢科技集团	甲骨文（中国）旅游商贸学院

（二）校企双元育人建设

在校企双元育人的过程中，“订单班”“人才储备班”“管培班”等形式较为常见，发展时间较长，成熟度较高。例如，黑龙江旅游职业技术学院中西面点工艺专业和食品营养与检测专业通过实施基于现代学徒制人才培养体系建设目标，以“现代学徒、匠人匠心”为专业人才培养理念，全力打造“工学交替、匠人授艺 2+1”的人才培养模式，签约订单班，实现按岗实境教学、师徒融通共进，创建“学生→学徒→准员工→员工”四位一体的递进式人才培养理念。山西旅游职业学院与锦航公司成立了“锦航订单班”；南京旅游职业学院 2020 年新建烹调工艺与营养专业“大惠飞鹰班”订单班，推进成立了旅游管理专业“国旅英才班”（见表 7）。

表 7　部分院校 2020 年开设校企合作“订单班”情况

序号	院校名称	订单班名称
1	郑州旅游职业学院	洲际信息技术人才培养班；希尔顿、万达、智选假日等酒店管理人才订单班
2	山西旅游职业学院	锦航订单班等

续表

序号	院校名称	订单班名称
3	南京旅游职业学院	大惠飞鹰班、国旅英才班等
4	山东旅游职业学院	舜和管理精英班、洲际英才班、迪士尼人才储备班等
5	辽宁现代服务职业学院	业乔冠名班、发现王国冠名班、华强方特冠名班等
6	浙江旅游职业学院	迪士尼人才储备班、宋城班、乌镇班等

资料来源：课题组根据各院校质量年报等材料整理。

除“订单班”外，在教育主管部门倡导下，现代学徒制也是一种较为多见、成效卓著的双元育人模式。例如，河北旅游职业学院与洲际酒店集团、京东集团、北京竹园国际旅行社等158家行业企业建立了稳定的合作关系，开展“校中企”“企中校”等多种形式的深度合作，共建订单班、冠名班27个，形成了旅游管理专业“项目引领、德技双升、校企共育、全面对接”的现代学徒制人才培养模式和旅行社经营管理专业实施“订单培养、基地依托、课岗融合、实境育人”现代学徒制人才培养模式等“双元育人”成果。太原旅游职业学院旅游管理系导游专业成功申报“山西省首批现代学徒制试点单位”，项目先后依托腾邦旅游集团和省内八位知名旅游人士组成的师傅团队开展，从2017年开始先后有2016—2019级四批学生受益，涉及旅游管理和导游两个专业，大大提升了人才培养质量。

在课程建设方面，各院校依托产教融合优势，大力引进行业企业师资，共同组建师资团队，联合开发课程。以黑龙江旅游职业技术学院为例，2020年疫情期间，该校与本地伏尔加庄园、融创集团、亚布力阳光旅游度假区、雪乡国家森林公园、新华研学等知名企业合作，积极引入行业企业的新标准，从标准、内容、信息化、可视化等方面打造课程资源库，建设了线上、线下、线上线下混合、虚拟仿真和社会实践五类课程。

在教材建设方面，江苏旅游职业学院积极推进与上市公司、规模企业的合作，有效推进校企“双元双主体”人才培养模式，围绕岗位核心能力，校企共同开发工作手册式、活页式教材，加大新技术、新工艺、新规范的学习运用，做到“三个结合”，即理实结合、线上线下结合、校内校外结合。

在1+X证书建设方面，上海旅游高等专科学校旅游管理专业自2018年开始，与旅游业头部企业携程集团合作，打破原有的旅游管理专业人才培养模式，开设旅行定制服务微专业，建立产教融合微学院，联合开发1+X证书，在院校主动作为、校企共同发力探索1+X证书制度方面进行了深入的探索和实践，取得了良好的效果。

（三）共建实训基地

校企共建实训基地一直以来都是产教融合的基础方式之一。经课题组调研，2019—2020年度，各院校迎合目前行业新技术、新业态、新岗位的出现，在校企共建实训基地方面取得了一系列新的成绩。厦门华天涉外学院酒店管理专业与厦门佰翔五通酒店、厦门佰翔软件园酒店、杏林湾大酒店等企业共建校外实训基地。航空旅游学院与北京中航天使教育集团共建“模拟舱”“化妆室”“候机楼”“形体训练室”等实训基地。山东旅游职业学院与浙江深大智能科技有限公司合作，由企业投资兴建了智慧景区实训室；与厦门欣欣旅游有限公司合作，建设了旅行社 ERP 管理系统实训室。上述实训设施的陆续建成并投入使用，极大地丰富了职业院校的教学资源，缩短了校园与行业产业的距离，帮助教师进一步提升了课堂教学效能。

（四）共同开展产学研合作

产学研合作是产教融合发展中助力地方产业发展和技术革新的突出表现形式，是院校利用智力优势反哺地方发展的重要手段。南京旅游职业学院充分发挥行业智库和专家的资源优势，全面服务江苏地方旅游产业发展，致力于后疫情时期江苏省旅游的复苏与振兴，积极指导景区的恢复和提档升级。2020 年，完成政府、企事业单位委托的全域旅游咨询服务、景区暗访检查、重点乡村旅游区创建、省级特色田园乡村申报、旅游市场推广等项目 10 项，项目总额达 475.68 万元，带动地方旅游人数恢复性增长近 30 万人次，旅游经济收入恢复性增长近 695 万元。研发设计“南旅定制”系列旅游文创精品与创意菜肴，作为唯一受邀参展的省内高校参加了由江苏省委宣传部、省文化和旅游厅、省外办、省文联、无锡市人民政府、淮安市人民政府共同主办的第二届大运河文化旅游博览会。

青岛酒店管理职业技术学院 2018—2020 年牵头组建了青岛市旅游智库、山东省研学旅行研究院、山东现代酒店业职业教育集团，与青岛市文旅局共建了青岛旅游大数据中心，为山东省新旧动能转换重大工程之精品旅游产业的发展提供了智力支持和人才支持；建设了酒店职业教育大数据协同创新中心、文化旅游产业协同创新中心等科研创新平台，聘请业界专家和能工巧匠设立技能大师工作室，发挥青年创新团队作用，推进了技术技能积累。

（五）共同成立职教集团

为深入落实《国家职业教育改革实施方案》《职业教育提质培优行动计划（2020—2023 年）》《教育部关于深入推进职业教育集团化办学的意见》等文件精神，以建设培育示范性职业教育集团（联盟）为契机，进一步完善职业院校治理结构，扎实有效开展实验探索，全面增强职业教育集团化办学的活力和服务能力，教育部于 2020 年 10 月经评选公布了《第一批示范性职业教育集团（联盟）培育单位名单》（150 个），其中旅游职业教育联盟 3 个，见表 2。

在利用职教集团建设带动人才培养、服务地方经济方面，部分经验和案例较为突出。例如，辽宁现代服务业职教集团多次召开旅游、酒店、物流等专业课程建设与教材编写研讨会，组织省内相关院校教师共同开发教材。截至 2020 年 12 月，累计编写教材 33 部。通过积极发挥职教集团优势，辽宁现代服务职业学院毕业生对本地的服务贡献程度呈上升趋势，毕业生在辽宁省内就业的比例上升 4.4 个百分点。武汉职业技术学院不断推进职教集团实体化运行，组织召开职教集团会议，进一步明确现代制造、电子信息、旅游、芯联盟4个职教集团（联盟）所在学院的管理人员和管理职责，拨付专项资金30.4万元，推进职教集团项目化建设。全年开展企业走访、校企对接交流活动30余次，签订合作协议97份，走访合作企业200多家，集团企业提供就业岗位1865个，产生教材、课程、标准等校企合作建设成果300多个，深入推进了校企协同育人。

四、旅游职业教育产教融合创新发展路径

人才培养是一个系统工程，需要方方面面的协同与合作[2]。学校是培养人的，社会是使用人的。在人才培养中，需要学校、社会、政府、企业等各方面优质资源进行全方位合作与协同，促进人才培养供给侧和产业需求侧结构要素全方位融合[3]，形成政府、学校、企业、社会、行业等协同推进的工作格局，这样才能培养出大批满足需要的高素质创新人才和技术技能人才。

（一）强化企业主体地位，突破产教融合瓶颈

《意见》第十一条明确提出“发挥骨干企业引领作用”“注重发挥国有企业特别是中央企业示范带头作用；支持各类企业依法参与校企合作，接受实习实训，履行社会责任。”[4]文件强化了企业责任，并具体要求企业把培养人才作为自觉履行的责任。近些年来，校企结合和产教融合取得极大进展，但是大量实践证明，协同育人仅仅依靠学校的积极主动是远远不够的，取得显著成效的关键在于让企业真正成为人才培养的重要主体。企业必须发挥主体作用和引领作用，提升在人才培养全过程（招生、培养、就业）的参与度，才有望构建高质量的“产教融合”。在对旅游院校协同育人状况的调查中也印证了这一点。赋予旅游企业育人的主体责任，特别有助于解决产教融合中“学校热，企业冷”、旅游企业缺乏内驱力的问题，可以有效破解旅游院校产教深度融合的瓶颈问题。

（二）做好省级政府顶层设计，保障参与各方权益

《意见》提出了产教深度融合的具体措施：加强财税用地和金融支持政策协同，鼓励企业投资产教融合，政府或学校探索服务购买，等等。这些支持措施的明确，为相关方以利益为纽带形成长期的合作关系提供了稳固的政策基础，为解决旅游院校协同育人问题提供了多种路径。

（1）省级人民政府为协同育人提供相应的法律保障。政府发挥统筹功能，出台协同育人相应的法律法规，明确省、市、县各级政府职能部门、企业、行业、旅游院校等各方的角色定位，以法律文件方式明确各相关利益方的权、责、利，并纳入年度绩效考核当中。如针对国有企业落实产教融合的责任，可以此作为企业领导绩效考核的重要内容。

（2）出台土地使用、税收和财政扶持等支持政策，为协同育人保驾护航，使相关方的利益关切得到足够的保障，这是破解产教深度融合瓶颈的关键所在。根据相关利益者理论，要依靠利益机制而不是道德性鼓励形成激励保障支持。税收、财政、金融等支持政策是调动企业积极性的重要保障。鉴于学生参加实习实训可能会给企业带来一定的效率损失，企业安排专人指导也会产生一部分劳务费用[5]，省级政府、国家税务部门要出台具

体可操作性的规定，凡参与学校协同育人的旅游企业，给予结构性减税优惠，并在法律法规允许范围内，提供一定的用地保障与支持。另外，还可以尝试从省级政府层面探索购买服务等方式，鼓励企业直接接收学生实习实训。

（3）政府提供人力资源管理政策支持，促进校企人才的合理流动，支持企业中有较高技术专长的人员到学校任教或在学校兼职，鼓励实施产业教师特设岗位计划；允许职业学校和高校依法依规自主聘请兼职教师和确定兼职报酬。鼓励协同育人单位之间互派互送，开展挂职锻炼活动，等等。

（三）引导探索协同育人新模式，形成人才培养闭环

从供给来看，人才培养关联着供给侧和需求侧，需要一脚跨在学校的大门，一脚跨在企业的大门，以往的人才“供给－需求”单向链条须向构建“供给—需求—供给”闭环反馈转向，以促进企业需求侧和教育供给侧要素全方位融合[6]，这样，才能实现理论与实践相结合，课程内容与职业标准、教学过程与生产过程全方位多层次“水乳交融、共同育人”，达到协同育人各方互利共赢的最终目标。在产学合作协同育人项目的实施过程中，应坚持“高校主导，企业参与，育人为本”的宗旨，与用人单位建立更加紧密合作的人才培养机制，深化产教融合、产学合作、协同育人，汇聚企业资源，支持学校专业综合改革和创新创业教育，以产业和技术发展的最新需求推动学校人才培养改革，促进学校人才培养与企业发展的合作共赢。

（四）校企深度融合，探索多种合作办学模式

（1）旅游院校尝试广开渠道、建构联合培养的多种机制。学校积极主动与行业、企业连通，邀请企业参与专业和课程建设，共同培养技术技能与素质过硬的旅游服务与管理人才，探索校企共建实训基地、企业冠名班、订单式培养、企中校、校中企的合作办学新模式。如：充分发挥校友资源，选择在旅游行业从事管理工作的校友企业作为优先合作对象，在旅游管理专业开设由单个企业或几个企业联合冠名的班级，企业参与到挑选学生、培养学生和学生就业的全过程。可以由企业提供高、中、低各个层次的岗位需求，学校负责招生；企业负责提供奖学金和生活补助，匹配专业导师定期授课，学校组织学生到该企业顶岗实习；学生自主选择是否留在该企业就业，等等。还可以在完善学生到旅游企业实习实训制度前提下，旅游院校与优势旅游企业共建共享生产性实训基地等。

（2）提高行业、企业参与办学程度，探索旅游教育集团化办学新路子。《意见》鼓励企业以独资、合资、合作等方式依法参与举办职业教育、高等教育。可以尝试旅游职业院校股份制、混合所有制改革，允许旅游企业以资本、技术、管理等要素依法参与办学并享有相应权利；可以整合旅游企业和旅游教育优质资源，成立旅游教育集团（联盟），带动中小企业参与。集团实行理事会制度，定期讨论和决定旅游教育发展的重大问题，发挥集团的协同效应。集团企业所需员工可采取订单式培养。集团设立旅游教育基金，用于帮助品学兼优的贫困学生完成学业。

（3）政府牵头，构建“政、产、学、研、用”各方协同育人的网状平台。政府牵头，发挥规划、监管和保障的服务职能，以企业、高校、研究所为核心，以市场为导向，建立旅游院校协同育人网络平台，促进学校之间、学校与企业之间、学校与研究机构之间资源共享。在这个平台上，政府、企业、学校、研究所和市场五方面为了共同整体利益联合起来，采取多种方式方法进行政策服务、科研开发、生产营销、咨询服务等经济合作活动或项目，并通过上述经济合作活动或项目进行旅游人才培养。

（4）积极探索和培育产业学院。产业学院具有以下特征：其一，多元主体共建产业学院。高职产业学院可以由产业集聚地、工业园区政府、企业、高职院校等进行资金投入，所以存在多元化的办学主体。其二，共同制定人才培养体系。高职产业学院由合作双方根据产业发展构建与产业链对接的人才培养体系。其三，共建“产学研创”一体化平台。高职产业学院校企双方在产学合作的基础上，利用各自的资源优势，共建“产学研创联盟”。一方面，对产学合作模式、存在的问题等进行研究并提出解决对策，以此促进产业发展和创新；加强产学建设研究，以研究成果推动产业学院建设。另一方面，学生通过产学合作形式，理论和实践相结合，提高专业技能，以此推动学生创新创业。产业学院具备企业和学院双重主体，在人才培养供给侧改革中，可以迅速破解高职院校和企业由于信息不对称等原因造成的人才供求不平衡的状态，将新发展的理念落到实处，以人才培养引领产业转型升级，以产业转型升级推动高职院校教育教学改革。

参考文献

［1］李永生，牛增辉．论产教融合及其深化内容［J］．北京教育，2018（05）．

［2］张晗，范从月．高职高专学前教育专业“校企合作、产教融合”人才培养模式的内涵与特点［J］．齐齐哈尔师范高等专科学校学报，2018（5）：23–25.

［3］王冬梅．高职院校产教融合服务地方贫困农村的探索［J］．产业与科技论坛，2019（19）：109–110.

［4］国务院．国务院办公厅关于深化产教融合的若干意见［DB/OL］.http：//www.gov.cn/zhengce/content/2017-12/19/content_5248564.htm.

［5］郭建如．相关方利益有保障，产教融合更久远［N］．中国教育报，2018-01-09（09）．

（本报告由海南职业技术学院课题组完成，课题组负责人：吴肖淮；执笔人：颜燕、潘富、陈文妍、许昌斌、何志方、郭利芳、沈振国、纪宽宏、雷凯华、黄丽、陈颖、林书芳、王丽娟、孙泽）

中国旅游职业教育“双高计划”建设年度报告

一、新方位：中国特色高职教育发展的新方向

（一）“双高计划”出台的背景与使命

1. 现实背景

进入新时代，面对产业结构优化升级和新的国家发展战略，我国亟须培养一批高素质技能型人才，服务于国家的生产、建设、管理、服务第一线。为更好解决人民日益增长的美好生活需要与不充分不平衡发展的矛盾，国家采取了一系列改革措施来切实推进高职教育的发展。高职教育从示范（骨干）校建设，到优质校建设，再到“双高计划”，是国家以持续的政策供给，有计划、有步骤、有重点地推动职业教育改革发展，实现整体提质培优。

“双高计划”是加快推进《国家职业教育改革实施方案》落地实施的先锋行动，将引领中国高职教育进入高质量发展新时代[1]。“双高计划”提出了“两步走”的建设规划。到 2023 年，列入计划的高职学校和专业群办学水平、服务能力、国际影响力显著提升，为职业教育改革发展和培养千万计的高素质技术技能人才发挥示范引领作用，使职业教育成为支撑国家战略和地方经济社会发展的重要力量。到 2035 年，一批高职学校和专业群达到国际先进水平，引领职业教育实现现代化，为促进经济社会发展和提高国家竞争力提供优质人才资源支撑。职业教育高质量发展的政策、制度、标准体系更加成熟完善，形成中国特色职业教育发展模式。

2. 历史使命

“双高计划”是我国高等职业教育改革又一次重要突破与创新，是关系到我国职业教育往何处走、办成什么样、发挥什么作用的大问题[2]。

面对我国“两个一百年”奋斗目标和中华民族伟大复兴“中国梦”的时代主题，“双高计划”应时而生，立足经济建设，主动承担起为国家经济建设提供人才支撑的重要任务，提高人才供给质量和能力，服务国家战略。同时，“双高计划”还强调基于中国特色和基本国情，推动中国职业教育标准体系在国际职教界的推广与应用，为世界职业教育发展提供中国方案、贡献中国力量。

面对百年未有之大变局，我国提出构建以国内大循环为主体、国内国际双循环相互促进的新发展格局。职业教育大规模培养技术技能人才的能力不断增强，在现代制造业、战略性新兴产业和现代服务业等领域，一线新增从业人员70%以上来自职业院校毕业生[3]。高职学校作为培养高素质技术技能人才的主体，与经济社会联系最紧密、服务产业发展最直接。“双高计划”明确要求高职院校服务产业和产业集群，通过专业群建设引导高职学校准确定位，凝聚办学特色，走差异化发展道路，形成具有显著辨识度和影响力的形象品牌。

3. 遴选情况

经过首轮遴选，56所中国特色高水平高职学校和141所专业群建设单位成功入围“双高计划”。入围单位覆盖了29个省份，19个专业大类中的18个，重点布局在现代农业、先进制造业、现代服务业、战略性新兴产业等技术技能人才紧缺领域。国家每年投入20余亿元，旨在集中力量建设一批引领改革、支撑发展、中国特色、世界水平的高职学校和专业群，形成有效支撑职业教育高质量发展的政策、制度、标准，带动高职教育持续深化改革，为高职教育改革发展和培养千万计的高素质技术技能人才发挥示范引领作用。

（二）“双高计划”背景下旅游高职教育发展的新方位

1.“双高计划”背景下旅游高职教育新格局

2020年，全国开设高职旅游大类专业的院校有1252所（含招收高职旅游类专业的本科院校）①。其中，全国独立建制的旅游类高职院校相比2017年，新增4所②，共计28所。新增的分别是烟台文化旅游职业学院、海南三亚中瑞酒店管理职业学院、四川天府新区航空旅游职业学院、四川南充文化旅游职业学院。在“双高计划”背景下入围的旅游大类高职院校，独立建制院校3所，分别是浙江旅游职业学院、长沙商贸旅游职业技术学院和青岛酒店管理职业技术学院，非独立建制院校2所，分别是海南经贸职业技术学院和陕西职业技术学院。

2.“文旅融合”对旅游高职教育提出新要求

文化和旅游融合发展是以习近平同志为核心的党中央立足党和国家事业全局、把握文化和旅游发展规律作出的战略决策，是贯彻习近平总书记关于文化和旅游工作重要论述的重大实践。

推进文化和旅游高质量融合发展，人才培养是其中的关键动力和根本保障。首先，产业内涵发生变革对行业人才培养供给提出新要求。文化和旅游产业对旅游人才素质和能力的要求更加趋向于跨领域、跨专业、复合型和创新型等方向。其次，产业环境发生变革对行业人才培养内容提出新要求。从市场环境方面来看，文化和旅游产业对策划、设计、产品、营销等方面的创新创意型人才的需求凸显；从技术环境方面来看，行业内对科技型数

① 教育部关于公布2020年高等职业教育专业设置备案和审批结果的通知。

② 中国旅游高职教育年度报告（2017—2018）。

字技术人才的需求逐步扩大。最后，产业功能发生变革对行业人才培养导向提出新要求。在“十四五”时期，文化和旅游产业功能应充分发挥旅游在传播中华文化、培育社会主义核心价值观方面的特殊优势，使旅游成为宣传灿烂文明和现代化建设成就的重要窗口，成为传播科学知识和先进文化的重要阵地。这就使得未来行业人才培养的导向应超越个体或国家的思考定位，上升到全球和整个人类社会未来发展的新高度[4]。

3.“双高计划”推动旅游高职教育新发展

在“文旅融合”发展的大背景下，旅游高职教育为满足旅游业转型升级和培养高素质旅游业技术技能人才的新需求，亟须提升办学水平，向高质量发展迈进。此时，“双高计划”集中建设一批高水平旅游类高职学校和专业群，将为促进“文旅融合”发展和提高国家旅游产业核心竞争力提供优质人才资源支撑，对旅游高职教育产生巨大推力。入围“双高计划”的旅游类高职院校是承担中国旅游业高素质技术技能人才培养的重点院校，将全方位深化旅游职业教育改革，推进旅游职业教育现代化，在专业建设、人才培养、校企合作、条件保障、质量评价等方面形成一系列高质量标准，以点带面，为其他旅游类高职院校和专业的改革发展提供经验和样板，带动提高我国旅游高职教育的整体水平。最终形成具有鲜明中国特色、辐射国际的旅游职业教育“中国品牌”，为世界旅游职业教育的创新发展提供“中国智慧”和“中国方案”。

二、新起点：五所入选“双高计划”建设单位的旅游高职院校特征分析

入围“双高计划”首轮建设的 197 所高职院校中，共有五所高职院校的旅游大类专业群列入建设计划，具体院校及其专业群设置和所涵专业见表 1。专业群核心专业实力强，或是中央财政支持建设重点专业，或是国家骨干重点建设专业，或是全国职业院校旅游类示范专业，或是所在区域的省级骨干专业、优质专业、特色专业、一流专业、精品专业等。围绕“互联网 +”“旅游 +”，各校积极适应旅游新业态、新模式、新技术发展，紧贴市场、紧贴产业、紧贴职业，形成了适应需求、特色鲜明、效益显著的旅游专业群。

这些旅游类专业群具有以下五个方面的特点：

（一）区域布局合理

五个旅游类专业群所在的高职院校分别位于海口、杭州、西安、长沙、青岛，这些城市均为我国重要旅游城市，专业群建设紧密依托区域旅游产业和经济发展，为旅游行业培养优秀高素质技能型人才。

（二）专业群定位清晰

五所高职院校所申报的专业群名称中有 2 个“旅游管理专业群”，“导游专业群”“餐饮管理专业群”“酒店管理专业群”各 1 个。专业群名称定位以所培养人才的岗位群定位为标准进行界定。

表 1　首轮“双高计划”旅游大类专业群设置①

序号	省份（城市）	学校名称	专业群名称	所涵专业	面向岗位群	建设等级
1	海南（海口）	海南经贸职业技术学院	旅游管理	旅游管理、酒店管理、烹调工艺与营养、市场营销	旅游产品策划、旅游线路设计、国际旅游营销、旅游计调、旅行定制师等岗位群；高星级国际酒店前厅、高端服务管家、国际邮轮服务与管理等岗位群；琼菜烹调师、面点师、营养师等岗位群；销售、市场调查、广告策划、网络推广、客户服务的相关岗位	双高校C档
2	浙江（杭州）	浙江旅游职业学院	导游	导游、景区开发与管理、电子商务、研学旅行管理与服务	团队导游、出境领队、景区综合接待与讲解等服务岗；旅行管家、智慧导游、研学旅行等咨询岗；旅游门店经理、旅行策划与产品定制、互联网旅游企业营销、互联网旅行业务营运、智慧景区运营等管理岗	专业群B档
3	陕西（西安）	陕西职业技术学院	旅游管理	旅游管理、酒店管理、空中乘务	智慧文旅产品设计（智慧文旅产品设计、营销、策划及文创产品设计、文物修复设计）岗位群；智慧文旅项目管理（宾馆酒店管理、旅游交通管理、旅行社管理、景区管理、智慧文旅项目管理、企业智慧运营）岗位群	专业群B档
4	湖南（长沙）	长沙商贸旅游职业技术学院	餐饮管理	餐饮管理、旅游管理、会展策划与管理、烹调工艺与营养、休闲服务与管理	销售顾问、客服经理、培训经理、项目策划师、研学导师、出境领队、旅游规划师、计调经理、文旅商品设计师、新媒体运营师、行销企划师、品牌运营师、创业经营者	专业群C档
5	山东（青岛）	青岛酒店管理职业技术学院	酒店管理	酒店管理、烹调工艺与营养、旅游管理、会展策划与管理	酒店产业链岗位群中旅游目的地的房务岗位群、餐饮岗位群、会议服务岗位群、商务服务岗位群	专业群C档

（三）组群逻辑科学合理

从专业群所涵专业结构来看，五个专业群所涵专业基本来自高职高专学科分类旅游大类中的诸如旅游管理、导游、酒店管理、景区开发与管理、会展策划与管理、休闲服务与管理、餐饮管理与服务、烹饪工艺与营养、研学旅行管理与服务等二级学科专业，再根据专业群的人才培养定位和所匹配的产业链岗位群设置诸如电子商务、市场营销、空中乘务等其他学科专业。

（四）精准满足新时代文化和旅游人才培养需求

专业群人才培养定位以及所面向的岗位群，从传统的技术技能型复合型人才开始向文旅融合、创意研发、国际管理等综合型人才转移；对专业人才的多元化要求，新知识、新技术、新工艺的培养以及创意研发元素的融入和国际化标准及素养的培养均有充分体现，在一定程度上反映了旅游产业转型升级和文旅产业融合发展过程中对行业人才的要求及

① 资料分别来自表中五所“双高计划”旅游高职院校的《中国特色高水平高职学校和专业群建设方案》。

期望。

（五）组群方式多元融合

专业群的组群逻辑包含了基于专业类属、基于产业复合型人才和跨界要求以及基于职业岗位群等三种类型。五个旅游类专业群对接产业链和职业岗位链是外部需求，专业协作、资源共享是内部需求，专业群在组建过程中融合内外需求，瞄准“高水平”，为日后建设成效的“高起点”“高标准”“新突破”奠定了基础。

五个旅游类专业群都从传统旅游类专业群转型迭代为现代旅游类专业群，代表了旅游高职教育在全国职业教育领域的最高水平，入围“双高计划”是旅游高职教育向高质量、高水平进军的一次重大历史机遇。然而，不可否认的是，五个旅游类专业群在“双高计划”的建设等级上仍有很大的提升空间。

三、新路径：双高计划背景下旅游高职院校办学探索与实践

在“双高计划”实施两年来，五所旅游类高职院校从立德树人的根本任务出发，积极探索更为科学有效的办学理念，为实现“双高计划”的中长期和远期目标，在不同建设任务中积极实践、勇于探索，走出了一条符合中国特色的办学之路。

（一）党建引领高水平旅游高职院校建设

入围“双高计划”的五所旅游类高职院校，全方位推进以党建引领学校高水平建设。海南经贸职业技术学院全面推进习近平新时代中国特色社会主义思想进教材进课程进头脑，构建全员全过程全方位育人的思政工作大格局，打造“学—思—研—行”全平台，发挥课堂教学主渠道作用。浙江旅游职业学院立足浙江“三地精神”“三地一窗口”的使命担当，将“红船精神”融入立德树人实践；构建“党建＋教研活动”组织生活模式，把集体备课融入教师党员组织生活。陕西职业技术学院以习近平新时代中国特色社会主义思想为指导，加强学生德育教育，构建“学院党委＋党总支＋党支部”参与的三级联动、层层落实的“三全育人”德育机制。长沙商贸旅游职业技术学院聚焦在“双高计划”中发挥基层党组织和党员的“两个作用”，实施党支部“五化”建设计划、“头雁”建设计划。青岛酒店管理职业技术学院以“十大育人”体系为抓手，推进以立德树人为根本、以理想信念教育为核心、以社会主义核心价值观为引领、以全面提高人才培养质量为关键的“四位一体”全员全过程全方位育人格局。

（二）专业群带动旅游高职院校特色发展

浙江旅游职业学院以导游专业群的“双高”建设为驱动，以复合型导游人才培养为牵引，以促进人才链与创新链、教育链与产业链有机衔接为目标，构建“联盟驱动、跨界融通、技能迭代”导游人才培养新体系，积极探索“课证融合”“赛教学一体”“产教融合、双元育人”等一系列“产教融合、校企合作”育人模式，形成一条具有自身特色的育人之路（见图 1）。一是立足行业需求，探索产教融合、校企合作育人新模式。导游专业以“开放式校企联盟”为驱动，构建政府支持、行业指导、校企深度融合的协同育人机制。按照

导游技能进阶的培养要求，设置综合素养、基础能力、专项能力、综合能力和岗位能力五大课程模块。依照导游岗位能力迭代确立“多岗递进”实践教学模式。校政企协同共建名师名导工作坊，与阿里飞猪旅行共建实训中心，与浙江省文化和旅游厅共建智慧旅游体验中心和文旅大数据中心等。二是打破传统边界，搭建跨界融通、多元融合的人才培养新平台。提出导游人才跨界培养理念，以导游专业为核心，为培养研学型、管家型、智慧型新导游人才找到新路子。强化人文素养和劳动素养，构建知识体系和技能迭代相对应的模块化课程体系。率先在全国组建校、政、行、企四方协同的“开放式职教联盟”，形成政府支持，学校与行业、企业三元发力、三向整合的深度融合人才供需共同体。三是发挥联盟作用，打造人才培养新高地和产教融合样板地。近年来，导游专业群完成的《旅游专业（旅行社）学生实习指引》《导游专业建设规范》《旅行社实习规范》《导游等级划分与评定》等，为全国同类专业建设提供了指南，在同类专业院校中起到了良好的示范效应。

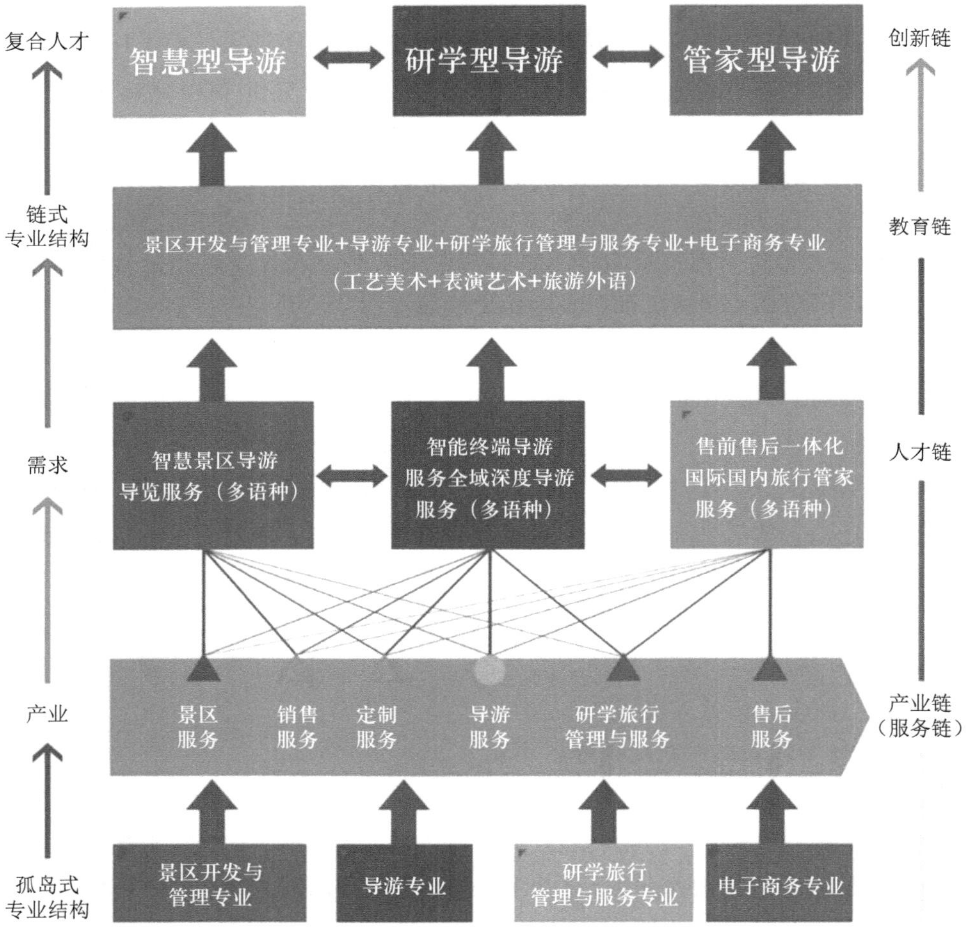

图 1　浙江旅游职业学院导游专业群组群结构逻辑图[①]

① 图片来自浙江旅游职业学院《中国特色高水平高职学校和专业群建设方案》。

陕西职业技术学院旅游管理专业群按照“对接产业、细分岗位、制定标准、复合培养”理念，重构四平台（基础、通用、技能、拓展）+三模块（人文素质、技能大赛、创新创业）课程体系和四层（学中做+做中学+赛中学+研中学）四训（单项+综合+大赛+研发）实践平台，形成“NTPD”专业群人才培养模式，打造文旅人才培养高地。一是对接产业，制定专业相关标准。专业群深入陕旅、中旅、乐游网、携程、东方航空等38家企业，联合陕西省旅游协会、全国航空航指委确立了专业群对应的30余个核心岗位，开发了包含爱国敬业、忠诚担当等9方面内容，以“德技并修”为主线的专业群《岗位标准》及相对应的《能力标准》，制定了《专业群建设规范》，研发出中国职工教育和职业培训协会《旅游咨询师》专业能力等级证书标准。二是创新机制，推进校企深度融合。采取“多元投入、理事会运行”的模式与白鹿仓投资控股集团共建白鹿仓文旅产业学院，实现招生招工一体化，共同制订培养方案，优化课程体系，共享场地、师资、教学资源等，创新育人机制。三是五方联动，重构“NTPD”人才培养模式。育人主体转变为N元（政、行、企、校、家）共育；按照T（Training），即学生、学员、员工三个阶段，进行基础知识学习、企业项目及岗位核心技能实训、顶岗实习及真实项目运营；实现培养对象P（Progression）的基础通用、专业核心、岗位工作、再岗迁移四级能力梯次递进；D（Double-track）学校课程与企业项目同步交替运行，创新构架“NTPD”专业群人才培养模式。“政、行、企、校、家”五方共同参与人才培养方案的研讨、制定。四是工学耦合、构建四层四训体系。校企共同构建基层共享（群通用平台，培养学生的通用基础能力）、专业分立（群技能平台，分各专业设置不同的核心课程，培养学生的岗位核心能力）、综合互选（群拓展平台，校企共同开发课程，培养学生多方面的辅助扩张能力）和技能大赛、创新创业、人文素养并举的专业群课程模块，解决课程共享性、适应性不足的问题。实践教学中“识岗、学岗、熟岗、顶岗”四阶递进，经过学中做、做中学、赛中学、研中学“四学”提升，单项训练、综合训练、大赛训练、研发训练“四训”强化，使学生通过教、学、做合一的项目实施逐步提升岗位能力。

长沙商贸旅游职业技术学院餐饮管理专业群立足湖南红色资源优势，以红色文化引领课堂革命，创新“三环三链三分”红色文化育人模式。“三环”即建设以红色文化传承与创新资源库平台为主的资源环，以红色文化融入专业群发展为主的建设环，以红色文化进课堂育新人为主的作用环。“三链”即开发红色教材和开设红色文化课程为主的课程链，开展体验式教学并浸染心灵的体验链，打造眼看得见、耳听得懂、口讲得出、脑想得深、手用得着的感官链。“三分”即分段、分类、分层培育红色新人。一是将红色文化融入人才培养。专业群红色文化融入人才培养方案、课程体系、课程标准和教学标准，构建红色文化渗入专业育人体系。充分挖掘现有教材的课程思政元素，有机融入课堂教学，如盐在水、润物无声。二是构建红色文化协同育人模式。将日常思政纳入课程思政协同系统，构建思政课程、课程思政、日常思政“三位一体”红色文化协同育人模式。运用“学分银行”等多维度质量评价体系，检验红色文化协同育人成效。三是用红色文化荡涤师生心灵。组织教师参加“党史专题讲座”“先锋故事会”等活动，领悟革命年代中的“人、物、事、魂”，激励教师把敬业仁爱、家国情怀融入课堂教学。通过观红影、唱红歌、读红书、赏红物等“八红”活动，使学生坚定理想信念、明确学习目标，立志成为担当民族复兴大任的时代新人。四是搭建红色文化资源平台。从专业育人的角度对收集到的红色文化资源进行分类研究，解决红色文化资源转化为育人资源的“产品”设计问题。依托《红色文化传承与创新》省级教学资源库，批量生产“颗粒化”育人资源，保障旅游类专业的“教”与“学”。

青岛酒店管理职业技术学院酒店管理专业群聚焦酒店管理人才链与产业链、创新链的有机衔接，着力解决企业因“数字化人才储备不足导致的不敢转型升级”的制约难题。一是全新改版酒店管理专业人才培养方案。在“职业素养过硬、职业技能扎实、职业发展持续”的人才培养理念指导下，该校对酒店管理专业人才培养目标、知识能力结构进行了重构，突出数字素养和能力、创新创业能力培养。重构了以“数字经营”为主线的课程体系和实践教学体系，更新了教学内容，打造出具备现代酒店数字经营管理理念和“绅士风度、淑女风范”特质的酒店业职业化人才。学院与行业企业专家共同建设大住宿研究所、青岛市崂山区民宿研究中心和中央厨房研究中心，带领学生积极开展新技术、新业态方面的研究。在人才培养方案中专门设置民宿、团膳等创业项目学分选择模块，由研究中心的企业专家和教师共同带领学生完成创业项目。二是实施“旅游+”专业布局，为多样化业态发展培养人才。学院开设研学旅行管理与服务专业，牵头成立山东省研学旅行研究院、青岛市研学旅行基地协会，合作完成的项目“青岛市研学旅游体系构建”荣获第四届山东省文化创新奖。参与制定政府政策文件 4 项，牵头成立行业协会及研学智库各 1 个，协助打造示范基地 2 批，完成研学类市厅级以上纵向课题 12 项，培训讲座覆盖人次超过 10 万，成立全国第一个研学旅行专班。三是“云、物、大、智”赋能，扩充和提升酒店管理专业群的外延和内涵。学院在中国旅游研究院的支持下，与青岛市文化和旅游局共建青岛市旅游大数据中心，运用云计算、大数据等现代信息技术，收集数据、构建模型、研判形势，形成旅游大数据在客源分析、产业发展、投资分析、市场监管、应急管理等方面的应用研究，助力青岛创建世界旅游名城。通过柔性引进方式，聘请国内数据研究方面的高层次、高水平专家担任数据中心顾问，共同开展旅游数据协同创新研究，并着手建设旅游基础数据库、第三方数据库、地理信息数据库、决策支持数据库等 4 个数据库，为青岛市旅游业高质量发展提供数据决策支持。

海南经贸职业技术学院基于“两改三建”模式探索专业群建设。按照“标准化”“国际化”“多样化”“复合型”的要求，重构新型旅游人才培养模式，以产出导向修订培养方案和提高人才培养质量（见表 2）。打通群内专业，制定课程模块，深化课程教材教法改革。同时，着力建设共享型专业群教学团队，打造综合型实践教学基地，形成强有力的服务型技术技能创新平台。

表 2　海南经贸职业技术学院旅游管理专业群部分专业课程体系设置①

旅游管理	酒店管理	烹调工艺与营养	市场营销
专业基础课:《市场营销基础》《人力资源管理》《旅游概论》《食品营养与健康》《服务礼仪》			
1. 专业核心课:《免税品品牌文化》《海南海洋旅游资源》《旅游策划实务》《旅行社经营管理》《导游实务》 2. 专业方向模块课: ①海洋旅游方向:《滨海旅游概论》《海洋旅游环境与保护》《游艇服务与管理》 ②旅行定制方向:《旅游线路定制》《旅游产品方案设计与报价》	1. 专业核心课:《前厅服务与管理》《客房服务与管理》《中餐服务与管理》《西餐服务与管理》《酒吧经营与管理》 2. 专业方向模块课: ①品牌酒店服务与管理方向:《金钥匙业务与操作实务》《顾客体验设计与管理》《酒店运营与管理》 ②国际邮轮服务方向:《邮轮旅游》《邮轮宾客服务与管理》《邮轮专业英语》	1. 专业核心课:《烹调工艺学》《现代餐饮管理》《烹饪原料学》《中式热菜技艺》《面点工艺学》 2. 专业方向模块课: ①琼菜工艺方向:《琼菜制作》《海南风味小吃》《冷菜与冷拼》 ②西餐工艺方向:《西餐冷菜技艺》《西餐热菜技艺》《俄、日、韩餐技艺》 ③西点烘焙方向:《西点技艺》《烘焙技艺》《糖艺》	1. 专业核心课:《消费者心理与行为》《广告实务》《市场调研与分析》《网络营销》 2. 专业方向模块课: ①医疗康养营销方向:《健康管理学》《医疗服务营销》 ②免税品营销方向:《奢侈品营销》《品牌管理》

（三）产教融合增强旅游高职院校竞争力

“双高计划”强调校企命运共同体建设，为加快建设现代产业体系，增强产业核心竞争力提供有力支撑，同时也反映了产教融合在职业教育内涵式发展进程中的重要作用。

从融合行业企业资源、助力人才培养的角度出发，浙江旅游职业学院牵头成立的浙江旅游职业教育集团创立了专业群工作委员会和教学科研、师资培训、创新创业三个工作联盟，建立集团内高职院校之间同专业的学分互认制度；集团各成员单位共同开发专业课程、编写专业教材；切实推进双证融通改革试点；推进国家级教学资源库、在线开放课程在教育集团内部共享；通过“山海协作”项目重点帮扶景宁等省内欠发达县市的集团成员单位（学校）旅游专业建设；利用“中西协作”项目对口支援新疆、青海、贵州旅游职业院校；建好浙江省旅游产业产教融合联盟，争创国家级示范性职业教育集团。

产教融合的最终目的是培养行业企业所需的高水平技术技能人才。“双高计划”建设中的旅游类高职院校正积极探索成立混合制产业学院，开创学生实践教学新模式。陕西职业技术学院与白鹿仓投资控股集团建立了紧密合作关系，在 2017 年 12 月建立了陕西职业技术学院白鹿仓国际旅游商学院，2020 年 7 月又升级共建了白鹿仓文旅产业学院，并以此为基础于 2020 年 9 月共同注册成立白鹿仓文旅产业发展有限公司。白鹿仓文旅产业学院成立了理事会，负责文旅产业日常运行管理，修订完成产业学院章程，明确双方权责。产业学院建设过程中，构建形成一套完整科学的管理制度，系统设计、科学合理地制定产业学院的理事会管理、财务管理、人事管理、教学管理、学生管理等制度。校企双方在招生招工一体化、师资互聘、教学实践场地共用、社会资源共享、利益共赢、风险共担等方面达成了一致。产业学院依托人员融合，推进业务合作，实现利益共担。该校给白鹿仓景

① 资料来自海南经贸职业技术学院《中国特色高水平高职学校和专业群建设方案》。

区提供办公地点，并聘请白鹿仓控股集团副总为院产业学院院长，企业为学生提供工作岗位、实景化教学和实践场地、挂置场所和企业师资，双方实现“你中有我”“我中有你”。同时，该校以产业学院为平台，加强与行业企业协同发展，先后与行业头部企业陕文投、陕旅集团及陕西文保实业建立了深度合作关系，联合中国旅游学会、陕西职业教育学会旅游类专业指导委员会等单位打造旅游人才培养高地。产业学院还积极与其他二级院系合作拓展智慧文旅、旅游纪念品设计等业务。经过一年的运行，产业学院实现了营收36万元，净利润为9万元。

长沙商贸旅游技术学院湘菜学院在专业群的建设中，以深度产教融合助推三教改革，大幅提升了专业群服务产业发展能力，有力地促进了湘菜产业转型升级。一是校企协同创新，推进“三教”改革。全面实行“一师一企”制，通过“引、聘、进、传、帮、带”等措施，形成了“大师＋名师＋双师”的高水平教师教学创新团队。与徐记海鲜、五十七度湘、松子料理等餐饮企业开展深度校企合作，开办了松子日式料理等现代学徒制订单班。校企合作共建餐饮管理专业教学资源库和在线精品课程等信息化教学资源，校企共享的线上资源已达10余种，并率先在智慧职教平台“双高计划”专业群资源库2.0版上建课和用课。根据项目化课程模式，努力探索课程思政和特色教学新方法。共创“一融三化”的课程思政建设模式，实施“启、学、思、凝、悟、升”六步递进式课程思政方法。设计实施“学、训、赛、创”相结合的“始、砺、凝、升”四阶项目化教学模式和“赏、教、论、精、评、拓”六步教学法，取得了良好成效。二是深化产教融合，提升服务能力。以行业文化认同为基础，建立起校企行合作长效机制。出版《湘菜群星》等系列著作，举办“天下湘菜大讲坛”（已举办36场，听众超10万人次）。在资源共享、师资互聘、技术服务、人才培养培训、实训基地建设等问题上明晰了各自的责权利，校企行之间形成了相互依存的命运共同体。

青岛酒店管理职业技术学院联合北京金山云网络技术有限公司、慧科教育科技集团，成立“金山云•慧科智能物联产业学院”，有效整合了三方在产业、行业、教育等层面的优势，通过专业课程融入、师资培训提升、实践项目引入、“1+X”证书考试认证等合作，促进人工智能和物联网技术（AIOT：AI+IOT）在学校专业群建设中落地融合，实现了专业数字化转型升级，赋能学校“双高计划”建设，服务部、省共建职业教育创新发展高地。该校与山东文化旅游发展集团有限公司签约成立山东文旅产业学院和产教融合实训实习基地，成立现代学徒制试点班，共建校企双元教学资源库，完成国家级现代学徒制试点项目建设。与山东舜和酒店集团共建舜和餐饮产业学院、产教融合实训基地和舜和餐饮产业学院理事会，汇聚优质资源，共同培育餐饮行业发展急需的高素质技能型人才，引领餐饮产业健康发展。学院与顺丰速运集团有限公司签约成立顺丰运营管理学院和学校双师型教师企业实践基地，以技术型人才培养为主线，以提升教师实践能力为重点，推动校企多主体协同育人，提高学校人才培养质量，增强学校支撑、服务、引领区域产业经济发展的能力。在探索校企合作管理体制方面，该校建立了“分层建设、分类管理”的校企合作管理机制。根据校企合作深度和广度，将校企合作关系分为核心型、紧密型和一般型 3 个层级进行建设，加强校企合作内部管理，提高校企合作的实效性。充分发挥行业办学和主管单位鲁商集团及所属的 5 家企业入选第一批产教融合型企业优势，制订《产教融合、校企合作三年规划》，加快构建酒店业服务性产业学院，完善校企联合招生、联合培养、一体化育人的长效机制，推动职业教育体系和劳动就业体系互动发展，打通和拓宽技术技能人才培养和成长通道。

（四）社会服务提升旅游高职院校影响力

海南经贸职业技术学院在海南全力推进自由贸易港建设的大背景之下，充分挖掘自身服务行业的潜力，做到了“地方离不开、行业都认可”。一是构建旅游志愿服务项目体系，打造旅游志愿服务博鳌标准。该校旅游管理专业群连续 12 年组织师生志愿团队，为博鳌亚洲论坛提供礼仪、接待、会展、餐饮等各个方面服务工作。师生志愿团队总结制定出《旅游志愿服务（博鳌标准）》，形成博鳌志愿服务体系，积极推广并实施“博鳌标准”，已经成为博鳌亚洲论坛志愿者服务工作的规范化、标准化流程，为行业树立起了高端论坛服务的工作标杆。二是推行旅游服务技能百场公益培训，解决行业企业急迫需求。该校旅游管理专业群组建由旅游管理专业群专职教师构成的培训服务团队，启动“百场公益旅游服务技能培训”，为海南各 4A、5A 级旅游景区，大型旅游综合体，以及高星级酒店开展公益培训。2019 年至今，已完成公益培训 50 场次，提供职业培训 20 多班次。三是建立旅游援外培训服务体系，制定旅游援外培训服务标准。该校组建了专业教师援外培训团队，依托国家商务部援外培训（海南）基地，制定旅游援外培训服务标准，重构培训课程体系，实施以“一带一路”国家公务群体等为主体的“留学（公务）—培训—就业（回国）”国际化旅游人才培养模式，内容涉及旅游规划、旅游资源开发、旅游产品提升、旅游文化交流等各个领域，培训对象来自亚洲、非洲的多个发展中国家，从 2019 年至今完成援外培训 15 班次，培训人次上千人，有力提升了海南旅游援外培训服务规模和影响力，推动了海南自由贸易港的国际知名度。

浙江旅游职业学院充分发挥学校在服务乡村旅游的专业、人才、科研等方面的综合优势，从大处着眼，从小处着手，开展“乡村旅游免费送教下乡”活动，助力乡村旅游人才队伍建设；开展景区村庄创建帮扶活动，带动景区村庄规划发展升级；深化旅游职业教育校政企地合作，形成乡村旅游协同创新合力；积极参与相对贫困地区结对帮扶，增强乡村旅游精准服务能力；用足“绣花”功夫服务地方乡村旅游产业发展，坚持以人为本、以质取胜开展“造血式”扶贫，助力浙江省内相对贫困地区乡村旅游体验更精致、公共设施更精良、生态环境更精美、游客服务更精心、运营管理更精细，为浙江省内相对贫困群众致富脱贫提供产业支撑，助力浙江省内相对贫困地区乡村旅游发展，推动浙江省内相对贫困地区乡村振兴和共同富裕建设。近三年，对全浙江省 11 个地市 67 个县（市、区）的近 266 个村庄进行乡村旅游发展指导，协助 56 个村庄成功创建省 3A 级景区村庄，形成师生社会服务共同体。连续 13 年开展暑期送教下乡活动，涉及全省所有县（市、区），累计受益人数达五万余人次。对口支援西部建设，先后选派 6 人赴新疆、贵州挂职，支援其旅游管理专业建设和当地旅游业发展。

青岛酒店管理职业技术学院打通“酒店＋旅游”专业链，助力脱贫攻坚，积极面向区域开展社会服务。学院加强与主办单位鲁商集团合作，发挥在智慧酒店、精品旅游、技能培训等方面的优势，通过职业教育助力 50 个乡村振兴样板之一的鲁商样板村。学院在淄博市博山区池上镇上郝峪村帮助村民建设八路军办事处旧址，编辑《板栗说》主题菜谱，组织农产品公益团购，得到《人民日报·海外版》、大众网、中国教育在线等数家媒体报道。完成荣成市荫子镇美丽田园样板片区提升工程，打造乡村振兴和荫子美丽田园样板片区。学院老师作为职业教育管理干部和专业教师柔性人才赴新疆喀什支教，帮扶喀什职业技术学院酒店管理专业建设提升工作。连续 5 年对口援建贵州省黔南民族职业技术学院，每年接收该院旅游管理专业教师和学生来校学习半年，援建的旅游管理专业成为省重点建设专业。对口援建甘肃省陇南市西和县职业中等专业学校，规划开设旅游管理专业，开展专业设置、课程建设、教师培养等各方面的专业建设帮扶。连续 4 年选派教师赴甘肃陇南开展对口帮扶。

（五）信息化助力教育教学全过程创新

“双高计划”要求加快智慧校园建设，促进信息技术和智能技术深度融入教育教学和管理服务全过程，改进教学、优化管理、提升绩效。为此，旅游高职院校开展了新技术背景下职教改革新探索。浙江旅游职业学院构建智慧化教学支撑体系，创新“互联网 +”教学模式；构建网络化办事流程体系，助推学校治理改革；构建自助化公共服务体系，提升信息服务品质；构建数据化科学治理体系，促进教育创新发展；构建智能化校园管理体系，提高服务保障效能；构建智慧化产业服务体系，助力人才培养与产业发展同步。海南经贸职业技术学院以物联网、云计算、大数据、人工智能技术为基础，建设“数字孪生校园”。建成涵盖“云—网—端”三大层次，数据驱动决策、技术综合集成的智慧校园综合技术支撑体系。支撑校园全要素数字化和虚拟化，全状态实时化和可视化，管理决策协同化和智能化，实现校园规划建设一张蓝图管到底，校园治理虚实融合一盘棋的应用场景，驱动校园智能运行、迭代创新。

（六）国际化推动中国旅游高职教育品牌影响力

“双高计划”的实施，为推动高职院校国际化发展提供了强有力的支撑。高职院校国际化建设，应明确发展导向，以服务国家战略为根本，以内涵建设为重点，以特色办学为主线，以打造品牌为抓手，全面提升国际化发展能力和水平[5]。

浙江旅游职业学院发展“汉语＋职业技能”模式，“走出去”办学实现新突破。2017 年 11 月在莫斯科与俄罗斯国立旅游与服务大学合作成立了以“汉语＋导游”为教学特色的中俄旅游学院。2019 年 7 月在贝尔格莱德与塞尔维亚贝尔格莱德应用技术学院合作成立了以“汉语＋烹饪”为教学特色的中塞旅游学院，首期招收学生 40 名。2019 年，学校和意大利阿尔玛国际厨艺学院联合发起，歌诗达邮轮集团（亚洲）、杭州饮服集团、杭州市中策职业学校等院校企业共同成立中意美食新丝路烹饪教育联盟。2020 年 11 月，由中意美食新丝路烹饪教育联盟成员单位共建的中意厨艺学院，在意大利艾米利亚－罗马涅大区阿尔玛国际厨艺学院揭牌。

陕西职业技术学院依托“一带一路”职教联盟，形成国际交流与合作的新机制，开展教师海外培训、访学，拓展教师国际化视野，提升教师国内外旅游企业技术服务的能力；加强境外人才引进，聘用境外高层次技术人员和专家，通过与德国 BSK 国际教育机构、乌克兰哈尔科夫农业技术大学、日本大阪综合设计专门学校等职业教育名校合作，开展师资互聘，推动专业群建设，打造国际化教学团队。建设“文物修复工坊”，输出职业教育品牌，成立“一带一路”职教联盟旅游管理专业群教育教学指导委员会，在全国旅游教育教学指导委员会的指导下，联合各省旅游类专业院校共同开发旅游管理群相关专业教学标准及课程标准、文物修复技术标准，推进中亚五国办学点建设，设立“一带一路”研究与培训中心。

四、新思考：“双高计划”引领旅游高职教育发展的问题与展望

（一）“双高计划”背景下旅游高职教育的现实问题

1. 质量差距：如何实现“中国服务”“中国品牌”的战略目标

中国改革发展进入了新时代，文化旅游融合成为了主旋律，打造“中国服务”品牌，可以更好地满足人民对美好生活的向往。服务产业在中国发展的历史还比较短，需要借鉴国际水平来深化对现代服务的认知和打造产品；本土特色就是要让服务产品体现中国特有的文化，体现中国的品质，即品位加质量；物超所值就是要提供市场化程度高、具有较高性价比的系列产品，使企业有好的效益，客人满意加惊喜[6]。为满足“中国服务”的内涵要求，作为首轮入围“双高计划”的五所旅游类高职院校必须肩负起“行业智库”和“人才高地”的双重责任，更加自觉地担当起服务文化事业、文化产业和旅游业发展的新责任，要积极顺应职业教育改革发展新趋势、新要求，抢抓机遇，深化改革，集聚优势，创新发展，进一步深化校企合作、产教融合，进一步提高人才培养质量，进一步增强服务区域发展的能力，通过“双高”建设打造具有中国特色、世界水平的旅游职业教育“中国样板”。

2. 管理困境：如何走出高职院校治理体系改革的深水区

《国家职业教育改革实施方案》（以下简称《方案》）提出“我国职业教育还存在着体系建设不够完善、制度标准不够健全、有利于技术技能人才成长的配套政策尚待完善”等问题。随后，为落实《方案》，国家层面推出了一系列职教改革的文件和项目，其中“双高计划”影响最大。因此，通过对“双高计划”提升治理水平的文本解读，能够为“双高”校对标开展治理工作，进而为实现治理现代化提供路径指引。

然而，旅游高职院校在体制机制改革的过程中仍然面临很多困境。第一，治理理念滞后。职业院校内生治理动力不足，治理体系建设往往按照上级的要求进行运动化治理、项

目化运作，尚未形成相应的体制机制。在“以群建院”的治理观念的形成、权力的分配、放管服的实施等方面，缺乏深刻认识。第二，治理主体不完善。治理主体多元化是治理现代化的最本质特征和重要价值所在，产教融合、双元育人已成为职业教育基本教学制度。近些年来，现代学徒制、新型学徒制、集团化办学等都是落实双元育人的有效形式，但由于种种原因，这些形式总体上来说并没有达到预期目标，校企合作的利益共享问题仍没得到实质性解决。第三，多元治理的实现路径有待进一步探索。政策体系的完善是旅游高职院校探索多元治理的制度推动力。尽管目前国家对企业参与职业教育出台了一系列优惠政策，但仍难以调动企业的积极性和主动性，落实企业作为办学主体还需要出台相关的激励政策，以法律的形式加以保障，解决校企合作的人才培养“搭便车”现象。

机制创新和管理改革是实现“双高计划”建设目标的基础保障。一方面，旅游高职院校要推进内部治理现代化，通过管理制度创新激发创新活力，着力解决师生创新动力不足、行业企业参与办学和专业建设积极性不高等突出难题。另一方面，旅游高职院校要强势推进产教融合机制创新，搭建产教融合平台，创新校企合作方式，缔结校企命运共同体，形成企业和社会力量广泛参与的职业教育办学格局；通过学校治理机制改革与创新，建立健全学校、行业、企业、社区等共同参与的办学机制，促进治理能力现代化；创新专业群建设和管理机制，探索以专业群建二级院系，实现专业群实体化运作；创新教师队伍建设机制，吸引行业企业领军人才、技能大师来校任教，健全人才成长机制，建立健全竞争型的人事管理制度，营造优秀人才脱颖而出的良好环境；要创新科研和社会服务机制，既搭建产学研协同创新平台，又强化科技成果转化激励机制，调动师生参与技术创新和社会服务的积极性。

3. 层次升格：如何突破旅游职业教育本科层次人才培养的瓶颈

文化和旅游是新时代人民美好生活和精神文化需求的重要内容，是人民群众获得感和幸福感的重要体现，是展示国家形象和国民素质的重要窗口。在新时代文旅融合发展的大背景下，产业结构的变化必然导致人才需求结构的变化，产业转型升级必须要求人才培养的转型升级，这是旅游高职院校发展难得的机遇和动力。在这样的形势要求下，迫切需要旅游高职院校夯实办学基础，突破本科层次技术技能人才培养的“天花板”，培养出更多的高素质创新人才和高素质技术技能人才，为文化和旅游产业发展提供人才红利。

2020 年 6 月，教育部批准 7 所高职院校升格为本科“职业大学”。我国已有 22 所职业院校（21 所民办 +1 所公办）开展本科层次职业教育试点，职教本科试点逐步进入改革深水区。这意味着我国职业教育的改革开始激发更多的职业院校参与到先行先试的试点改革行列中，并以此为改革突破口，弥补现代职业教育体系中本科层次应用型人才培养数量和质量的不足，打通职教生学业上升通道，构建多层次、多规格、层层贯通的职业教育“立交桥”。虽然，当前入围“双高计划”的旅游类高职院校都未能在开展职教本科试点方面实现实质性的突破，但是，国家本科层次职业教育试点由点扩大及面，改革重心由“层次”提升转向“类型”内功建设，这都给旅游高职教育带来了技术技能人才培养的新希望。

（二）未来展望

1. 继续加强“双高计划”建设的理论研究与实践探索

面对“双高计划”这一高职发展的新时期，高职教育界应遵循职业教育发展规律，拓展研究视域，深入探讨高水平高职院校建设的理论和实践问题。第一，在宏观研究层面，仍需加强“双高计划”建设过程性绩效与总体绩效的关系研究、区别于“示范校、骨干校、优质校”时期的高职办学水平评价评估体系研究、本科层次高职教育价值体系研究、高职教育资历框架构建等众多可指导2023年后第二轮国家“双高计划”实施的研究内容；第二，在中观研究层面，尚需加强“双高计划”十大改革发展任务的创新机制研究，聚焦高职院校办学“标准制度、产教融合、实体平台、品牌特色”难点的破冰研究等研究内容；第三，在微观研究层面，亟须加强从课程内涵建设到专业建设再到专业群建设的实证研究；以课程建设为基础，以核心专业为着力点，以专业群建设为统筹，加强以学生为中心的技术知识再开发的研究，以推进人才培养更加符合新时代产业用人需求。

2. 努力打造“双高模式”的高职教育均衡发展新生态

“双高计划”的最终目标之一是要建设一个高职教育均衡发展的生态域，这一点可以从“双高计划”的“高水平”要求得以佐证。所谓“高水平”，本质上应该是可复制、可发展、可持续的概念，对东部发达省份高校适用，对中西部欠发达省份意义更为重大。

在全国一盘棋的发展观指导下，“双高计划”首轮建设遴选的197所学校覆盖了29个省份，江苏、浙江、山东、广东等省入选数量位于前列，遴选结果体现了扶优扶强原则，即质量为先、以点带面，兼顾区域和产业布局，既体现了质量，也兼顾了均衡。然而，中西部高职院校由于地域限制，办学基础、教学资源相对于东部地区较为薄弱，面临诸多问题[7]。为此，进入“双高计划”建设期，我们不仅要加强对“双高计划”学校建设的研究，更要扎根中国，放眼世界，秉持“先富带动后富”的理念，及时总结经验，把建设模式、标准、成果等以高职教育研究成果的方式，快速推广和应用到中西部欠发达省份，带动更多的欠发达地区高职院校提质扩容、转型升级，最终构建全国高职教育均衡发展的生态域。

3. 全力实现旅游职业教育现代化的美好愿景

新时代职业教育改革发展系列方案和政策制度密集出台，职业教育迎来新时代的多重“政策红利”，开启了改革发展的“春天”。未来三年，五所“双高计划”旅游高职院校作为承担中国旅游业高素质技能型人才培养的重点院校，将继续全方位深化旅游职业教育改革，推进旅游职业教育现代化。可以预见，在“双高计划”首轮建设期内，五所入围的旅游类高职院校将紧盯“引领”、强化“支撑”、凸显“高”、彰显“强”、体现“特”，致力于打造出中国旅游职业教育的样板，示范引领中国旅游职业教育新发展。“双高计划”的入围院校，将努力形成“一批有效的旅游职业教育高质量发展政策、制度、标准”，为分布在全国各地的旅游高职院校提供可复制可推广的经验、模式，带领中国旅游职业教育形成有中国特色的、辐射国际的“中国品牌”，为世界旅游职业教育创新发展提供“中国智慧”和“中国方案”。

参考文献

[1] 世界旅游联盟.2020 国际旅游教育报告［R］. 杭州：世界旅游联盟，2020：31–38.

[2] 陈子季. 以大改革促进大发展推动职业教育全面振兴［J］. 中国职业技术教育，2020（01）：5–11.

[3] 谢俐. 中国特色高职教育发展的方位、方向与方略［J］. 现代教育管理，2019（04）：1–5.

[4] 白长虹. 文旅融合背景下的行业人才培养——实践需求与理论议题［J］. 人民论坛·学术前沿，2019（11）：36–42.

[5] 余姗姗，何少庆."双高计划"背景下高职院校国际化发展的导向、问题与对策［J］. 教育与职业，2020（10）：33–39.

[6] 段强. 解读旅游行业“中国服务奖”［EB/OL］.［2021–01–05］. https：//www.traveldaily.cn/article/122566.

[7] 兰金林，石伟平. 中西部高职院校的转型发展：基于“双高计划”的反思与展望［J］. 中国职业技术教育，2020（16）：72–76+83.

（本报告由浙江旅游职业学院课题组完成，课题组负责人：王方；执笔人：蒋炯坪、周伊萌）

中国旅游职业教育理论研究综述

2019—2020 年，我国迎来“十三五”规划的强力收官，职业教育进入高质量发展新阶段。在“十三五”期间，我国职业教育发展凸显了五大亮点：一是确立了职业教育的类型教育地位；二是构建起纵向贯通、横向融通的现代职业教育体系；三是迈入了提质培优、增值赋能的高质量发展新阶段；四是培养了一大批支撑经济社会发展的技术技能人才；五是实现了更高水平的开放。乘着职业教育高质量发展的东风，旅游职业教育理论研究也呈现出热点更聚焦、研究更深入的突出特点。本报告尝试通过课题组调研和中国知网检索等方式对 2019—2020 年度的中国旅游职业教育理论研究总体情况进行分析，客观呈现学术论文、研究项目的基本情况，客观分析研究热点和研究成果，并对未来研究方向进行简要展望。

一、理论研究基本概况

2019 年 1 月，国务院印发《国家职业教育改革实施方案》，即“职教 20 条”。2019 年 10 月，教育部、财政部公示了 197 个中国特色高水平高职学校和专业建设计划（简称“双高计划”）拟建设单位名单。随着国家层面职业教育大政方针的出台，旅游职业教育实践也愈加深入，理论研究成果质量也愈来愈高。

（一）学术论文统计分析

1. 调研数据分析

为客观、全面了解我国旅游职业教育理论研究现状，课题组面向全国开展了问卷调查。调查结果显示，填报数据的 273 所院校中，2019 年度校内专、兼任教师独立或作为第一作者发表论文的数量为 4184 篇，平均每所院校发表论文 15.33 篇。参与调研的院校中，46 所院校 2019 年度未发表论文，175 所院校发表论文数量为 1~15 篇，41 所院校发表论文数量为 16~99 篇，另有 11 所院校发表论文达 100 篇以上。

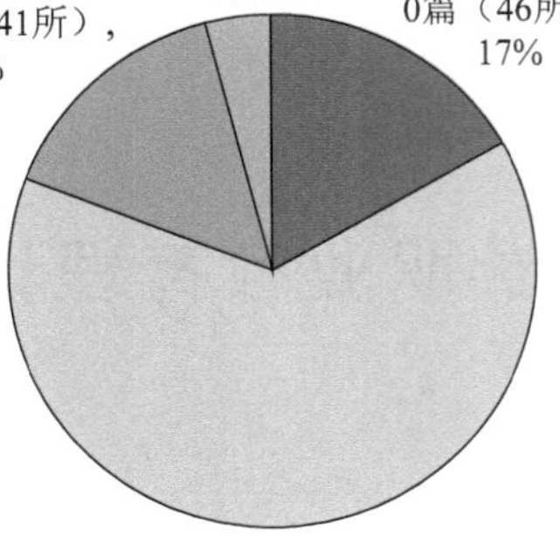

图 1　第一作者发表论文数量情况（以院校为单位）

核心期刊论文方面，共有 290 所院校填报该项数据，其中 93 所院校在 2019 年度发表核心期刊论文，占比 32.07%；共发表 697 篇，校均 2.4 篇。其中，69 所院校发表 1~5 篇核心期刊论文，15 所院校发表 6~20 篇核心期刊论文，9 所院校发表 21 篇以上。

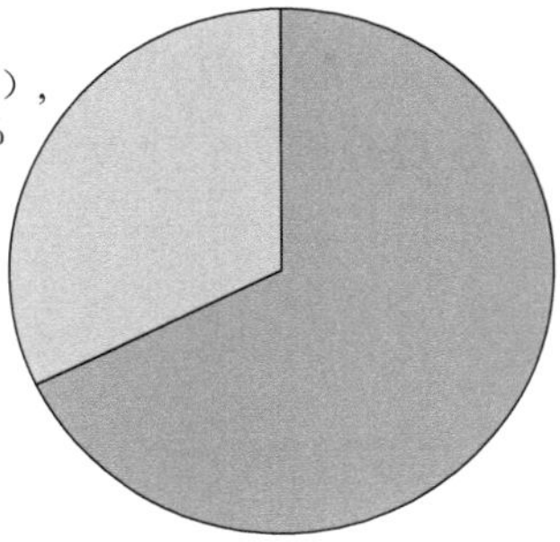

图 2　各院校发表核心期刊论文情况

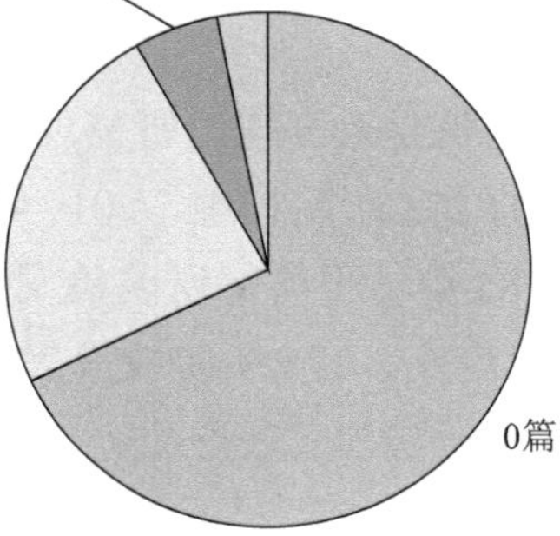

图 3　各院校发表核心期刊论文数占比情况

2. 中国知网数据库检索情况分析

（1）主题检索分析

课题组以中国知网数据库为主要检索平台，以“旅游职业教育”为主题进行检索，得到 2019—2020 年度学术论文共 154 篇，其中学术期刊 95 篇，学位论文 10 篇，会议论文 5 篇，报纸论文 5 篇。论文下载频次最高为 418 次（截至 2021 年 4 月 24 日），按照下载频次高低，排名前 20 的论文及作者情况见表 1。

表 1　中国知网旅游职业教育论文下载频次排名前 20（2019—2020 年度）

排名	论文题目	作　者	所在单位	来　源	下载频次
1	瑞士“洛桑模式”对我国旅游职业教育的启示	何晓岩	南京旅游职业学院	教育与职业	418
2	中等旅游职业教育发展研究综述	陈艳芳，桑彬彬	云南师范大学职业技术教育学院	广西广播电视大学学报	345
3	产教融合背景下校企“双元”育人模式的创新与实践——以南京旅游职业学院酒店管理专业为例	周欣，苏炜，夏雯婷	南京旅游职业学院	产业与科技论坛	332
4	“互联网 +”视域下混合式教学模式实施探究	宫丽娜，侯媛媛	山东外事职业大学	长江技术经济	317
5	中国旅游职业教育 70 年——基于生命历程理论的观照	黄慧，王忠林	浙江旅游职业学院	中国职业技术教育	316
6	乡村振兴驱动下职业教育服务旅游扶贫的路径研究——以内蒙古自治区为例	付向阳	内蒙古化工职业学院	中国职业技术教育	293
7	高职扩招背景下职业教育服务乡村旅游扶贫研究——以邛崃市南宝山镇羌寨为例	孙晓亚 [1] 阿都建华 [2]	1. 四川现代职业学院旅游系 2. 成都信息工程大学软件工程学院	现代商贸工业	269
8	基于全域旅游视角下职业教育服务旅游精准扶贫路径探索	周圩	天津职业大学	现代商贸工业	251
9	构建国家标准，促进产教融合	李月	中国文化报	中国文化报	240
10	中等职业教育旅游服务类学生职业认同现状及影响因素研究	王译慧	曲阜师范大学	硕士学位论文	220
11	文旅融合背景下传统文化与旅游职业教育融合探析	张颖	天津商务职业学院	天津商务职业学院学报	220
12	中等职业教育教师专业化现状和发展对策研究——以昆明市旅游职业中学旅游服务类专业为例	司宛灵	云南师范大学	硕士学位论文	194

续表

排名	论文题目	作　者	所在单位	来　源	下载频次
13	高等职业教育校企协同实践教学体系创新研究——基于内蒙古农业大学职业技术学院“三习两训”实例	姜海涛，王艳丽	内蒙古农业大学职业技术学院旅游管理系	教育学术月刊	192
14	高等职业学校旅游管理专业教学标准调研报告	韩一武	太原旅游职业学院	中国职业技术教育	182
15	深化产教融合　构建旅游职教校企命运共同体	陈增红，路飞	山东旅游职业学院	中国旅游报	182
16	产教融合背景下旅游企业参与中职教育人才培养研究	高思雨	河南大学	硕士学位论文	179
17	高等职业教育专业群实训体系构建研究——以青岛酒店管理职业技术学院旅游接待业专业群为例	薛山	青岛酒店管理职业技术学院	山东农业工程学院学报	174
18	“互联网 +5”：打通高职创新创业教育的最后一公里——基于旅游管理专业创新创业教育实践的模式构建	鲁欣	山西经济管理干部学院旅游管理系	中国教育信息化	163
19	地方性知识视阈下的旅游职业教育课程开发——以《旅游策划》课程标准为例	陈祈安	广西经济管理干部学院	广西广播电视大学学报	156
20	职业能力现状及培养对策——以高校旅游管理学生为例	武传表，刘慧蒙	辽宁师范大学历史文化旅游学院	中国集体经济	150

备注：本表格下载频次数据为截至 2021 年 4 月 24 日数据。

从表 1 可以简要分析出，下载频次最高的 20 篇论文中，学术期刊论文 15 篇，其中核心期刊 4 篇；报纸论文 2 篇；学位论文 3 篇。从主题内容上看，这 20 篇论文中，涉及国外旅游职业教育模式研究、中职教育、产教融合、互联网 +、文旅融合、旅游职业教育与乡村扶贫、专业教学标准、实训体系构建等多个方面，范围较广。其中，突出校企合作、产教融合方面的论文 5 篇，突出旅游职业教育助力乡村扶贫的论文 3 篇，相对集中。

（2）作者单位检索分析

结合 2018 年统计数据，课题组继续以上海旅游高等专科学校、浙江旅游职业学院、山东旅游职业学院、南京旅游职业学院、山西旅游职业学院、太原旅游职业学院、河北旅游职业学院、郑州旅游职业学院、青岛酒店管理职业技术学院、重庆旅游职业学院、云南旅游职业学院等 11 所旅游类高职院校为样本，通过知网数据平台检索进行论文分析统计。

结果显示：11 所院校 2019 年共发表期刊类论文 1106 篇，较之 2018 年度的 978 篇增幅 13.09%；2020 年发表期刊类论文 937 篇，与 2018 年基本持平，较之 2019 年减少 15.28%。其中，2019 年论文数量排前三位的院校是青岛酒店管理职业技术学院 234 篇、河北旅游职业学院 207 篇、南京旅游职业学院 147 篇。2020 年度发表期刊论文最多的三所院校是南京旅游职业学院 151 篇、山西旅游职业学院 123 篇和青岛酒店管理职业技术学院 122 篇。从论文数量来看，各院校三年间论文数量基本平稳，但校际差距较大。

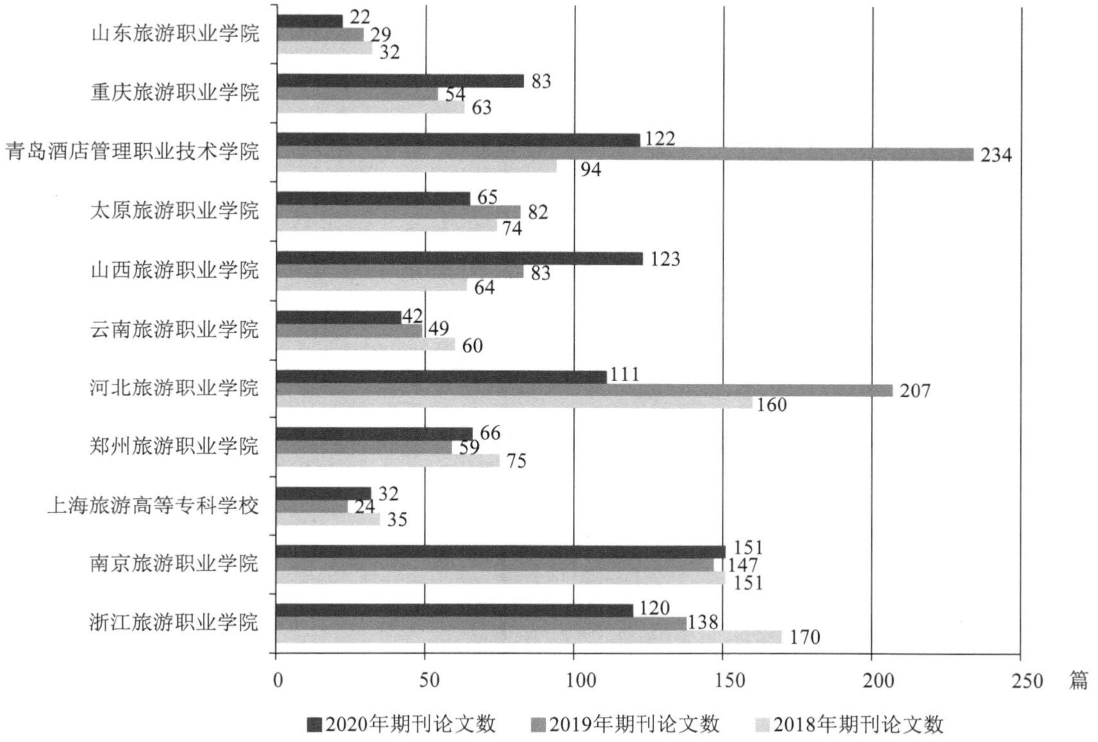

图 4　样本院校发表期刊论文数量对比图

同时，通过抽取 2019—2020 年度上述 11 所旅游职业院校期刊论文下载频次最高的 5 篇论文做关键词热度分析，可以发现旅游高职院校教师发表的学术期刊论文中，最受关注的热点词包括：新冠肺炎疫情、网络传播与网络直播、休闲农业及乡村旅游、文旅融合及文化旅游等，更多聚焦在旅游行业发展中面临的具体问题，且时效性较强。如上海旅游高等专科学校陈保禄等人于 2020 年 3 月 15 日在《规划师》发表题为《新型冠状病毒肺炎疫情下以人的需求为导向的规划思考》的论文，浙江旅游职业学院章勇刚于 2020 年 3 月 25 日在《福建茶叶》发表题为《浅谈新冠肺炎疫情下酒店开展危机管理四点建议》的论文，山东旅游职业学院孙健于 2020 年 4 月 8 日在《人文天下》发表题为《后疫情时代单体酒店自助转型对策》的论文，均从不同角度针对新冠疫情对行业企业产生的影响、对策等进行了剖析。

课题组还选取了 7 所旅游中职学校作为样本进行调研，7 所学校分别是：广东省旅游职业技术学校、四川省旅游学校、沈阳旅游学校、海南省旅游学校、苏州旅游与财经高等职业技术学校、北京市外事学校、青岛旅游学校。2019—2020 年度 7 所中职院校共发表期刊论文 334 篇，校均 47.7 篇。其中苏州旅游与财经高等职业技术学校 2019—2020 年度共发表期刊论文 250 篇，数量最多。总体而言，中职院校教师发表论文数量稀少，一些学校 2019—2020 年度发表论文数为个位数，甚至个别中职学校 2019—2020 年度未发表一篇期刊论文，与高职院校相比呈现出较大差距。在论文选题方面，中职院校教师发表的论文多以课程研究为主，对行业产业的关注度较低。

（二）科研项目统计分析

1. 调研数据分析

在课题组开展的问卷调查中，有 322 所院校填报 2019 年新立项主持的纵向科研项目数量情况，其中有效填报 312 所。312 所院校 2019 年新立项主持的纵向科研项目总数为 1060 项，校均 3.39 项。其中，无新立项课题的院校为 99 所，立项 1~5 项的院校数为 142 所，立项 6~10 项的院校数为 23 所，立项 11~20 项的院校数为 14 所，20 项以上的为 8 所。数据显示纵向课题立项方面校际差距明显，一些旅游职业院校对科研项目的重视程度亟待提升。

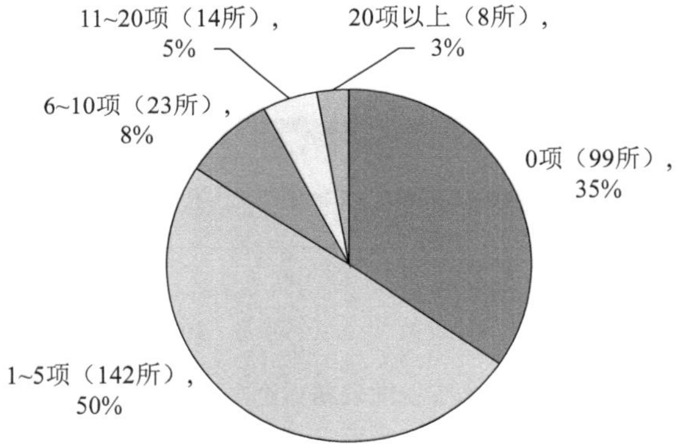

图 5　新立项主持的纵向科研项目数量（2019 年）

调查数据显示，针对各院校 2019 年度省部级及以上项目数量的调查共有 288 所院校填报有效，立项总数为 498 项，平均每所院校立项 1.73 项。其中 145 所院校至少有 1 项省部级以上项目，占比 50.34%。在 145 所已有省部级项目的院校中，平均每所院校立项 3.43 项。有 62 所院校拥有 1 项省部级项目，67 所院校拥有 2~5 项省部级项目，10 所院校拥有 6~10 项，6 所院校拥有 11 项以上。数据显示，大部分职业院校获得省部级以上项目立项难度较大，省部级以上科研项目数量总体不足，有近半数职业院校旅游类教师未获得省部级以上科研项目。

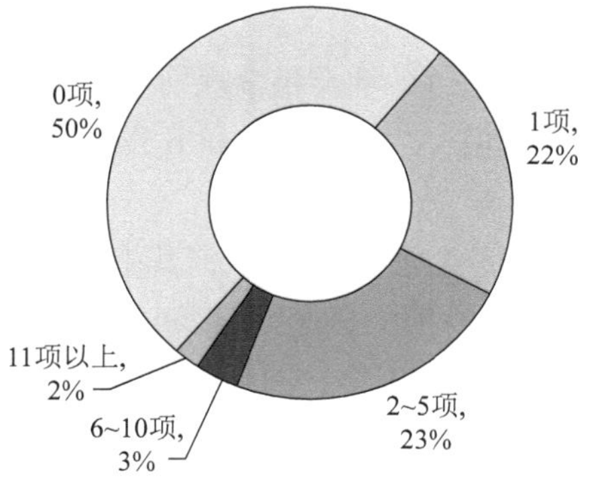

图 6　拥有省部级以上项目的院校数量比例

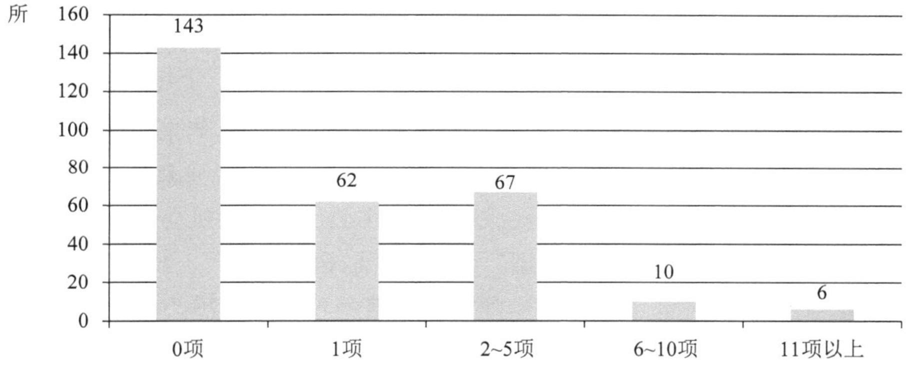

图 7　省部级以上项目数量与院校数量对应图

调查数据显示，关于“2019 年横向项目经费到账总额”这一题目，289 所院校填报有效，其中 113 所有横向课题，占比 39.10%。72 所院校横向课题到账经费在 10 万元以上，在 113 所院校中占 63.72%。总体而言，职业院校开展横向课题研究的成果尚显不足，建议各院校积极出台有效措施和激励政策，鼓励教师参与横向课题，持续培育教师通过横向项目助力行业企业的能力。

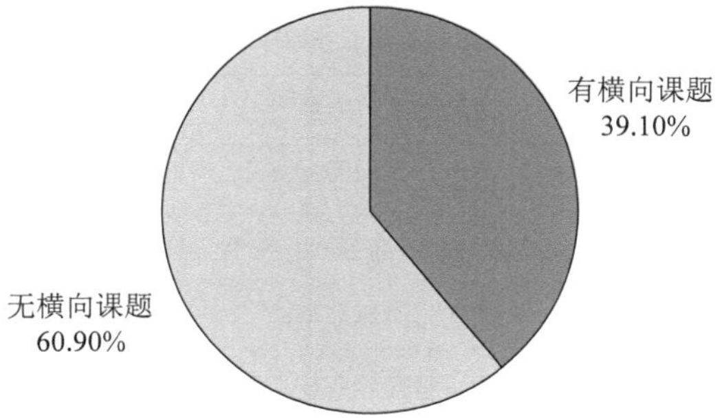

图 8　2019 年度样本院校开展横向课题研究情况

2. 网络数据分析

课题组在查阅了教育部、全国哲学社会科学规划办公室、文化和旅游部等机构官方网站后，搜集、整理了研究项目数据，并尝试做出如下分析：

（1）国家社科基金项目及青年项目

国家社科基金项目 2019 年度共立项 3536 项，其中涉及旅游业的有 38 项；青年项目共立项 1093 项，涉及旅游业的有 9 项。总量持续减少，共比 2018 年减少了 5 项，其研究学科涵盖了理论经济、应用经济、民族学、国际问题研究、体育学、管理学等多个学科。研究热词以“乡村旅游”“体育旅游”“旅游扶贫”“养老旅游”等为主，没有旅游职业院校在该年度国家社科基金项目中获得立项。

国家社科基金项目 2020 年度共立项 3547 项，其中涉及旅游业的有 37 项；青年项目共立项 1078 项，涉及旅游业的有 12 项。总量共比 2019 年增加 2 项，研究热词以“人工智能”“边境旅游”“体育旅游”“融合发展”等为主，依然没有旅游职业院校在国家社科基金项目中获得立项。

在国家级社科基金项目申报中，职业院校具有先天劣势。多年来，能够在国家级社科基金中获得立项的职业院校犹如凤毛麟角。在此，我们也呼吁在国家级科研项目申报中增设职业技术技能类研究类别，给予职业院校教师更多公平发展的机会与空间。

（2）文化和旅游部 2019 年“双师型”师资人才培养项目

2019 年，文化和旅游部“双师型”师资人才培养项目共立项 100 个，其中本科院校 50 项，高职院校 45 项，中职院校 5 项。另外，文化和旅游部还遴选立项了 100 个本科大学生团队实践项目，50 个高职大学生团队实践项目，表 2 为部分院校“双师型”项目立项情况。

表 2　部分旅游职业院校“双师型”师资人才培养项目立项数量

序号	院校名称	项目数量
1	山西旅游职业学院	2
2	太原旅游职业学院	1
3	黑龙江旅游职业技术学院	2
4	上海旅游高等专科学校	3
5	南京旅游职业学院	2
6	苏州旅游与财经高等职业技术学校	2
7	浙江旅游职业学院	2
8	青岛酒店管理职业技术学院	2
9	山东旅游职业学院	2

续表

序号	院校名称	项目数量
10	郑州旅游职业学院	1
11	重庆旅游职业学院	1
12	三亚航空旅游职业学院	1

资料来源：文化和旅游部 2019 年“双师型”师资人才培养项目立项名单。

（3）文化和旅游部宏观决策课题

2019 年文化和旅游部宏观决策课题科研立项共计 20 项，较上年度减少 2 项。其中重点课题 5 项，一般课题 15 项。获得立项的单位无职业院校。研究热点包括旅游高质量发展、旅游公共服务、民宿、乡村旅游、入境旅游等。

2020 年文化和旅游部宏观决策课题科研立项共计 20 项，与 2019 年持平。研究热点主要包括非物质文化遗产、丝绸之路、跨境自驾游、乡村旅游等，以旅游业发展的实用研究为主，出现了乡村文化和旅游人才培养方面的研究课题（国家艺术基金管理中心，王勇）。但关于旅游教育、旅游职业教育方面的研究仍然有待补充，且立项院校基本为科研机构和本科院校，职业院校难有突破。本年度，桂林旅游学院获得 1 项一般课题立项，课题名称为《中国与东盟国家文旅融合发展比较研究》，课题负责人是程道品。

（4）教育部人文社科项目

2020 年度教育部人文社会科学研究规划基金、青年基金、自筹经费项目立项共计 2620 项，其中珠海城市职业技术学院卢兰凤的《研学旅行与粤港澳青少年国家认同关系研究》、山东外贸职业学院董文静的《中国文化产业和旅游产业融合发展的内在机理及实现路径研究》、青岛大学李维维的《转型背景下生态型城市旅游综合体的生成过程与演化机制研究：西溪湿地案例》、内蒙古农业大学姜海涛的《草原旅游地居民旅游生态安全感知及其影响研究》等涉旅研究项目成功入选。在此，我们欣喜地看到，一些职业院校教师的课题获得成功立项。

国家社科基金项目和教育部人文社科项目是社科类项目中国家最高层面的课题研究，其综合性强，关注国家各项产业发展、政策解读和未来趋势。近年来，旅游业作为我国国民经济的重要支柱产业起到了带动内需、拉动内循环的重要作用。然而，旅游学科在众多高校中的学科地位、发展水平还远无法与产业发展体量相媲美。在旅游学科教育中，一贯存在职业教育体量大于普通本科教育体量的现实情境，而职业教育的科学研究更关注技术技能、职业人才培养、区域性发展、企业发展等中观甚至微观层面的现实问题。因此，从某种程度上来说，职业院校教师申报国家级课题的难度的确较大。一直以来，职业教育的最突出特色就是和行业企业的紧密结合，因此，出现更多的校企合作研究项目、横向课题将是职业院校发挥自身优势、突破科研“天花板”的一个重要方向。

二、理论研究新热点

（一）1+X 证书

2019 年 4 月，教育部、国家发展改革委、财政部、市场监管总局联合印发《关于在院校实施“学历证书 + 若干职业技能等级证书”制度的试点方案》（简称《试点方案》），1+X 证书制度试点工作正式启动。《试点方案》明确自 2019 年开始，稳步推进 1+X 证书制度试点工作。试点院校以高等职业学校、中等职业学校（不含技工学校）为主，本科层次职业教育试点学校、应用型本科高校及国家开放大学等积极参与。

在这一宏观背景下，全国于 2020 年开展了首批 1+X 证书试点考试，众多院校专家学者也将研究焦点聚集在这方面。课题组以“1+X 证书”为主题进行检索，共得到 2019—2020 年度相关论文 1352 篇。其中，2019 年 259 篇，2020 年 1093 篇。孙善学（2019）认为，1+X 证书制度是契合类型教育的评价制度，是实践基础上的制度设计，1+X 是相生相长的标准体系。李寿冰（2019）认为，1+X 证书要以专业（群）为基本单元，对接专业技能等级证书和标准，优化人才培养方案、探索培养培训模式、打造专兼结合师资队伍、创新校企合作路径、拓宽社会服务面向，推进学历证书和职业技能等级证书有机衔接。杜怡萍、李海东、詹斌（2019）从“课证共生共长”的角度分析了 1+X 证书制度设计。他们认为，以认证为抓手，实行 1+X 证书制度，是发挥企业重要主体作用、推动产教融合校企合作机制建立的重要制度设计，有利于激发学生学习动力，实现精准育人和高端育人。李政（2019）从 1+X 证书制度的背景、定位与试点策略等方面对《国家职业教育改革实施方案》进行了解读。

在旅游职业教育 1+X 证书研究方面，不同学者也从不同角度进行了深入研究和大胆实践。王金娜（2019）分析了基于 1+X 证书制度的职业院校旅游人才培育模式；寇恩华（2019）则基于旅游康养专业群建设提出了 1+X 证书制度的实施路径；罗春玉、李霞、徐洪（2020）从课证融合的角度对 1+X 证书制度下高职旅游管理专业教学实践进行了研究；赵志章（2020）则重点探讨了 1+X 证书制度下行业企业参与职业教育的具体情况。

综上所述，目前旅游职业教育领域关于 1+X 证书的研究热情较为高涨，聚焦度高，研究的主要内容包括政策分析、人才培养模式、课程改革及课证融合、校企协作等方面，研究的深度、广度还有待提升。对于 1+X 这一独具中国职教特色的新生事物，学术界尚未形成成熟的理论指导，实践层面尚处于起步初创阶段，未来研究和实践空间较大，研究前景广阔。

（二）旅游产教融合

课题组通过对中国知网数据平台检索发现，以“产教融合”为主题，2018 年度共检索到论文 2088 篇，2019 年度 3333 篇，2020 年度更高达 3671 篇，这方面的研究呈现明显的逐年上升态势。

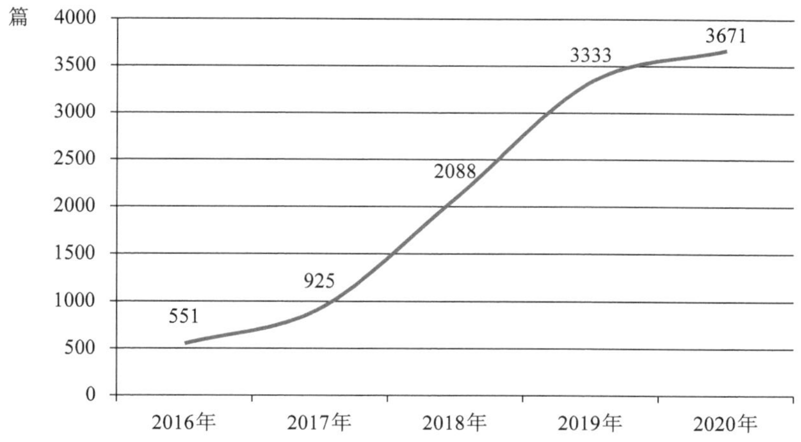

图 9　2016—2020 年“产教融合”类论文数量折线图

程德慧（2019）剖析了产教融合视域下，高职课程思政改革的探索与实践，主要观点包括：凝练好“课程思政”的德育目标、思政元素和教学技巧，系统设计“课程思政”递进教学路径，突出价值引领、工匠精神培育、企业文化融入等职业教育特色，构建理论课和专业课同向同行、协同育人的思想政治教育工作新格局。石伟平、郝天聪（2019）提出，从校企合作到产教融合是我国职业教育办学模式改革的思维转向，认为产教融合思维强调办学模式改革，这不仅是教育问题，而且是经济问题。赵爱华（2019）以辽东学院旅游管理专业为例，分析了产教融合背景下“双师双能型”师资队伍建设策略。陈坚、吴茜、杨良、缪芳芳（2019）提出了创新旅游人才培养的途径——产教融合背景下的研学旅行。黄德桥、杜文静（2019）认为，校内生产性实训基地是深化产教融合、校企合作的有效途径，既能提高高职院校旅行社专业学生职业实践技能和就业竞争优势，又能保障旅行社企业低成本获取经营场地和优质专业人才供给。徐春红（2019）则阐述了“产教融合协同育人多方向培养”旅游专业人才——现代学徒制模式的探索与实践。

目前，旅游职业教育界关于产教融合的研究呈现出逐步深入、逐步扩展的状态。随着“职教 20 条”的颁布，旅游职业院校对产教融合的重视程度已提升到前所未有的高度，产教融合方面的理论研究真正做到了从实践中来、到实践中去，形成了理论来源于实践、理论指导实践的良性互动。

（三）“双高计划”建设

“双高计划”即中国特色高水平高职学校和专业建设计划，简称“双高计划”。实施“双高计划”是建设一批引领改革、支撑发展、中国特色、世界水平的高等职业学校和骨干专业（群）的重大决策工程，亦是推进中国教育现代化的重要决策，被称为“高职双一流”。“双高计划”旨在打造技术技能人才培养高地和技术技能创新服务平台，引领职业教育服务国家战略、融入区域发展、促进产业升级。通俗而言，“双高”一是高水平职业院校，二是高水平专业群。

教育部、财政部《关于实施中国特色高水平高职学校和专业建设计划的意见》提出，“集中力量建设一批引领改革、支撑发展、中国特色、世界水平的高职学校和专业群”。这明确了高水平专业群的建设内涵，“引领改革”是基本定位，“支撑发展”是效益要求，“中国特色”是根本属性，“世界水平”是质量标准，这四个方面有机结合、相互支撑，指引高水平专业群的建设方向。

课题组以“高水平专业群”为主题，通过对中国知网平台检索得到2019年度论文194篇，2020年度468篇；以“双高计划”为主题检索，得到2019年度论文147篇，2020年度论文605篇，研究成果数量呈现出显著增长。徐春红（2019）通过对比分析教育部公示的16个旅游大类专业群建设《申报书》及《建设方案》，提炼出旅游大类高水平专业群建设内涵及要求；以宁波职业技术学院旅游专业群建设为例，提出专业群建设创新思路，以及在人才培养方案创新、课程教学资源创新、教材与教法改革、教师教学创新团队建设、实践教育基地建设、技术技能平台建设、社会服务建设、国际交流与合作建设等方面的举措。唐祥金、成秀萍（2019）以苏州工业职业技术学院“同程旅游学院”为例，对高水平专业建设进行了探究，提出高水平高职院校与专业（群）建设，既要重能力本位更要重学生本位，既要重教育能力更要重服务能力的全面提升。陈超群、胡伏湘（2019）聚焦高职院校现代服务业一流特色专业群建设评价研究，通过德尔菲法与层次分析法，构建了契合区域经济发展的高职院校现代服务业一流特色专业群建设评价指标体系，利用改进的熵值法确定了各项指标的权重，并利用加权平均综合标准模型，对长沙商贸旅游职业技术学院三大一流特色现代服务业专业群建设进行了综合评价。薛山（2019）、汪寅、张小华（2019）则针对双高建设中的实训基地构建总结了实践探索情况，并提出了理论构想。此外，还有众多学者从专业群规划、建设路径、人才培养模式、服务区域产业能力等各方面开展了系统研究。

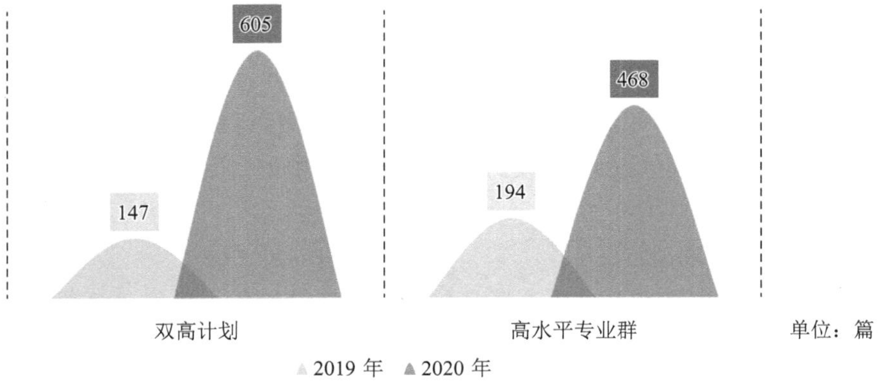

图10　2019—2020年“双高计划”及“高水平专业群”研究论文数量对比

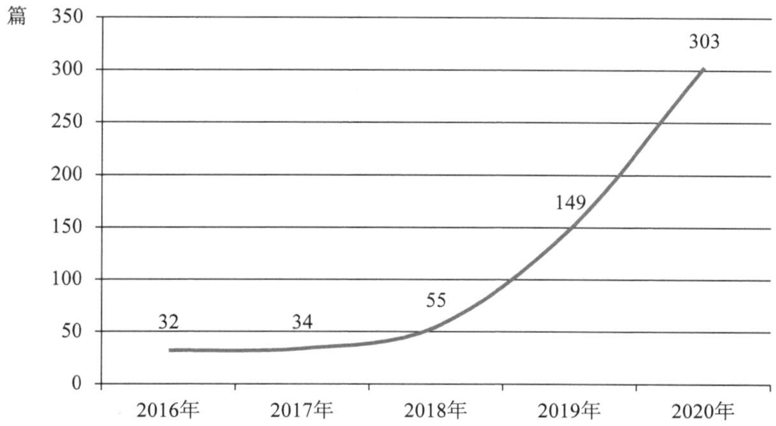

图 11　2016—2020 年“产业学院”相关学术论文数量对比图

三、未来研究展望

（一）发挥自身优势，开展合作研究

目前我国旅游业已经突破了传统产业定义，“旅游 +”“+ 旅游”跨界融合发展，康养、研学、红色、生态、体育等旅游新业态蓬勃发展。旅游产业地位进一步提升，产业属性涉及国家的民生、经济、文化、外交等方方面面。相应地，旅游职业教育理论研究也应拥有更广阔的发展空间。在此，课题组提出以下几点展望及建议：

加强学科间合作。加强跨专业研究，注重旅游与地理、历史、文化、经济、遗产、规划、设计等学科专业的高度、深度交叉融合研究，将更有利于旅游职业教育冲出重围，获得更高级别的科研成果。

加强院校间合作。旅游职业院校之间应继续加强沟通合作，同时联合其他类型的院校、机构，对大型课题进行联合公关研究。例如，针对研学旅行方面的研究，可以广泛联系中小学、教研所、师范类院校等其他院校，形成科研合力，凝聚科研成果。

加强校企间合作。注重吸纳企业主体的积极参与，企业的实践管理细节会给旅游教育理论研究提供更精准的实践方向。注重深化产教研融合，鼓励行业和企业与院校共同形成科研团队，针对行业企业发展中出现的问题，以横向委托的形式，形成更多应用型成果。

加强校地间合作。坚持旅游职业教育科研服务区域经济和社会发展，围绕市场需求来选题并开展研究，“立足地方、依托地方、服务地方”，提高科研服务与地方产业的贴合水平，构建旅游智库，紧贴市场、产业、行业，发挥旅游专业特色。同时，应积极借助政府资源与政策支持，拓宽旅游职业教育研究维度与利益模式，努力拓宽研究向度，探索旅游职业教育理论研究多元化模式。

（二）夯实研究基础，提升研究高度

“合抱之木，生于毫末；九层之台，起于累土；千里之行，始于足下”。这是出自我

国古代春秋时期李耳《老子》中的名句。万事万物的成长都依靠点滴的积累。旅游职业教育的理论研究也是一项需要重视基础、注重积累的工作。缺乏扎实的理论基础，急功近利地追求成果的数量和“短平快”成效，势必影响旅游职业教育研究的整体质量和高度。目前，我国大部分职业院校的年轻骨干教师都具有硕士学位，进入旅游职业院校工作后，往往还要到企业一线挂职锻炼，以便达成“双师双能”教师素质。然而，不容忽视的是，教师不仅应该接触行业企业，也应该不间断地夯实理论基础素养。要形成旅游职业教育向行业企业的智力输出，要形成有中国特色的职业教育成果，都离不开扎实的理论基础和广阔的研究视野。目前，一些一线教师对于微观层面的技术技能问题理解较为透彻，但对宏观政策则把握、理解不够，导致研究成果拘泥于一隅，缺乏深度和高度。

同时，旅游职业教育理论研究应改变过去以定性研究为主的状况，加强运用数量统计模型的科学定量研究，积极采用多元工具达成研究目标。尝试综合使用田野法、观察法、案例研究法、实验法、文献或档案法、调查法、访谈法、对比分析法等研究方法，注重一些推断统计分析方法的运用。在推动“三教”改革的进程中，加强教学改革实验研究，注重定性研究与定量研究相结合。在旅游职业教育理论研究的资料来源方面，力求使用第一手数据，对收集数据的统计处理和挖掘水平力求更有深度，提升研究数据的可信度和有效度，以及研究结论的科学性和客观性。

为彰显中国职教特色，向世界发出中国职教声音，应进一步提高专业教师的国际沟通能力，扩展国际视野。在学习及实践西方的先进职业教育理念、西方的旅游职业教育价值观及知识体系和理论研究框架的同时，要积极探索中国职教范式，摸索中国样板，通过及时验证与反思，凝聚高水平研究成果，尝试在国际期刊、会议、论坛中发出中国职教声音。

（三）聚集政策热点，解决实际问题

当前国家层面的热点，如互联网 +、“十四五”开局、建党 100 周年红色旅游、文旅融合、新业态、高质量发展、乡村振兴等构成了旅游热点的前提，“双高计划”、职教创新高地、三教改革、1+X 证书、教师创新团队、校企双元、活页式教材、五育并举等热词构成了职业教育的热点、焦点。这些热词、热点也恰是旅游业发展和旅游职业教育发展中亟待解决的实际问题。目前，部分一线教师对于新政热点的关注度不足，理解力不够，贯彻力不强，致使研究难以系统和创新，停留在“新瓶装旧酒”或“炒冷饭”的阶段。

旅游职业教育的理论研究应紧紧把握行业热点、政策焦点，启动校内激励机制，通过培训和培养，鼓励教师在参与行业企业实践中，在教学教育改革实践中，寻找和发现有价值的研究课题。针对寻找旅游职业教育理论研究的新的增长点，课题组提出以下几点展望及建议：

（1）注重各类政策、文件的解读。目前，无论是我国的旅游业还是职业教育领域，都面临着前所未有的变革。近两年来，正值国家“十三五”收官和“十四五”开局的承上启下阶段，开新局、育新机、谋新篇，机遇与挑战并存。应积极关注各级各类新政文件的出

台，仔细研读、分析、领会，并将之运用到实践中。

（2）注重实践探索和尝试。旅游职业教育的理论研究更应注重理论与实际的紧密结合。教师在企业挂职、行业考察和教育教学过程中，应积极落实各项新政方针，结合地方实际，勇于探索实践，努力形成独具特色的新模式、新成果、新规范。

（3）注重思考和探讨。在实践探索中，要进一步养成学习意识和思考意识，加强校地、校企、校校间沟通，树立跨学科思维意识，整合科研资源和团队，合力攻坚克难，厘清实践探索中遇到的实际问题与困难，提出研究解决的具体方案。

（4）注重研究和论证。在研究过程中，注重采用多元化工具和多样化方法，针对热点问题和实际困境，通过严谨的研究与论证形成最终研究成果。

综上所述，2019—2020 年中国旅游职业教育理论研究在质和量上均得到了发展，取得了新的成绩。面临旅游行业发展和旅游职业教育的变革期，现实中亟待解决的问题还很多，理论研究也面临重大机遇和挑战。2021 年 1 月，全国文化和旅游厅局长会议工作报告指出：对照党的十九届五中全会精神、对标文化强国建设目标，“十四五”时期文化和旅游发展的战略任务就是要实施社会文明促进和提升工程，构建和完善新时代艺术创作体系、文化遗产保护传承利用体系、现代公共文化服务体系、现代文化产业体系、现代旅游业体系、现代文化和旅游市场体系、对外文化交流和旅游推广体系。因此，毋庸置疑地，旅游职业教育理论研究需更科学主动、更贴合实际、更具前瞻性和指导性地促进旅游职业教育改革的深化，助力旅游业的发展创新。

参考文献

[1] 何晓岩．瑞士“洛桑模式”对我国旅游职业教育的启示［J］．教育与职业，2019（03）．

[2] 黄慧，王忠林．中国旅游职业教育 70 年——基于生命历程理论的观照［J］．中国职业技术教育，2019（33）．

[3] 张颖．文旅融合背景下传统文化与旅游职业教育融合探析［J］．天津商务职业学院学报，2020（01）．

[4] 韩一武．高等职业学校旅游管理专业教学标准调研报告［J］．中国职业技术教育，2020（34）．

[5] 周欣，苏炜，夏雯婷．产教融合背景下校企“双元”育人模式的创新与实践——以南京旅游职业学院酒店管理专业为例［J］．产业与科技论坛，2019（24）．

[6] 付向阳．乡村振兴驱动下职业教育服务旅游扶贫的路径研究——以内蒙古自治区为例［J］．中国职业技术教育，2020（13）．

[7] 孙善学．对 1+X 证书制度的几点认识［J］．中国职业技术教育，2019（07）．

[8] 杜怡萍，李海东，詹斌．从“课证共生共长”谈 1+X 证书制度设计［J］．中国职业技术教育，2019（04）．

[9] 李政．职业教育 1+X 证书制度：背景、定位与试点策略——《国家职业教育改革实施方案》解

读［J］. 职教通讯，2019（03）.

［10］寇恩华．“1+X”证书制度实施路径研究——基于旅游康养专业群建设［J］. 国际公关，2020（10）.

［11］程德慧．产教融合视域下高职院校“课程思政”改革的探索与实践［J］. 教育与职业，2019（03）.

［12］石伟平，郝天聪．从校企合作到产教融合——我国职业教育办学模式改革的思维转向［J］. 教育发展研究，2019（01）.

［13］徐春红．“双高计划”建设背景下旅游类专业群建设思路与实践［J］. 中国职业技术教育，2019（35）.

［14］朱跃东．高职混合所有制二级产业学院建设的实践之惑与应对之策［J］. 中国职业技术教育，2019（01）.

（本报告由山东旅游职业学院课题组完成，课题组负责人：魏凯；执笔人：刘正华）

案例篇

案例1　产教融合、双元育人“武职—华住”特色人才培养模式

本着培育“大国工匠”的教育理念，武汉职业技术学院与华住集团合作建设酒店管理与数字化运营专业，坚持知行合一、工学结合，积极推进人才培养模式的创新，经过不断努力，在产教融合、校企合作、人才培养等方面探索了许多新路。专业人才培养立足湖北省，辐射长江经济带和“一带一路”，立德树人，将社会主义核心价值观融入人才培养全过程，坚持“三全”育人，坚持“工学交替、一专多能”，以培养学生认知能力、合作能力、创新能力和职业能力为核心，培育和传承工匠精神，培养酒店产业急需的高素质技术技能人才。

一、基本情况

武汉职业技术学院是国家教育部批准独立设置、湖北省人民政府主办、湖北省教育厅直属的全日制普通高等学校，已有40年的办学历史。是国家重点建设示范性高职院校、国家紧缺人才培训基地、全国职业教育师资重点建设培训基地、全国职业教育先进单位。武汉职业技术学院旅游与航空服务学院是中南地区在校生规模最大的旅游学院，酒店管理专业是旅游与航空服务学院重点建设专业。

酒店管理专业自2003年开设至今，已建设成旅游教育领域的国家级示范专业。坚持走“国际化”办学道路，与国外2所高校实施合作办学和延伸办学，与境外多所高校建立了教师互派、学生互换的互访研学机制，与境外16家企业搭建实习研修平台。《酒店管理专业“工学交替”教学模式理论探索与实践》课题获湖北省教学成果一等奖;《旅游企业公共关系》专著获高职高专旅游教指委教学成果一等奖；酒店管理与数字化运营专业在全省属于领先水平，为全省酒店专业建设打下了坚实的基础。

酒店管理与数字化运营专业贯彻全国教育大会进一步办好新时代职业教育精神，在校企协同创新理念的指导下，根据专业发展的最新动态和企业发展的现实需求，结合学校的办学发展定位并遵循现有学生特点，与知名酒店集团“华住集团”深度合作，形成了“集团参与、联合培养、多元发展、定制就业”为特点的多种人才培养模式，人才培养质量实

现了从服务型向管理型的转变和提升，将“武职—华住”模式打造成为引领湖北、领先全国的职业教育知名品牌和高素质酒店技术技能人才培养高地。

二、办学特色

（一）核心特色模式概述

本着职业教育与产业发展同频共振、学校与企业共建共享、学校责任与企业形象相生共长的原则，构建“一体两翼三带定制化”的酒店管理人才培养新模式。依托校企生三方，满足不同类型学生的培养需求，打造高质量的管理型人才培养体系（见图1）。“一体”是以学生为主体；“两翼”是以企业和学院为两翼；“三带”具体指校企合作开发的线上线下课程包、双导师制教学团队、校内外实训实习基地协同带动。实施“双主体”（企业和学校）管理和“定制化”（定制培养标准，定制培养内容，定制培养对象）培养，解决酒店高技能人才培养供给侧和产业需求侧在结构、质量、水平上脱节的问题。

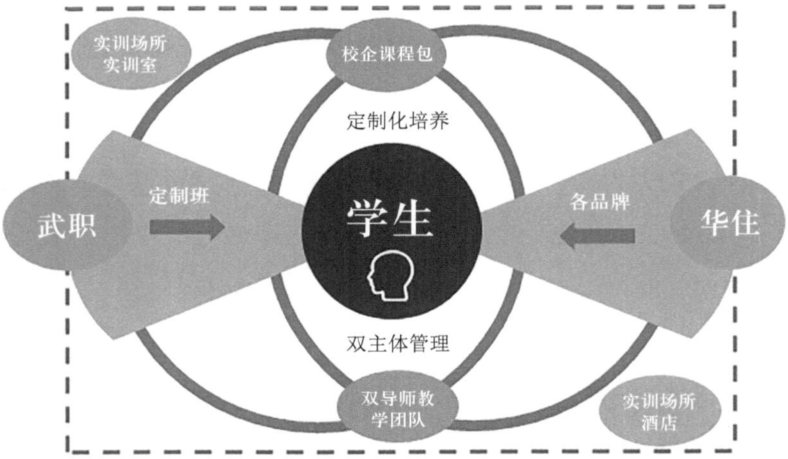

图1 “一体两翼三带定制化”的酒店管理人才培养模式

（二）特色和做法一：深化产教融合内涵，重设人才培养规格

根据“企校双制（治）、德技并修、工学一体、知行合一”的校企合作共育理念，首创提出“集团订制、校企共育、管理起岗、本土就业”人才培养规格。其规格特征为高等技术应用性人才，即具有明确的高层次性；其职业特征是操作群体中的管理者——“高级蓝领”，管理群体中的运行者——“应用型白领”，亦称为“灰领人才”或“银领人才”。

依据8个校企合作项目，利用华住移动培养平台，共享校企优质资源，全面培养酒店专业决策管理型人才。构建“双主体”管理和“定制化”培养的人才培养新模式。主体之一的华住集团，按照协议以共享技术资料、捐赠教具、提供师资技术培训、设立助学金和派遣工匠入教等方式，全程参与办学过程。主体之二的学校，借鉴国际标准，联合企业开发适合中国国情、具有中国特色的企业标准、技术规范、企业文化，并依据此标准，设计相应的高技能管理人才培养方案、课程标准和教学设计，实施定制化培养。

（三）特色和做法二：完善双元育人新机制，构建“校企生地”命运共同体

为提高人才培养质量，以酒店职业能力分析为基础，根据华住酒店集团主要的5个职业岗位（群）的任职要求和工作任务，校企共同制订人才培养方案、开发课程、选用教材、实施考核评价标准；共同开展教学研究，实施分段教学试点等，实现学校和企业双主体育人，构建“校企生地”协同发展命运共同体，并赋能“武职—华住”模式。

利用扩招、单招等多种招生形式，采取“企业专家＋学校专家”联合面试的方式，选择符合条件的学生进入“华住值班经理班”。该招生模式实现了招生即招工、双重教育与双重管理、毕业即就业的目标，打造了校企共招、共育、共赢的协同发展命运共同体。

（四）特色和做法三：秉承三全育人理念，设计“双域双课”体系

秉承三全育人理念，贯彻“为谁培养人、培养什么人、怎样培养人”的方针，对接学校立德树人的总体部署，强化实践教学和理论教学两个系统相互交融，优化课程体系建设，强化德育、优化智育，整合重构形成“素质课程共育、专业课程共授、能力课程共享”的课程互植体系。

把企业“精益求精、认真负责、勇于创新”的优秀企业文化引入学校，培养教师和学生的工匠精神。通过校企深度融合、团队深度融合，设计“双域双课”体系，把企业优质的培训课程与学校的优质课程有机结合，把华住值班经理证与学校毕业证有机结合，构建酒店专业高技能管理人才培养的“课程互植、团队双能”的1+X证书机制，共享名师工匠和科技成果，真正实现企业教师进课堂，学校教师进企业教学的场景，全方位提升学生职业成长路径，使德技并修落到实处。

（五）特色和做法四：引进企业“工匠”，升级“双师型”教学创新团队

以现有国家级教学团队、结构型双师教学团队等为基础，按照“三师”（学校教师、企业工匠、优秀毕业生）要求，学校和企业互聘教师，大力推进教师团队建设，通过深化产教融合，将华住管理精英、技术工匠以及优秀毕业生代表纳入教师教学创新团队，构建“教师工作站”“一师一企一生”的平台和机制。

华住企业年均为校企共建的由8位学校教师与74位企业师傅联合组成的校企双导师的师资队伍课酬投入50万左右，为共建2个课程教学资源库投入160万，为共制的6套课程互植方案以及8套课程标准投入10万。

（六）特色和做法五：优化培训体系，构建“共享、互选”教师培训制度

贯彻“为谁培养人、培养什么人、怎样培养人”的方针，对接学校立德树人的总体部署，优化专兼教师培训体系。与华住集团构建了“共享、互选”的教师培训制度。通过湖北旅游职教集团，建立由行业、企业专家和学校有关人员共同组成的专业教学指导委员会，形成产学合作，资源共享，双赢互利，良性发展的局面，并形成有效的培训、教师挂职等工作长效机制。

利用企业资源，引导教师积极向行业、企业及社会靠拢，定期派遣教师参加华住酒店

集团中高层管理人员针对管理能力、开店筹备、收益管理等方面的培训。通过教师深入企业挂职，全面提升校方教师的企业化水平和社会存在感、成就感、幸福感。

（七）特色和做法六：深化三教改革，形成“柔性”人才培养教学管理模式

整合并重组教学环节，遵照岗位工作要求进行教师组合，将教学空间由校内延伸到校外；充分体现以他方为中心和“一切为了学生更好发展”的教育理念，依据学生发展的共性和个性需求选择教学组织方式；在教学管理运行中，做到工学衔接合理，实行校企互认学分和工分的“柔性化”教学管理机制。

落实国家标准，对接世赛标准。引入世界技能大赛酒店接待能力比赛的要求，从知识、能力、素质三方面构建评价体系，优化酒店管理专业学生绩效的评价指标，细化人才质量的评价要素，完善了以学习者为中心的专业和课程教学评价体系。

（八）特色和做法七：对接职业能力，重塑“动态考核”实习模式

校企合作开发实习标准（认知实习、跟岗实习、顶岗实习等），结合职业能力，按照企业员工晋升路径，设置学生“动态考核”实习模式。学生通过双选会选择顶岗实习企业，校企通过学生实习管理平台实时掌握学生的心理动态和工作表现。“动态考核”实习模式科学客观地促进了学生的学习动力，激发了学生的职业发展动力，提升了学生的岗位胜任指数。

高级技能管理人才的评估体系不但涉及评价过程，而且涉及管理人才的激励过程。按照设计，学生每 4 个月一次考核，通过晋升评估后可参照相应城市和岗位薪资标准兑现劳动报酬；对没有通过评估的学生重新制订为期 3 个月的特别带教计划，阶段性的考核激发学生职业发展动力，能够全面提高岗位迁移能力。

（九）特色和做法八：强化校企共研，凸显人才培养技术技能创新平台

为发挥教育拓展产业边界功能，助力华住集团转型升级，校企共同科研探索，开展人才培养方面的科研合作。在研究企业发展、“新生代”员工管理新思路、员工职业能力评价标准、专业核心课程、《基于现代学徒制的学徒岗位交互实习模式开发》等科研项目方面开展全方位合作，通过加强成果转化的力度，拓展社会服务深度广度，加速人才培养技术技能创新平台的建设。

通过承担国家英才计划，承接华住文创产品设计等纵、横项目的课题研究，推广科研成果，将成果转化为现实生产力，为地方旅游经济建设做贡献，为企业创造经济效益，为学校创造社会效益。

（十）特色和做法九：深化产教融合，共建“创新、开放、共享”基地

2017 年“武职—华住”校企基地成功入选“全国旅游职业教育校企合作示范基地”50 强。该基地融合协调各方利益诉求，每年为师生安排 6 个月的实习实训、短期的跟岗顶岗、教师的企业挂职锻炼；同时为企业员工提供短期岗位培训及终身继续教育等项目。有力推进产教深度融合，推动国家产教融合政策落地，培养一批酒店管理与数字化运营专业的特色人才。

该基地多年来积极服务地方经济，近年来完成了旅游产品规划、酒店员工在职培训、社会再就业培训、中高职师资学生培训、职业鉴定等对外服务项目，对外培训人数逾4500人次以上。

三、核心特色模式的成效

（一）解决了酒店行业对于不同层次人才的需求，就业率稳步提升

武汉职业技术学院酒店管理与数字化运营专业“华住店长班”能够很好地适应酒店行业的迅猛发展，满足酒店市场对于不同层次高技能人才的需求，并解决了中南地区乃至全国高职院校酒店管理与数字化运营专业发展中的难点和痛点问题，即学生就业问题。

专业与华住酒店合作的品牌由最初1个汉庭品牌拓展到禧玥、全季、汉庭（酒店档次由汉庭1.0上升到汉庭优佳4.0）、怡莱、美居、宜必思、桔子家族、花间堂、诺富特、星程、漫心等11个不同层次、档次的高、中、经济连锁品牌。截至2020年，华住班毕业学生225人，其中128人就业于华住旗下各品牌酒店，80人就业于同类型其他品牌酒店，在中高星级酒店就业17人，就业率100%，专业对口就业率达98%以上。

（二）有效解决思政元素融入专业人才培养的过程问题，育人成果丰硕

为培养能够担当时代大任的职业青年，学院注重把红色文化教育的思政元素纳入具体的人才培养整体设计，与专业群建设和发展相融合。依据“能学、辅教”的功能定位，遵循“一体化设计、结构化课程、颗粒化资源”的要求，建设专业化资源库，通过该资源库建设解决思政元素育人资源不足问题。通过实施分段分类分层育人、加强课程思政建设解决人才培养过程中的育人实效及评价问题，提升了酒店管理与数字化专业的示范效应，专业育人成果丰硕。

疫情中，酒店专业的许多毕业生、实习生主动请缨，坚守在抗击疫情的第一线，涌现出大批感人事迹。学生用实际行动积极践行社会主义核心价值观。

（三）专业水平和人才培养质量得到全面提升，学生职业认同感增强

2016年，经教育部批复，酒店管理与数字化运营专业与华住酒店集团“华住店长班”人才培养项目获准现代学徒制试点项目。2018年，该项目以全国排名第六的优异成绩通过国家教育部验收。

酒店管理与数字化运营专业华住“管培生”人才培养模式对专业管理人才培养规格和质量进行了全面提升，2019年被学校列为教学成果奖培育项目。

8年来，专业与华住集团共培养了385名同学，其中中级前台通过率92.3%，高级前台通过率88.1%，值班经理通过率80.5%，毕业一年后店长通过率42%。管培毕业生起点薪资水平已经达到6080元（全国平均值），而一般酒店起薪才3000元左右。

（四）师资队伍的教学研究能力提高，打造了一支教育教学创新团队

教学团队的师资对于酒店行业新技术、新材料、新产品有了更多的了解，教学研究在原来的客房、前厅和餐饮服务类课程教学上有了很大的提升，教师课题集中在酒店管理人

才培养教改型课题、技术型课题研究，并加大了全真型、生产型酒店实训基地建设力度，开设酒店管理类教学研究，与企业共同开发技术型项目，从而提升了团队师资教学研究水平和教学层次。目前世界技能大赛专项研究进展顺利，编写世赛教材 1 套，新开发 2~3 个赛项。

师资队伍转型升级成效显著，聘请华住集团绝技绝艺大师、大师名匠、行业领军人物到学院设立技能大师工作室，邀请华住优秀毕业生代表返校担任兼职教师；校内教师中教学名师、金牌培训讲师、技术技能创新大师等卓越人才占比不低于 30%；并积极申报国家级教学创新团队项目。

（五）专业有效服务区域经济发展，社会服务能力强

社会服务与技术技能平台建设同步推进，开发常年性培训项目 10 个，为 5 个产业龙头企业开展企业咨询、员工培训，服务校友创业企业 20 个以上，服务中小微企业 50 个以上，到账经费 50 万元以上。酒店积极加入湖北省“一村多名大学生”计划，年均为全省培训农村新型实用人才 200 人次，作为茶艺师“1+X”证书考核站点，年均培训考核 200 人次。

专业承办世界技能大赛酒店接待项目湖北省选拔赛 3 次，湖北省职业院校中西式宴会服务技能大赛 7 次，全国职业技能大赛餐厅服务项目湖北省选拔赛 1 次，湖北省高职导游技能大赛 5 次，湖北省和全国旅游类中高职教师培训 10 期。还多次对湖北省转业军人开展培训，并支援新疆博尔塔拉州酒店专业建设，对国家级贫困县恩施鹤峰县进行精准扶贫，累计为全省旅游酒店培训各类人才近万人。

（六）聚焦“服务本土、民族品牌”，专业行业影响力大

与华住酒店集团旗下的各品牌建立稳定、优质的校外实训、就业基地，校企共同探索店长订单班、现代学徒制人才培养模式，全面落实企业“一师一企”制度，为兄弟院校提供了可推广的经验与做法。

专业每年为湖北省培养 2000 至 3000 名合格的旅游酒店专业技术技能人才，为湖北区域的旅游酒店行业企业开展两次以上的技术服务和职业资格鉴定服务，每年为中职毕业生以及其他社会人员提供 1~2 次高等学历继续教育。产教融合校企合作的“武职—华住”人才培养模式，多次受到媒体报道，并作为典型案例，在全国职教大会上进行经验推广。

“一体两翼三带定制化”的酒店管理与数字化运营专业的人才培养新模式，提升了学生典型岗位胜任能力及岗位所需要的职业能力和职业素养，育人成效显著，学生走上了职业发展的快速通道。而且，通过校企深度融合，专业服务地方区域经济发展，助力酒店服务供给侧改革，为湖北酒店业发展提供了有力的人才保证和智力支撑。

（本案例由武汉职业技术学院提供）

案例 2　研学旅行“1+X”证书制度与育人模式创新

一、背景与意义

随着我国中小学研学旅行的不断推进，对研学人才的需求与日俱增，人才短缺成为制约中小学研学旅行发展的障碍之一。当前研学旅行专业人才需求量巨大，但同时研学旅行专业内涵建设亟待加强。实施 1+X 证书制度试点，是提高研学旅行人才培养质量的重要举措，是深化研学旅行人才培养培训模式和评价模式改革的重要途径，是探索构建国家资历框架的基础性工程。

作为前三批旅游类唯一的 1+X 证书，由亲子猫（北京）国际教育科技有限公司（以下简称“亲子猫”）开发的研学旅行策划与管理（EEPM）职业技能等级证书（以下简称“研学 EEPM 证书”）深受国内旅游院校认可，截至 2020 年 12 月已举办社会人员研学培训 84 场，研学旅行论坛 7 场，已服务 16 000 家研学单位（整个行业 30 000 余家）。研学 EEPM 证书对于研学旅行专业的拓展延伸和内涵建设不仅具有必要性、科学性，而且对促进研学旅行行业的规范性、培养行业发展所需要的专业化职业技能人才具有重要价值。

二、内容与措施

经过 2020 年的摸索和实践，亲子猫打造了 1+X 证书研学旅行“协、备、教、练、考、就”六位一体学习闭环，努力推进“三全育人”，实现职业技能和职业精神培养高度融合，获得了良好成效。

协——协同院校，积极对接，高频沟通

1+X 证书制度正在试点期，诸多方面有待探索和验证，而且涉及省份多、院校多、评价组织多，各地政策有差异，需要大量协调工作。亲子猫主动积极，和北京青年政治学院、南京旅游职业学院、广州番禺职业技术学院、宁波城市职业技术学院、江西信丰星泓职业学校等形成了及时快速有效的沟通，避免信息差异，更好地支持院校、学生开展研学 EEPM 证书试点工作。

备——标准化手册与个性化沟通

研学 EEPM 证书报名、备考、考务等工作涉及事务多而杂，通用的问题通过傻瓜版标准化手册和线上线下会议批量式解决，个性化和重要问题单独沟通解决。逐步把个性化的问题和解决方案沉淀在标准化手册上，先后出台了《研学旅行教学安排表》《研学旅行核心课课程标准》《研学旅行策划与管理（EEPM）职业技能等级标准考核指导方案》《考务安排手册》等。

教——岗位中心，紧扣标准，书证融通

研学 EEPM 标准要求来源于开展研学旅行工作涉及的典型工作任务萃取。理论上讲，只要严格遵循标准中知识、技能和素养要求，即可胜任相关岗位。即在未来实际工作中，怎么完成工作任务，就怎么培训师资，就怎么培养学生。在教学环节，对照标准，在北京师范大学职业与成人教育研究所指导下进行书证融通，坚持以终为始、实践为本，组织教师、考评员前往各省教育部推荐基地体验中小学生实践活动，如在三大国家级研学示范营地之一——宜昌市青少年综合实践学校开展研学活动课程考察体验，茶艺课老师把前来的教师当成开展研学活动的中小学生，体验真实的研学旅行活动场景。在师资培训环节，让教师充当考生全流程体验研学旅行工作和考试场景，工作场景中用什么、做什么，就学什么、考什么。

练——仿真训练，以赛促学

加强仿真化训练，制定专门的《研学旅行实操手册》教材，每个章节后面都配套实操性题目，分组完成实操任务，促进学习效果可视化。完成机考题库、实操仿真训练，参加新时代研学旅行活动课程大赛，前往亲子猫推荐实践和实习单位，提高职业技能和就业本领。同时加强网络化教学，官网配有互动交流平台，共享学习经验。组织新时代研学旅行活动课程设计大赛，安排中小学校、行业企业、职业院校教师作为指导老师，同时他们也是学生未来从事研学旅行活动时需要打交道的产业链关键角色，面对真实的问题，与真实工作中涉及的人沟通合作、解决问题，由中小学校甲方最终决策解决方案是否符合真实需求，能够解决真问题，提升真本事。

考——考核方式先进，考核流程严格

尽量通过系统开展考核，减少人工参与，减少主观性。机考题目、选项乱序，实操通过系统随机抽题。每名考生配置来自非本校考评员、行业企业考评员共 2 位考官进行考核，实时评分，签字上传监考记录表、评分表，全程视频录像，确保考核质量。所有考评人员必须参加且通过培训、考核方可上岗，把好考核质量最后一道防线。

就——贴近用人单位实际标准，考用一体

各省规定 1+X 研学旅行师资团队中至少有 20% 来自行业企业，在研学 EEPM 证书顶层设计时，级别越高，企业考评评分权重越高。研学 EEPM 证书初级考试中，企业评分权重占 40%；中级占 80%，高级占 100%，全由用人单位来评分。研学 EEPM 证书标准起草、培训、考评、招聘等全过程，研学旅行行业相关企业都参与其中。

2020 年参与亲子猫 1+X 研学旅行策划与管理（EEPM）职业技能等级证书试点院校共 654 所，申报学生人数突破 122 819 人，已设 323 个研学 EEPM 证书（初级）考点（含

10个临时考点)。研学EEPM证书(初级)师资培训已举办34期,共计2089名教师参加,另有1908名教师和兼职教师参加考评员培训。除此之外,还配合江西省教育厅打造国内第一个1+X研学旅行策划与管理(EEPM)职业技能等级证书联盟,并在第六届新时代研学旅行论坛上举办了揭牌仪式。这些数据反映了学生对1+X研学EEPM证书的期望,也反映出学校愿与企业创新育人模式,打造校企“双元”育人命运共同体的目的。

三、经验与讨论

对于教育主管部门、学校、学生、企业和评价组织来说,2020年研学EEPM工作开展很艰难,尤其在时刻伴随着疫情突发的情况下,能顺利开展非常不容易。总结起来,得益于各方敢于担当、敢于对学生发展负责。总结2020年研学EEPM工作经验如下:

1. 促进学生高质量就业

职业教育的定位是为就业服务。亲子猫成功举办84期社会人员培训,参与者超4500人,服务过16000余家研学单位,拥有了全国范围各地区前几名的头部资源,与院校师资培训同样的标准内容,在同一套教学体系下,更容易达成无缝对接。贯彻“学生高质量就业”理念,为学生举办“写简历”直播、新时代研学旅行活动课程大赛,创造大量与一线研学企业接触的机会。在学生教学、考证方面,让企业充分参与。在考评工作中,调动了近2000名考评员参与考评工作,确保每位考生有1名非本校考评员和1名行业企业考评员监考,为学生高质量就业保驾护航。

2. 促进教师双师型成长

在教学、大赛、考评、教材编写等方面,让教师与企业加强合作,给教师创造一线研学实践机会,到真实研学旅行活动当中体验真实学生活动,发现真实需求,发现真问题,提升真本事。

3. 促进产教融合式发展

为深入学校教学体系,亲子猫与国内公办、民办,中职、高职、本科分别合作了亲子猫研学旅行学院,在招生、教学、就业等整套体系,注入行业实战经验,实现双元教学,监测整个人才培养过程,确保人才培训最初目标实现。

[本案例由亲子猫(北京)国际教育科技有限公司提供]

案例 3　共享共建，打造时代性、典型性、示范性国家级教学资源库

2017 年 4 月，浙江旅游职业学院协同相关兄弟院校及合作企业，开始启动景区开发与管理专业教学资源库（以下简称景区资源库）的建设。2019 年 4 月，依托全国旅游职业教育教学指导委员会，正式联合太原旅游职业学院、云南旅游职业学院启动职业教育国家级教学资源库的申报工作，并于 2019 年 11 月正式被列为教育部职业教育国家级教学资源库建设项目（编号：2019-17）。自景区教学资源库启动建设三年半以来，不仅在素材资源数量、质量与类型方面，而且在课程建设与应用推广方面，均取得了重大的进步，具有时代性、典型性、示范性、创新性和可推广性等特征。

一、景区专业教学资源库的建设背景与意义

（一）景区专业教学资源库的建设背景

1. 产业升级与职教改革推动下的“双轮驱动”

（1）景区专业人才缺口巨大，教学资源相对不足

根据 2018—2019 年《基于职业教育视角的中国旅游人才供给与需求研究报告》研究显示，景区专业 2019 年、2020 年新增职业人才培养岗位分别为 63 828 个和 66 864 个，但目前国内直接开设景区开发与管理专业的高职院校相对较少，仅为 22 所，人才供需缺口巨大。因此，亟须推动景区专业教学资源库建设，以分别从高职院校景区专业学生培养、旅游景区行业从业人员培训与乡村旅游从业人员培训等三个层面来有效缓解旅游景区行业人才结构性矛盾所带来的窘境。

（2）基于景区资源库的各项教学改革已成必然趋势

国务院《国家职业教育改革实施方案》（即“职教 20 条”）对深化职业教育改革作出重要部署。一是提出了信息技术与教育教学要深度融合；二是旅游类相关专业尚未配套立项景区专业教学资源库；三是要深化校企合作、校校合作与校地（政）合作，共商、共建、共享优质教学资源，创新信息化教学理念与技术方法，完善专业教学资源库优质资源的认证机制，探索优质资源的交易机制。因此，景区资源库必须紧抓高职教育发展新时代

的有利契机，加快联合校、企、政等各方力量，全力建设优质教学资源，积极探索基于资源库的“1+X”职业技能等级证书设计、培训与教学改革创新模式，全面推进校企深度融合。

2. 文化和旅游融合发展为景区资源库建设提供了新基础与新思路

（1）突显文旅融合思路，全面融入文化内涵建设

2018 年国家文化和旅游部组建，文化和旅游融合进入快车道。因此，迫切需要信息化支撑下的职业教育培养大批创新型、复合型的高素质技能人才。在文化和旅游融合的大背景下，企业不仅要顺应文旅产业发展趋势，抓住机遇，加快发展方式转变和结构优化升级，提高自主创新能力和核心竞争力，更要充分认识到，人才是推动文旅产业和企业发展的第一资源和要素。因此，景区资源库建设应注重专业人才文化素养与内涵的培养。

（2）凸显结构升级思路，全面培育旅游消费业态

目前我国的旅游业正处于转型升级中：一方面，传统观光旅游要提升品质，需要大量从事市场营销、旅游娱乐管理、旅游规划、旅游景区管理、旅游物业管理等工作的高素质专业管理人才；另一方面，文化体验游、乡村民俗游、休闲度假游、生态和谐游、城市购物游、工业遗产游、研学科普游、红色教育游、康养体育游、邮轮游艇游、自驾车房车游，这些新的旅游业态呼唤着新的基于旅游景区或目的地开发与管理的综合型或复合型高素质专业人才。因此，景区资源库建设应积极关注旅游新兴业态的发展，积极拓展相关课程资源建设，有效服务旅游新兴业态发展。

（二）景区专业教学资源库的建设意义

1. 有利于培养旅游景区类复合型高技能人才

旅游产业转型升级在数量与质量上都对新时代旅游景区乃至旅游目的地人才提出了新的迫切要求和挑战。全面建成高水平景区资源库，对打造全国旅游景区、旅游目的地高技能人才培养和旅游产学研创新服务平台，培养旅游景区类复合型高技能人才，助力国家战略和现代服务业的发展需求，具有重要战略意义。

2. 有利于提高旅游景区类人才培养质量

2019 年，我国开设旅游管理专业的高职院校 800 余所，全国共计划招生 5.2 万余人；开设景区专业的院校 31 所，全国共计划招生 840 人。景区资源库的建设，能有效带动景区专业乃至旅游大类的教育教学改革，提高专业群相关专业的教学成效。通过推广应用景区资源库，能有效引领各高职院校景区专业教学模式的创新与教学方法的革新，能提高理论与实践教学水平，提升其课程及资源开发能力，促进不同地区和类型的中高职院校景区及旅游相关专业人才培养水平均衡发展，全面助推全域旅游和“美丽中国”建设，有效服务国家乡村振兴战略与“一带一路”倡议。

3. 有利于构建学习联盟新机制，带动旅游大类专业整体发展

通过建设景区资源库，有利于整合各方优质精品资源，让学习者共享跨学校、跨地区的优质资源；有利于加速推进信息化技术在专业教学中的应用，提高专业对接产业发展、

课程对接岗位标准、课堂对接操作标准的能力；有利于助推业已形成的优质专业教学资源的共享，有利于增强专业教学资源的普适性，尤其是面向依托于旅游景区或旅游目的地的旅游新兴业态的发展及相关专业方向的发展。

4. 有利于构建新时代学习模式

截至 2019 年底，全国共有景区景点 3 万多个（其中 A 级景区 12 402 个，其中 5A 级旅游景区 280 个），30 家国家级旅游度假区，453 家省级旅游度假区，世界遗产 55 项，红色旅游经典景区约 300 个。景区资源库的建设，有利于为高校师生、旅游景区从业人员、乡村旅游社区居民乃至社会大众提供全时空的高效学习平台，有利于各高校景区专业打造基于专业教学资源库的空中智囊团，有利于开展基于专业教学资源库的职业技能等级证书培训、考核与认证工作，有利于协助大学生或乡村旅游社区居民开展基于专业教学资源库的创新创业活动。

二、景区专业教学资源库的建设内容与措施

景区资源库建设秉承“校企合作、共建共享、能学辅教、开放便捷”的发展原则，着力推进以传统景区为载体的文化和旅游融合发展，及以乡村旅游景区为代表的全域旅游发展，着力搭建以“一带一路”沿线省份与沿线国家或地区为服务对象的服务平台，着力完善素材资源丰富的资源库框架体系，着力探索共建共享的资源认证标准和交易机制，着力推广景区专业教学资源库在旅游景区高技能人才培养、骨干师资培训、乡村旅游培训、景区职业技能培训等方面的应用与专业、课程、证书标准体系的输出，着力培育以景区专业教学资源库为基础的、涵盖“需求共预、方案共订、质量共管、资源共制、课程共建、教材共编、证书共推、基地共营、学生共育、成果共享”的校企深度融合体制机制，力争建成以各类旅游景区、旅游度假区或旅游目的地的经营管理、开发管理为核心岗位群，以旅游大类基础服务能力与旅游创新创业能力为辅助岗位群的职业教育国家级专业教学资源库，助力构建服务全民终身学习的现代职业教育体系。

（一）景区专业教学资源库的建设内容

1. 景区专业标准体系建设

景区资源库重点建设三大专业标准体系：一是以《高等院校景区开发与管理专业教学标准》为基础，共同研发景区专业课程标准、实践实训标准、顶岗实习标准、实验实训设施建设标准和职业技能证书标准，形成景区专业自身建设的标准体系；二是形成景区专业教学资源库的建设标准，包括但不限于资源建设标准、资源素材命名标准、资源课程审核标准等；三是全面吸收旅游景区行业企业标准及涉旅相关国家标准或行业标准，以全面指导专业建设与课程体系建设。

2. 景区专业课程资源建设

景区资源库以标准化课程建设为目标，坚持课程思政改革方向，有机融入创新创业元素，重点建设四大系列课程：一是重点推进《景区服务与管理》《景点导游》《旅游资源调

查与评价》《市场调查与分析》《旅游策划》《旅游规划》《计算机辅助设计》《景观设计》等8门专业核心课程的建设；二是逐步推进《旅游标准知识》《旅游概论》《中国旅游文化》等9门旅游大类或景区专业的专业基础课程；三是有序推进景区岗位选修课程和彰显全国各地特色的地方性课程；四是分别以旅游行业企业、乡村旅游从业人员以及国内中高职院校骨干教师或教辅人员为目标人群，分别开发景区服务管理、景区营销策划、景区规划设计、景区管理咨询、景区创建提升、乡村旅游创新创业等主题培训课程。

3. 景区专业素材中心建设

根据景区专业教学资源库的建设基础及目标定位，将以38门标准化课程及其他衍生课程建设为框架，制作、搜集高质量专业素材资源约1.8万个，积极培育打造专业基础素材库和特色素材库。其中，基础素材库包括动画视频库、课件教案库、习题试卷库、专业标准库、咨询服务库、标准文本库、学生作业库等；特色素材库包括旅游服务英语库、美丽乡村案例库、旅游景观鉴赏库、旅游特色商品库、5A级景区讲解词库和职业资格认证库。

（二）景区专业教学资源库的建设措施

1. 组织保障措施

首先是要组建景区资源库共建共享联盟，即组建由浙江旅游职业学院、太原旅游职业学院和云南旅游职业学院等单位联合发起的共建共享联盟。联盟成立理事会，理事会负责联盟的决策、指导和协调事宜，联盟设立秘书处，设在景区专业教学资源库第一主持单位——浙江旅游职业学院。其次是构建完善的景区专业教学资源库建设组织架构，设置项目建设顾问小组、项目建设领导小组、项目建设执行小组，并由项目建设组、综合协调组、项目管理组、财务核算组、技术支持组、质量检查组等落地实施。

2. 机制保障措施

首先是项目建设责任机制。建设团队负责人全面负责建设项目的计划、组织和实施工作，各子项目负责人负责本子项目建设的具体实施。制定严格的责任追究制度，层层落实责任，确保各个子项目的建设严格按照建设方案的要求落实到位。其次是建设多元评价机制。对资源库的建设质量、使用情况、使用满意度和运行平台等进行定期评价，提出改进建议。对景区资源库采用目标管理与绩效考核机制，并对项目实行过程监控的动态管理。最后是持续应用更新机制、项目内部考核机制与院校职称激励机制。

3. 制度保障措施

一是制定《职业教育景区开发与管理专业教学资源库建设项目管理办法》，对管理目标、管理内容、管理机构与职责、管理制度、项目实施及考核奖惩内容等多个方面的建设管理办法进行有效规定。二是制定《景区开发与管理专业教学资源库共建共享管理办法》，规范景区资源库建设、管理、使用行为等共建共享内容。三是制定《景区开发与管理专业教学资源库质量监督管理办法》，联合成立质量控制小组，对资源库的建设质量及资源的合法性、科学性、教育性、技术性、艺术性及知识产权进行监督和管理。四是制定《景区开发与管理专业教学资源库应用推广管理办法》和《景区开发与管理专业教学资源库学分互认管理办法》。

4. 资金保障措施

首先是成立资源库专项资金管理机构，由第一主持单位主管校长作为组长，成员由相关职能部门和项目部门组成。其次是确保资金投入到位。景区资源库建设资金预算总额为1056万元，其中679.8万元来源于第一主持院校——浙江旅游职业学院（含地方财政或举办方投入200万元），296.2万元来源于共建学校自筹，80万元来源于行业企业支持。最后是制定《景区开发与管理专业教学资源库建设资金使用与管理实施细则》，建立资金管理责任制，实行“专账核算、专款专用”的管理模式，由浙江旅游职业学院财务处统一管理。

5. 过程管理措施

首先是建立定期沟通协调会议制度。制定《景区开发与管理专业教学资源库建设联盟院校定期沟通协调制度》，每个季度定期召开协调沟通会议，不定期开展人员互访，全面组织、协调该项目建设的规划指导、方案实施、绩效评估、验收等工作。其次是建立数据质量通报制度，实施周报、月报、季报、年报等信息发布制度。最后是建立过程评价制度，即实行项目年度中期检查及年度督查制度。

三、景区专业教学资源库的建设成效与影响

（一）景区专业教学资源库的建设成效

立项近一年来，景区资源库相关建设方牢记建设初心，不忘服务中国旅游职业教育并积极助力“乡村振兴”战略的使命，初步取得了三个方面的成效：

1. 疫情期间“停课不停学、停课不停教”的“国家队”担当

自2020年初新冠肺炎疫情暴发以来，景区资源库建设领导小组积极响应党中央、国务院以及教育部的号召，迅速出台了《疫情防控期间景区开发与管理专业教学资源库在线教学组织与管理工作方案》，并结合景区资源库建设方案的实际，迅速组织建设团队，集中优势资源条件优化推进“量大面广”且辐射力强的旅游基础大类课程。在短短半个月内，课程建设团队夜以继日，集中上线了17门慕课，新增素材约800个，得到了全国各大高职院校旅游大类专业的青睐，成为“停课不停学、停课不停教”的重要依托，有效彰显了“国家队”的责任担当。

2. 积极搭建全国旅游职业教育的师资培训与服务平台

景区资源库在建设过程中，在全国旅游职业教育教学指导委员会的指导下，联合高等教育出版社及共建院校，成立了全国高等职业教育旅游大类在线开放课程联盟，并先后三次召开了全国旅游职业教育师资培训班，其中2次线下培训班、1次线上培训班，共服务全国旅游大类专业教师近6000人次，提供了旅游职业教育改革创新、职业技能证书、教学技能比赛和“三教”改革等方面的学习、讨论与交流的平台。

3. 深入服务“乡村振兴”国家战略，打造乡村旅游培训基地

景区资源库的重要立项目的就是推进以传统景区为载体的文化和旅游融合发展及以乡

村旅游景区为代表的全域旅游发展，积极培育乡村旅游培训基地。据此，在建设《乡村旅游经营与管理》等标准化课程的同时，特别设置了“疫情防控背景下景区转型升级专题培训班”的系列在线培训课程，开辟了“乡村旅游”专栏，特邀国内乡村旅游领域的权威专家为乡村旅游从业及管理人员提供免费培训。截至 2020 年 9 月底，共覆盖培训人员 3274 人次，培训总量达 17.70 万人次·天。

（二）景区专业教学资源库的综合影响

截至 2020 年 10 月 27 日，景区资源库已有注册用户 69 431 个，其中活跃用户 66 228 个，活跃率达 95.39%；有效素材 10 759 个，题库题目 15 076 个。综合影响力不断提升，主要体现在三个方面：

1. 景区资源库的服务覆盖面广

2019 年与 2020 年，景区资源库的累计注册用户总数分别达到了 15 711 个和 69 431 个，分别比 2018 年和 2019 年增长 347.38%、341.93%。用户涉及 3159 个院校（企业），涉及研究生、本科生、高职生、中职生等各个学历层次，覆盖到了全国各个省（直辖市、自治区）。因此，景区资源库的服务覆盖数量大、涉及单位多、服务层次多、空间范围广。

2. 景区资源库的综合排名较高

根据对职业教育专业教学资源库项目管理与监测系统 2020 年 9 月的报告综合分析显示，“根据资源库开展应用情况，取活跃用户数与访问量等指标进行综合排名，景区开发与管理专业教学资源库在 203 个国家级专业教学资源库中排名第 17 名”，已经正式跻身前 10% 的方阵，充分说明景区资源库的用户活跃度高、注册量尤其是互动访问量高，综合排名高。

3. 景区资源库的衍生应用力强

景区资源库的建设充分重视衍生应用与推广：一是积极推进资源库标准化课程的 MOOC 应用与推广。截至 2020 年 10 月底，景区资源库全部 38 个标准化课程均已经在 MOOC 学院开设了相应的慕课。二是积极推进各个院校开展小规模限制性在线课程（简称 SPOC，下同），助力各个学校推进线上线下混合式教学改革与创新，如专业核心课程《旅游资源调查与评价》的 SPOC 课程被 6 个学校引用 16 次、MOOC 课程被 20 个学院引用到 SPOC、选课人数达到 2545 人。三是景区资源库已经开发并出版了 2 本新形态教材、1 本专著、2 门数字化课程以及 858 门个性化课程。四是景区资源库积极开展面向高校教师与行业企业的培训服务活动，最为典型的包括疫情期间的在线直播服务与景区转型升级专题培训。

四、景区专业教学资源库的建设经验与讨论

（一）景区专业教学资源库的建设经验

景区资源库自启动建设尤其是 2019 年 11 月正式立项以来，之所以取得快速且高质量的发展，主要原因或经验有四个方面：

1. 建设内容符合现实需求

景区资源库是旅游大类专业中，继导游、酒店管理、烹饪、会展以及旅游服务与管理（中职）等专业教学资源库之后第六个立项的职业教育国家级教学资源库。为有效提升其辐射面，契合文化和旅游融合发展以及以全域旅游为核心的旅游目的地的开发、运营与管理等现实需求，实现与既有旅游大类资源库的错位发展，景区资源库在规划建设内容的时候，特别做了四个方面的统筹设计与思考：一是课程体系设计方面，在设定8门景区专业核心课程的基础之上，不仅有效兼顾了旅游管理专业、休闲服务与管理专业等相近专业的公共基础课程，而且兼顾了景区岗位选修课和可辐射所有专业或群体的地方特色课程。二是专业标准体系方面，景区资源库积极秉承“授之以渔”的思想，构建全面的专业标准体系，通过开设师资培训班（包）等方式，提升院校教师的综合素质与能力，以促进景区专业的大发展。三是服务行业企业方面，景区资源库充分考虑当前文旅融合背景下景区行业转型升级的现实需求，专门设置了培训课程模块。四是服务目标群体方面，景区资源库在以高职院校学生教学为核心的前提下，综合考虑了其他相关群体尤其是社会大众的需求，设置了大量的地方特色课程与内容。

2. 建设措施坚定有效实施

景区资源库的三家联合主持单位及其他共建单位自2019年4月成立共建共享联盟以来，不断学习、借鉴已有国家级教学资源库的先进经验与做法，结合自身实际形成了系列保障措施，并通过项目建设团队的协同努力得到了坚定有效的实施，尤其是在资金的保障到位、配套激励措施的出台及落地实施方面，显得更为突出。

3. 建设团队深入有效协作

景区资源库建设之所以能取得巨大成绩，归根结底是因为建设团队能深入有效协作，形成了真正的利益共同体。首先，外围支持团队能给予平台性服务。景区资源库分别与高等教育出版社、全国旅游职业教育教学指导委员会等机构达成了战略合作，并联合推动了景区开发与管理专业教学资源库共建共享联盟、全国高等职业教育旅游大类在线开放课程联盟的成立并有效运行。其次，上级顾问指导团队给予方向性指导。景区资源库分别邀请了出版社、本科院校、行业专家等领域专家组成指导团队，给景区资源库的“一体化设计”提供了科学又精准的指导。最后，项目执行团队给予有效性建设。无论是景区资源库的建设领导小组、建设执行小组还是保障小组，均能有效按照建设方案有条不紊地推进，并真正形成了互利互信的命运共同体。

4. 应用推广平台丰富多样

景区资源库建设能取得目前的成效，离不开有效的应用推广，其中最为有效的体会主要有三个方面：一是资源库的应用推广平台要好。景区资源库能充分利用全国旅游职业教育教学指导委员会景区开发与管理专业委员会、全国高等职业教育旅游大类在线开放课程联盟、中国旅游协会旅游教育分会等平台，增强了景区资源库的全国覆盖面。二是资源库的应用推广终端要多。景区资源库能充分考虑不同受众群体的使用习惯，分别通过景区资源库的官方网站、微信公众号、职教云 APP 等终端，实现了“时时可学习、人人能学习”的有利局面。三是资源库的宣传渠道要丰富，既有传统的纸质媒体，如《中国旅游报》《教育与职业》等报纸杂志，又有微信朋友圈、微信公众号、电子海报、网络直播等形式。

（二）景区专业教学资源库的展望讨论

为满足全国开设旅游类专业高职院校师生、旅游景区行业企业、乡村地区创新创业人员专业能力提升，以及社会大众认知美丽中国的多维需求并支持终身教育，实现“人人皆学、时时能学、处处可学、样样有学”的终身教育目标，助力构建服务全民终身学习的现代职业教育体系，未来景区资源库在持续推进建设的同时，将重点聚焦三个方面：

1. 进一步丰富资源数量与质量，提升资源库的可接受度

景区资源库的各个标准化课程，应紧跟未来旅游行业转型升级的新要求，紧扣学生、教师、行业企业从业人员以及社会大众等目标群体的学习需求及学习规律、学习习惯，不断丰富标准化课程的资源数量与质量，增加视频、动画等动态资源的数量及比例，尤其是在面向行业企业从业人员和社会大众群体时，以微课类视频、教学录像或教学动画等形式更佳，以提升各类课程及资源的可接受程度，提高不同受众群体的忠实程度及其对课程的推荐度。

2. 进一步增强实践应用与推广，提升资源库的知名度

景区资源库的各个标准化课程或子项目团队，未来应根据不同的应用目标与实践方向，既要丰富各个课程所对应标准化课程、慕课或培训课程、科普研学课程的宣传载体或类型，如课程宣传片、海报、软文、抖音等，又要进一步开拓宣传推广与实践应用的平台，尤其是要充分利用资源库共建共享联盟、全国高等职业教育旅游大类在线开放课程联盟，以及中国旅游协会旅游教育分会等平台的作用，实现“走出去”，全面提升课程及资源库的知名度。

3. 进一步促进资源转换与利用，提升资源库的综合效度

景区资源库的各个标准化课程，在统筹设计课程并推进建设过程中，在既有标准化课程、个性化课程、技能训练模块、微课开设等规定要求以及 MOOC、SPOC 开设利用的基础之上，还应聚焦“三教改革”，全面推进新形态教材或工作手册式教材的建设，深入推进教学改革创新与实践，促进课程建设与职业技能证书研发的协同，推动课程团队有效服务旅游景区行业企业或乡村振兴、创新创业，促成教学成果奖或教学技能大赛，全面提升资源库的综合效度。

（本案例由浙江旅游职业学院提供）

案例4　立德树人，守正创新，构建全内涵校园文化体系

一、案例背景

福州旅游职业中专学校是福建省首批全国重点职业中专学校，是全国首批“现代学徒制”改革试点单位、全国首批中华优秀文化艺术传承示范学校、全国首批国防教育特色学校、全国学校艺术教育先进单位、全国“五四”红旗团委、全国优秀餐饮职业院校。学校专业办学在全省具有品牌与示范效应，学校专业办学主要涵盖工艺美术和旅游两大专业集群共23个专业。

福州旅游职业中专学校深入学习贯彻习近平新时代中国特色社会主义思想，落实立德树人根本任务，坚持守正创新基本原则，从理念创新、制度固化、环境外化和行为彰显四个层面，全力构建“13684433”体系，全面提升学校文化建设和文化育人整体水平，形成了特色鲜明、底蕴深厚、成果丰硕的中职校园文化体系。“13684433”的内涵是指：1片土，3粒种，护林育苗6工程，培土施肥8水脉。4433创品牌，承技赋新育英才。13684433——一组数字，带着温度，承载情怀——“传承中华文化，我们一直都在！”一份情怀，滋养一种文化；一种文化，点亮万千人生。

（一）服务产业发展，根植学校土壤，实现文旅产业互鉴，校企协同育人

校园文化建设的核心理念，只有根植于学校的土壤，服务于产业的发展，才能固土生根，枝繁而叶茂。基于旅游与工艺美术两大专业品牌，学校提出了打造校园文化建设的一片沃土——“旅游之体·文化之魂”的校园文化建设核心理念。旅游+文化，有魅力；文化+旅游，有活力。

“旅游之体”，就是要打造校园文化建设共联、共建、共享的发展共同体。校企主体，政府推进，专家指导，行业规范，社会支持，以“文旅融合”为舵，以“产教融合”为桨，文化互鉴，协同育人。

“文化之魂”，就是要锻造活力感人、温度暖人、精神育人的旅游工美魂。这是对当代中国精神的集中体现——社会主义核心价值观的鲜活践行，是对“崇礼·砺行·敬业·乐

群”校训的生动诠释，是对“爱校爱生、形象至上，合作协同、传承创新，共荣共进、追求卓越”学校精神的聚焦凝练。

（二）涵养初心本心匠心，矢志寻真养善创美，实现文化传承，产业发展，民族振兴

育人之本，在于立德铸魂。教育是民族振兴、社会进步的重要基石，是功在当代、利在千秋的德政工程，对提高人民综合素质、促进人的全面发展、增强中华民族创新创造活力、实现中华民族伟大复兴具有决定性意义。进入新时代，坚持中国特色社会主义教育发展道路，坚持社会主义办学方向，以凝聚人心、完善人格、开发人力、培育人才、造福人民为工作目标，培养德智体美劳全面发展的社会主义建设者和接班人，是教育工作的根本任务，也是教育现代化的方向目标。

让学生德智体美劳全面发展，归根到底，就是立德树人。如何立德树人？我们的实践方向，是在校园文化建设“旅游之体·文化之魂”的这片土壤里，播撒和培育3粒种子：寻找真的“初心”、涵养善的“本心”和创造美的“匠心”。

在校园文化建设的实践中，学校探索建立了“讲师团”制度。“讲师团”里既有国家、省市级的工艺美术大师与作为技艺传承人的名师，更有中小企业家、优秀毕业生、校园十佳道德风尚标兵。每一学期，学校都会根据学生专业成长的需要，安排“讲师团”开展“3心”专题主旨系列报告。例如：在新生入学教育阶段，我们请来“讲师团”中的企业老总、能工巧匠，请来优秀的毕业生，请来大师名家。不讲别的，始终如一的一个核心开篇主题就是：“现代学徒——人品、艺品和职品”。与此同时，学校将闽都文化导入校园文化建设，将“和合包容”“励志进取”“尊礼重教”“海纳百川”“勇于创新”“敢拼会赢”“经世务实”的传统文化精髓导入德育课题研究。创设“乐业”氛围，固守职业理想；锻造“精业”能力，提升职业素养；培育“创业”精神，追求职业价值。弘扬闽都文化，传承工匠精神。校园文化建设的核心内涵始终如一：寻找真，涵养善，创造美。

二、案例解决的问题与措施

学校在校园文化体系构建中，着力推进校园文化体系建设的6大护林育苗工程。

（一）体现一个“浓”字，推进文化环境建设工程，解决文化环境建设中的话语单调、缺乏温度与特色的问题

学校精心打造以“金钥匙”行为文化品牌、“闽都文化长廊”专业文化品牌和“6S精细化”管理文化品牌。引进“金钥匙”品牌，成立国际金钥匙学院福州分院，弘扬“我不是无所不能，但我竭尽所能”的行为文化理念；建设地标性校园文化景观——“闽都文化长廊”，把“闽都文化”融入校园文化的体系建设之中；引入优秀企业文化——“6S”（“整理、整顿、清扫、清洁、素养和安全”六个方面）精细化管理制度，开展职业道德教育。

在文化环境载体建设方面，学校坚持“文旅融合”与“校景合一”两条主线，融入“坊巷”“船政”“海丝”“寿山石”“昙石山”等文化品牌，着力打造文旅融合、校园与景区一体的文化示范区，并联手“非遗”传承人及国家级工艺美术大师共同创建以下项目：

茉莉花生态种植园与古道茶舍（非遗传承人陈成忠）；南后街花灯艺术文创集市（非遗传承人郑祥霖）；传统脱胎漆艺装置美陈空间与国大师馆（非遗传承人黄时中）；无声诗画非遗数字博物馆（软木画，非遗传承人吴芝生）；方庄龙舟主题戏剧广场（非遗传承人方绍晃）；四季丹青（油纸伞）艺术中心（非遗传承人严磊）；闽清义窑青白瓷园文创基地；福拳馆——国际非遗武术交流基地（儒家拳、地术拳）等“闽中八首”学校文旅特色项目，并积极申报国家4A级非遗传承及福州特色文化研学基地。

拓展开发“闽都文化”大讲堂、“匠心培育”大课堂、“匠心筑梦”大师说、“旅艺创客”大讲座、“校企文化”大融合和“成才校友”大实话等6“大”系列的文化专题品牌，不断充实丰富校园文化的活动品牌内涵。

（二）秉承一个“实”字，推进思想道德建设工程，解决思想道德文化建设中的固守僵化、内容不实、效果不显的问题

要实现学校的科学发展，最重要、最核心的问题是打造学校的灵魂。这个灵魂就是在社会主义核心价值观的引领下，以中小学生行为准则为总纲，传承与构建以校训、学校精神和班规班纪为主体的学校核心价值体系。

（三）追求一个“高”字，推进办学品质建设工程，解决校园文化建设中的为“有”而“建”、重“有”轻“质”的问题

在学校管理体制上提升带动，构建起示范新体系：制度用权，依法治校。以校园文化建设“13684433”规划为宏观视角，学校重新审视并依法制定了具有学校特色的《学校章程》；建立健全了管理有序、标准严谨、流程清晰、监督有据的学校内部管理制度体系。

在师资队伍建设上提升带动，形成了示范新驱动：大师名师，坊室双驱。学校以旅游专业的“杨松名师工作室”和工艺美术专业的“大师工作坊”为主体，打造“坊室双驱”的师资队伍建设的内生动力源，以名师大师为引领，带动了师资队伍整体素质的不断提升。

在校园文化品牌建设上提升带动，闯出了示范新路子：现代学徒，模式创新。以“4433校园文化品牌建设工程”为引领，推进现代学徒制改革试点工作，成果丰硕，荣获全国首批“现代学徒制”改革试点单位。

（四）突出一个“融”字，推进校企合作建设工程，解决校企文化融合发展中的观念缺位、渠道缺失、效益缺乏的问题

学校坚持企业文化与校园文化和合共生，在固守职业理想、提升职业素养、追求职业价值的三维层面上，弘扬传统文化，培育职业精神与创业创新能力。

注重培养学生的创新意识，经常邀请企业、行业专家或能手入校开设讲座，开展与成功创业者交流的创业创新分享会，聘请大师或专家来校授课。搭建线上线下销售平台，鼓励学生将文化创意转变成作品，通过海选后成为展品，筛选进入孵化器后转化为产品进入市场。学生的作品不仅在校内一年一度的“小匠人集市”上展销，还可参加学校创客空间作品年度巡展、“薪火相传”作品展等活动。这些活动对学生来说是为他们从校园走向社会打通最后一公里路，让他们的作品走向社会，把福州非遗文化推广出去，扩大知名度和影响力，让他们体验到成就感。

（五）强调一个“严”字，推进校风校纪建设工程，解决学校办学品质建设中的制度保障不力、行为养成不良、师德素养不高的问题

加强课堂管理，努力培育良好学风。学校始终把学风建设放在突出的地位，不断完善教学督导诊断、教务员巡课督查、学生信息员教学反馈等教学常规管理机制，狠抓制度文化建设；加强学生行为养成教育，努力美化校园环境。学校制定出台了《班规五十条》，规范学生言行，提高学生的文明素质；注重对学生良好行为习惯的养成教育，全力打造良好的行为文化。

教师的严谨执教，体现在具有正确的职业观，体现在学生潜能的发现与发掘，体现在对学生能力的正确评价和审视上。为此，我们倡导对学生的“四个关注”，即：对发展每一个学生的优势智能的高度关注；对挖掘每一个学生的智能潜力的高度关注；对满足每一个学生的学习需求的高度关注；对促进每一个学生就业创业发展的高度关注。

推进制度文化建设，健全完善校务公开和教代会制度。坚持常规化、制度化地开展教代会民主评议领导干部工作，对领导班子进行全面细致评议，并积极做好意见反馈工作。校务公开制度与教职工代表大会制度，极大增强了学校工作的透明度，保证了广大教职员工的知情权、参与权和监督权，得到了广大教职工的支持和拥护。

（六）营造一个“和”字，推进平安校园建设工程，解决校园文化建设中的综合保障机制不够健全、工作责权分工不够落实、工作整体成效不够稳定的问题

学校牢固树立“安全重于泰山”的忧患意识，把构建平安校园作为压倒一切的任务。学校成立了安全保卫工作领导小组，建立一整套完整的安全保卫制度和措施、层层签署安全工作责任制。学校多年来连续延聘派出所干警担任学校综治副校长，并经常邀请综治副校长到校检查学校安全工作情况，定期向学生作法制报告、国旗下讲话，对学生进行法制教育、交通安全教育、消防安全教育。常态化开展班级安全教育主题班会、安全教育班刊评比、国旗下讲话等活动，定期邀请消防官兵到校进行消防安全讲座、消防逃生演练，通过印发家长信及时进行家校联系等各种形式对学生进行安全教育。

三、案例的做法与创新

本案例在具体做法与创新方面，主要是形成了学校校园文化体系建设的 8 脉活水。

（一）从“理念文化”之脉弘扬中华优秀文化

理念引领、传承创新，有成果：学校校园文化建设品牌项目——“现代学徒 · 4433 模式”历经三年改革实践探索，顺利通过国家教育部组织的终期验收，获评全国首批“现代学徒制”改革试点单位。

理念先行、服务产业，有突破：与企业共同建设了“工艺美术文化技艺研发中心”和“闽菜文化技艺研发中心”2 家校企合作研发中心，在文化共联共建上搭建起更加深入而广泛的合作平台。

理念拓展、文化交流，有担当：作为福州市海外华文教育基地，学校成功协办了“香飘海丝路·味结五洲缘”闽菜实践系列活动，共有来自 17 个国家的 70 余位嘉宾参与了文化交流活动。

（二）从“制度文化”之脉拓展校园文化内涵

“政校企行”契合联动，在传统文化保护立法上有突破。根据《福州市商务局<闽菜保护条例>立法起草工作方案》（榕商务函〔2015〕87 号）文件，学校受福州市商务局的委托，主持起草了《闽菜文化保护条例》，从而在文化保护的行业立法上取得了突破。

2018 年 5 月 17 日的《中国教育报》用半版的篇幅，以《构建长效机制，行企标准育人——聚焦福建省福州旅游职业中专学校传承与创新人才培养实践》为题，分《实践篇》《创新篇》《成果篇》三个部分，宣传报道了学校在传承与创新人才培养模式方面的理论与实践成果。

（三）从“行为文化”之脉彰显道德榜样标杆

林颖同学获评全国职教百名“助梦大国小工匠”，成才事迹还荣登《人民日报》公告版。

在由团中央、全国学联和中国青年报社共同举办的 2017 年度“全国最美中职生”寻访活动中，雷震天同学荣获“全国最美中职生”。

在 2018 年度“全国最美中学生标兵”和“全国最美中职生标兵”评选活动中，黄丹同学荣膺“全国最美中职生标兵”，为福建省唯一当选的全国十佳标兵。

（四）从“旅游文化”之脉打造学校办学特色

2017 年度，学校荣获“全国职业院校旅游类专业示范点”和“全国餐饮职业院校评选优秀院校”；学校旅游专业群被福建省教育厅确定为 2017 年福建省职业院校服务产业特色专业群建设项目。

学校入选“中国非物质文化遗产传承人群研修研习培训计划”（福建寿山石雕刻技艺）培训项目承办院校。

依托福建省文化和旅游厅指导，福建省旅游发展集团主办了“2018 年福建旅游生活展”，其中，以“改革开放四十年，旅专迈进新时代”为主题的学校办学成果展在福州海峡国际会展中心圆满举办，并荣获展会优秀设计奖。

（五）从“非遗文化”之脉推动校园文化繁荣

“漆彩工坊”荣获福建省中小学艺术展演一等奖，之后通过国家教育部评审，推荐参加全国第六届中小学生艺术节，并荣获金奖。

在第十二届全国中等职业学校“文明风采”竞赛活动中，学校共荣获 1 个一等奖、3 个二等奖、5 个三等奖和 8 个优秀奖。学校林颖同学还作为福建省获奖学生代表参加了在宁波举办的本届竞赛活动总结会颁奖典礼。

在全国第十三届“文明风采”大赛中，学校共荣获一等奖 2 项、二等奖 5 项、三等奖

2 项、优秀奖 4 项。学校连续两年荣获全国和福建省的“文明风采”大赛优秀组织奖。

“非物质文化遗产保护”专业群的集聚建设为福州特色产业发展提供人才支撑。继寿山石雕专业获评全国首批示范建设专业点之后，学校脱胎漆器专业又获评全国第二批示范建设专业点。

（六）从“企业文化”之脉引领职业生涯发展

重视校企文化的融合，特邀 7 家企业、1 位工艺大师共 10 位专家、3 位优秀毕业生及 2 位劳模进校园、进课堂开展活动，活动达 11 场次，引导学生树立立足岗位、增强技能、服务群众、奉献社会的职业理想，培养崇尚劳动、敬业守信、创新务实的职业理想与职业精神。

校企携手，申报发明创造国家专利。《漆石印章》和《一种漆瓷制品的制作方法》均成功申报发明创造国家专利。

（七）从“社团文化”之脉实现文化生机活力

在 2017 年全国职业教育创新创业大赛中，学校“旅艺创客空间社团”培育选送的项目作品——《琥珀微缩软木画》以全国总分第二名的成绩，荣获大赛金奖；在之前的福建省首届职业教育创新创业大赛上，分别荣获大赛金奖、铜奖和赛事组织奖。

在 2018 年全国职业学校创新创效创业大赛中，学校选送的两个项目，《千文万华的漆石印章》项目荣获大赛一等奖，《十二生肖印纽——寿山石雕刻技艺》项目荣获大赛三等奖。

2018 年第二届中华职业教育创新创业大赛全国总决赛中，学校选送的《因漆而美，缘你而生》荣获全国二等奖，学校荣获此次大赛的优秀组织奖。

（八）从“教研文化”之脉体现文化创新发展

作为全国首批“现代学徒制”改革试点单位，《构建政校行企四位一体，技艺筑匠，文化铸魂的“现代学徒制”研究与实践》项目成果，以闽都文化为底蕴，以经典技艺传承为使命，以作品创作为导向，以系列模块为特征，覆盖寿山石雕、软木画、漆画、脱胎漆器设计与制作四个专业方向，把闽都文化精华融入其中，在积极的文化宣示中，积淀职业情结。

教科研课题《构建长效机制　行企标准育人　重振闽菜技艺——新一代“闽菜”传承与创新人才培养模式的系统设计与实践》传递烹饪技艺火种，弘扬闽菜文化荣光，让闽菜技艺和文化得到更好的传承与创新。

四、案例成效影响与经验讨论

（一）成果名称

福州旅游职专“现代学徒 · 4433”校园文化品牌。

（二）成果性质

中等职业院校校园文化建设践行范式。

（三）成果主要内容

形成具有可借鉴、可推广价值的“现代学徒·4433”校园文化建设总体运行方案。这是成果主体，勾勒出范式基本框架，内涵为：搭建政府、企业、学校、行业4方共联、共建、共享的校园文化建设平台，集聚校园文化建设推进能量；融通4种文化：以招生招工一体化，融通校园与职场的理念文化；以培养标准一体化，融通学生与员工的行为文化；以实训基地建设，融通学校与产业的环境文化；以职业+终身教育，融通学校与企业的制度文化。构建队伍保障、人才培养、管理与评价3个机制，支持常态化运行；夯实职业精神、创业创新、信息引领3个支点，提升模式站位。

（四）成果解决的两大问题

1. 传统工艺美术技艺传承难

福州多项传统工艺美术极具特色，列入国家级非物质文化遗产名录。但是，行业面临“人亡艺绝、后继无人”的传承危机。以脱胎漆器为例，目前能掌握漆器制作工艺全流程的艺人屈指可数，濒临失传。而且，一线业者文化水平大多不高，致使企业自主研发、创新能力弱，高水平作品数量少，有的企业不得不以高薪聘请国外专业人士为其设计新产品。

2. 现代学徒制实施难

现代学徒制源于欧州，实践证明它是技能型人才培养的一个最佳方式。但是，囿于观念束缚和制度羁绊，我国职业院校推行过程中，在统筹招生与招工、形成人才培养合力等方面，校企缺乏共识，步履维艰。

（五）成果总结

（1）“现代学徒·4433模式”历经三年改革实践探索，顺利通过国家教育部组织的终期验收，获评全国首批“现代学徒制”改革试点单位。

（2）作为全国首批“现代学徒制”改革试点单位，《构建政校行企四位一体，技艺筑匠，文化铸魂的“现代学徒制”研究与实践》项目成果，荣获2017年福建省职业教育教学成果奖一等奖。

（3）教科研课题《构建长效机制　行企标准育人　重振闽菜技艺——新一代“闽菜”传承与创新人才培养模式的系统设计与实践》荣获2018年福建省教学成果特等奖。

（4）“漆彩工坊”荣获福建省中小学艺术展演一等奖，之后通过国家教育部评审，推荐参加全国第六届中小学生艺术节，并荣获金奖。

（5）“落实立德树人　培育职业精神”的工作案例成功入选“全国中等职业教育资助育人百名成才典型”。

（6）学校校园文化建设工作经验总结《弘扬闽都文化　培育职业精神》收入全省职业教育工作文件汇编。

（7）2016年6月8日，在福州市“现代学徒制”项目建设专题培训会上，作为全国首批“现代学徒制”改革试点单位，学校就改革试点的成功经验做了大会交流发言，并与福清卫生学校和闽侯职专签订了结对子帮扶协议。

（8）2016年以来，学校共接待来自上海、浙江、青海、广东、黑龙江、甘肃、宁夏、新疆、广西等省市职教领导、同仁到校考察近140余人次。

（9）2016年以来，《人民日报》《中国教育报》“福建省教育电视台”、《福州日报》和《福州海峡都市报》等省、市级媒体上，针对学校“现代学徒4433”校园文化品牌建设的成果宣传报道共8篇。

（六）成果的经验讨论

1. 实践理念创新

学校跳出了认为只有“校内学生＋企业学徒”的“双身份”全面到位，才算是改革成功的认识误区，不再强人所难硬性坚持“双身份”的一步到位，而是把主攻方向放在更为本质的方面，即突破校企合作瓶颈，落实“工学结合”模式，切实加快了工作进程。

2. 精湛技艺＋优秀文化的德技双元专业内涵

学校定义：专业双背景——传统精湛技艺＋传统优秀文化；专业教学双要素——技艺授受＋文化传承；人才培养双目标——德艺双馨。这些使得学生在专业成长的全过程，都能置于源远流长光辉灿烂的闽都传统优秀文化的观照之中。

3. 以实战化平台前置“双创”教育

学校针对学生就业需求，前置“双创”教育，创设“跳蚤市场”等三个平台，让学生尽快进入职场“学、研、产、用”的运营循环，获得职业适应能力和持续发展能力，未来敢创业、能创业、善创业。

4. “名师工作坊”＋“模拟车间”＋“项目教学”真正满足职业教育本质要求

“现代学徒制”的理想学习状态是企业导师教学＋企业工作环境。“大师工作坊”，以企业名师、行业技能大师和学校专业带头人领衔“坊主”，提供企业规格的教学水平；“模拟车间”提供高仿真的企业工作环境，再加上校企联手开发的项目课程，三者叠加，有效提高现代学徒制的运行质量.

综上所述，学校在校园文化建设的各项工作实践中，注重锻造品质，注重积淀内涵，注重彰显特色，学校办学质量和办学声誉不断提升。今后，学校将继续努力实践“13684433校园文化建设规划”，使校园文化在制度上深化，在常态中推进，在心灵里植根，在成长里滋养。

（本案例由福州旅游职业中专学校提供）

案例5 打造“留学海南”品牌，构建国际旅游人才培养新模式

海南职业技术学院为响应“服务一带一路，发展新时代留学中国”倡议，在“CBE能力本位”教育模式基础上，提出“一核三元四维多向发展”的创新人才培养模式。依托高职示范校和万豪集团优质资源，以培养留学生职业能力为核心，打造政府主导、校企联动、旺工淡学、在岗培养的人才培养方式，从岗位需求出发设计“知识”“技能”“素养”“文化”四维并进、联动共通的人才培养体系，培养了一批服务“一带一路”，具有中国职教特色，技能过硬、文化相连的“知华、亲华、爱华”高素质国际旅游人才。

一、案例背景

（一）学院简介

海南职业技术学院创办于2000年。2003年通过教育部首批高职高专人才培养工作水平评估；2008年立项建设国家示范性高职院校；2011年通过国家验收，成为海南唯一的国家示范性高职院校；2015年成为全国首批现代学徒制试点单位；2017年、2018年、2019年连续三年荣登“全国高职院校国际影响力50强”榜单；2020年被世界职业教育大会暨展览会组委会评为“2020中国职业院校世界竞争力50强”。

学校在国际合作办学上成绩斐然。不仅是海南省第一个“请进来”的高职院校，也是第一个“走出去”的高职院校，先后与法国、美国、加拿大、韩国、新加坡、尼泊尔、柬埔寨、老挝、哈萨克斯坦、泰国等国20余所高校或教育机构开展国际合作。2018年，在尼泊尔甘达基省博卡拉市成立了海南职业技术学院尼泊尔分校，成为海南省第一所在境外设立分校的高职院校。2019年，学校与老挝合作办学，在巴巴萨技术学院设立“跨境电商职业教育中心”；与法国蓝带国际学院签订合作谅解备忘录，合作设立蓝带（海南）厨艺餐旅学院，在烹饪、食品、农业、旅游和酒店等领域共同培养高技能型人才。

（二）背景与意义

1. 积极融入“一带一路”发展，提升学校国际影响力

2013年9月，习近平主席提出了共建“丝绸之路经济带”的倡议，由此揭开了“一

带一路”建设的历史序幕。随着“一带一路”经济建设工作的推进，支持和服务“一带一路”建设的技术人才备受关注。2016 年，学校积极响应国家建设“一带一路”倡议，先后与“一带一路”沿线国家尼泊尔、柬埔寨、新加坡、哈萨克斯坦、孟加拉、马来西亚、韩国、老挝等 8 个国家的 27 所高校或教育机构开展实际性的教育交流与合作，累计培养 1168 名留学生。

2. 服务“一带一路”沿线国家产业发展，协助企业实现市场布局

“一带一路”是沿线国家的发展需求与中国优势产业的完美结合。“一带一路”倡议的重点就是更好地帮助企业搭建网络、吸引人才和建立人脉网，从而为更多新兴产业奠定坚实的基础。近两年来，海南省教育系统坚决贯彻落实习总书记重要讲话和中央 12 号文件精神以及省委、省政府的决策部署，围绕教育部提出的“支持海南建设国际教育创新岛，打造新时代中国教育开放发展新标杆”目标，锐意创新、狠抓落实，全面扩大教育对外开放。学校积极响应“一带一路”倡议，抓住海南自由贸易港建设与国际旅游消费中心建设等国家战略的叠加效应及其所带来的发展机遇，积极推进共建“一带一路”教育行动，培养更多适应“一带一路”沿线国家发展需要的行业高端技术技能人才。

3. 满足“一带一路”沿线国家专业人才需求，积极传播中国文化

学校借助海南自贸港建设东风，立足旅游业和现代服务业，在“一带一路”职业教育输出中，通过“走出去”的方式，积极探索职业教育海外办学新模式。以尼泊尔留学生培养项目为突破口，同“一带一路”沿线国家在资源互通、合作办学、共建特色专业等方面展开深入合作。在合作办学过程中，注重民族文化的弘扬和传播，不断总结和汲取先进职业教育经验，形成独具特色的“旅游服务类专业教育标准”，并向“一带一路”沿线国家输出，成功探索出尼泊尔分校可复制模式。通过“请进来”的方式，让更多一带一路沿线国家的留学生来到国内，学习中国技术，感知中国文化，不断深化旅游服务类专业人才培养模式改革，为“如何培养服务‘一带一路’建设的留学生”提供可借鉴、可复制的成功做法及宝贵经验，更好地发挥职业教育在“一带一路”建设和人类命运共同体构建中的积极作用，以实现政、校、企三方的共建、共育、共享、共赢。

4. 服务海南自由贸易港建设，打造“留学海南”品牌

万豪国际集团在海南的五星级酒店多达 23 家，分布密度在省级行政区中排名第一位。高端酒店数量多，分布密度大，这对酒店管理专业学生的培养有极大优势。基于“CBE 能力本位”教育模式的探索与积累，学校提出“一核三元四维多向发展”的创新人才培养模式。该模式在培养留学生方面坚持走中国特色的职业教育发展道路，为“留学海南”品牌建设和高效推进教育国际交流提供了“海职特色”和“海职经验”。学校对 2017—2019 年酒店专业留学生进行满意度调查，结果显示，留学生的总体满意度占比高达 98.17%；94.34% 的留学生表示在海南学习的经历对他们以后的工作晋升和学历提升有很大帮助。“留学海南”品牌日益凸显，高效推进了教育国际交流。

二、案例解决的问题与措施

（一）构建教学新模式，解决传统留学生培养“重语言、轻实践”的问题

由于多数留学生汉语基础薄弱，所以大多数院校对留学生的传统培养方法为：首先，通过增加汉语课程课时量，对其汉语进行强化训练，提升其汉语水平；其次，开设相关专业课程。此种培养模式导致留学生学习实践技能时间缩短，难以实现掌握专业核心技能的教学目标。而“一核三元四维多向发展”的人才培养新模式主要采取以下培养方式：首先，前置语言课程。针对性地开设汉语拼音、基础汉语等语言类课程，使学生到中国后能尽快适应环境，便于教师开展在岗教学；其次，“双语双师”在岗组织教学，语言学习与技能学习互相融合，同步进行。再次，在酒店真实工作环境实施教学，活学活用，实现“学”与“用”的零距离对接。最后，以学生为主体，通过学习的“及时获得感”，强化自主学习意识与动机。该模式以在岗实践教学方式，解决传统留学生培养存在的“重语言、轻实践”的问题。留学生在学习过程中，学语言和学技能高效有机融合，实现“学语言、练技能”双丰收。

（二）以提质增效实施人才培养方案，解决传统留学生核心竞争力不强的问题

传统留学生培养大部分聚焦于语言及文化类课程，并且教学实施场所均在校内，与行业、企业严重脱节，导致留学毕业生核心竞争力相对较弱。学校与万豪国际集团合作共建海南职业技术学院万豪酒店管理学院，将美国万豪集团在中国的企业发展战略与人力资源规划相结合，依托企业丰富的经营管理经验及国际化平台资源优势，以提升酒店管理专业留学生职业核心能力为目标，对接万豪国际集团的标准和培训课程，共同设计并实施“一核三元四维多向发展”的人才培养方案。“万豪全球资源 + 国际标准锻造 + 四维在岗培养”为酒店管理专业留学生的可持续发展提供了强有力的支撑，极大增强了留学生的核心竞争力。目前已完成学业的 1168 名留学生大部分已归国或在新加坡、澳大利亚、英国、阿联酋、印度等国就业、创业或进行学历提升。凭借在中国所学，他们获得了更好的职位、收入和晋升机会。

（三）校企共建实践教学基地，解决传统留学生培养实践教学资源匮乏问题

一是利用万豪国际集团在海南拥有 23 家五星级酒店的资源优势，建设国际化酒店管理专业实践教学基地，按照国际化、集团化、高端化原则，形成“校企共建、国际多元、开放共享”的实践教学平台。二是创新跨国实践教学管理机制，运用现代信息与新媒体技术，搭建科学的实践教学服务平台，成立专项工作小组，形成“校企共育、全程跟踪”的教学管理模式。三是以“政、校、企”三方共建、共育、共管、共赢为理念，与万豪酒店管理集团共建共享优质资源，结合企业岗位核心能力与职业标准开发模块化课程，构建酒店管理专业国际留学生“四维并进、联动共通”的在岗培养体系。通过优势的资源、科学的教学模式、有效的实施管理，解决了传统留学生培养过程中实践教学资源匮乏，学生实践教学效果不强的问题。

（四）强化中华文化模块课程，解决“一带一路”沿线国家缺乏情感认同人才的问题

校企共同构建具有高职特色的“汉语言＋中华文化＋酒店管理专业技能”特色课程体系，并于2018年成立海南职业技术学院尼泊尔分校。采用“请进来”的方式，让更多“一带一路”沿线国家的留学生来到中国，学习专业技能，感知中华文化，培养民心相通、文化相连，“知华、亲华、爱华”的留学生，有效解决“一带一路”沿线国家缺乏情感认同人才的问题。

三、案例的做法与创新

（一）创新理念，构建国际旅游人才培养新模式

学校创新性提出“一核三元四维多向发展”人才培养模式，以培养留学生职业能力为核心，从职业岗位需求出发，设计“知识”“技能”“素养”“文化”四维并进、联动共通的人才培养体系，强调政府的主导作用，国内外学校和企业在人才培养方面互衔、互融、互通，使学生具备可持续及多向发展潜力（见图1）。

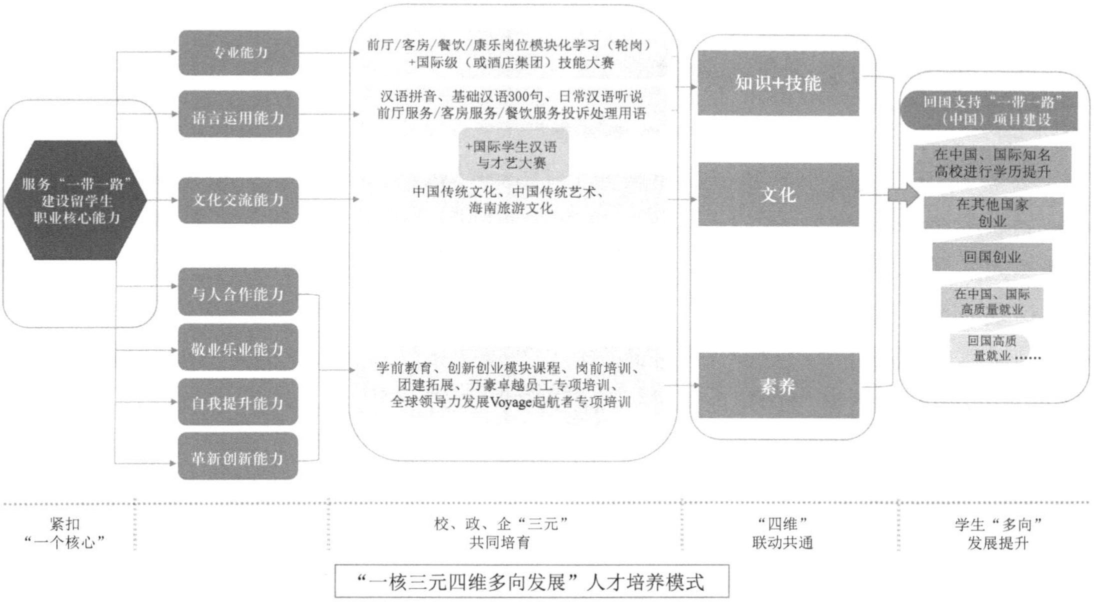

图1 “一核三元四维多向发展”人才培养模式

（二）创新实践，打造国际旅游人才培养新方式

利用万豪国际集团在海南的高端酒店资源优势，结合海南旅游淡旺季分明的特点，针对酒店管理专业留学生特点，首创性设计了“旺工淡学＋在岗培养”的人才培养方式。通过“旺工淡学”人才培养方式，一方面很好地解决了留学生在岗培养“工”与“学”的时空矛盾，另一方面，校企通过共同努力解决了海南旅游业人才淡旺季“潮汐”难题，实现“校、企、生”三方共赢。根据过去十年对“CBE能力本位”教育模式本土化改革的探索

实践与酒店行业特点，学校原创性提出将酒店管理专业留学生培养的“学习场景”与“工作场景”完全融合的在岗培养方式，以酒店岗位作为教学活动实施的“主战场”。在岗学习过程中，学生边学边用，活学活用，学以致用，学习效果的“立即显现性”极大激发学习热情，形成学生自主学习的内动力。

（三）创新体系，建立培养国际旅游人才课程新体系

为实现酒店管理专业留学生的人才培养目标，学校对课程体系做出创新性改革。首先，增设课程以满足“三元”主体需求。例如本国政府根据产业发展需求，要求增设中式烹调工艺、导游实务、SPA 美体三门课程。其次，前置课程以缩短留学生的语言及岗位适应期。学校将汉语基础及中国国情模块课程，万豪国际集团将企业文化培训模块课程，前置到酒店管理专业留学生在本国的前 2~3 年课程体系中，让他们有更加充足的时间进行学习和调适。最后，严格根据分解后的职业核心能力，按知识、技能、素养、文化四个维度设置模块化课程，使留学生的培养更具针对性和精准性。通过创新课程体系，培养认同中国文化、熟知国际标准规则、掌握酒店岗位核心能力的高级技能型人才，以更好地服务“一带一路”沿线国家建设和走出去的中国企业。

四、案例成效影响与经验讨论

（一）学生持续多向发展，培养效果显著

截至 2019 年底，学校共招收和培养了 1168 名酒店管理专业国际留学生，留学生的总体满意度高达 98.17%。学生毕业后，在国内及国际实现高质量就业、创业和学历提升，具备多向发展潜力。同时在此项目成功开展的基础上，设立了海南职业技术学院尼泊尔分校，这是海南在建设自贸港背景下打造的第一个“一带一路”高职教育交流平台。尼泊尔驻广州总领事狄派克·班贾德先生在感谢信中高度赞扬该项目不仅能为尼泊尔留学生带来最好的酒店管理教育和培训，也能进一步促进中尼友好关系。

（二）媒体争相报道，社会影响深远

人民网、搜狐新闻、中新网、新浪网、尼泊尔加德满都邮报、海南旅游卫视、三沙卫视、新浪海南、中国高校之窗、南国都市报、人民网海南视窗、南海网、海南日报、海口网、南海网教育频道等 20 多家国内外媒体对学校进行了多次专题纪录片宣传及新闻专访，形成了很强的社会影响力。同时围绕“一核三元四维多向发展”人才培养模式的探索及实践，教师团队公开发表相关论文 12 篇，相关成果课题 6 项，吴肖淮撰写的论文《“一带一路”与海南高职旅游类专业国际化发展途径探索》被下载引用 110 次，《“一带一路”背景下海南高等职业院校旅游管理类专业国际化发展的途径探索——以海南职业技术学院为例》被下载引用 272 次，王晓明撰写的论文《基于需求分析的酒店汉语会话教材设计》被下载引用 57 次。

（三）项目推广应用广泛，示范意义重大

学校在各种交流平台被推介成果 28 次，先后与“一带一路”沿线国家尼泊尔、柬埔

寨、哈萨克斯坦、孟加拉等国家的高校或教育机构开展实际性的教育交流与合作，累计50余所国内外院校近300余人次来访交流。“一核三元四维多向发展”的人才培养模式在酒店管理专业留学生探索及实践取得丰硕成果后，又在其他专业进行推广探索，陆续开展中柬“汉语+热带农业专业技术培训”项目、中老跨境电商联合培养项目、中法蓝带餐旅烹饪项目等特色鲜明的教育交流项目。在政府主导和支持下，发挥专业优势，突出海南特色，充分体现了职业教育在“一带一路”建设中的引领性作用。

（本案例由海南职业技术学院提供）

案例 6　砥砺奋进，打造旅游管理专业创新型教学团队

一、创新型教学团队建设背景

教学团队是职业教育的主体和关键，是高职院校培养高素质复合型技术技能人才的根本保障。2019 年 6 月，《全国职业院校教师教学创新团队建设方案》(教师函〔2019〕4 号) 提出，打造一批高水平职业院校教师教学创新团队，示范引领高素质"双师型"教师队伍建设，深化职业院校教师、教材、教法"三教"改革。[1]2019 年 8 月，教育部等四部门印发的《深化新时代职业教育"双师型"教师队伍建设改革实施方案》(教师〔2019〕6 号) 提出，创建高水平结构化教师教学创新团队，经过 3~5 年的连续培养，打造高素质"双师型"教师教学创新团队。[2]

漳州职业技术学院旅游管理专业创建于 2001 年。2008 年该专业被评为"校级精品专业"，2009 年该专业教学团队被评为"校级优秀教学团队"，2012 年成为校级现代学徒制试点专业，2013 年在福建省高职院校旅游大类专业建设质量评价中排名第一，2014 年被确认为"省级示范专业"，2015 年至今成为省级现代学徒制试点专业，2016 年至今成为省级二元制试点专业[3-6]，2017 年被教育部、国家旅游局确认为全国示范专业点[7]，2018 年成为教育部现代学徒制试点专业[8]，2020 年成为教育部 1+X 证书试点专业[9]。已获国家级、省级等各类技能大赛奖 167 人次，连续 7 年承办福建省高职职业技能大赛中英文导游赛项，承办了 2016 年全国职业技能大赛导游服务赛项。出版教材 25 本，完成教科研 127 项，社会培训近 2 万人次。双师型师资队伍行业影响力显著提升，区域行业产业政策咨询、技术服务推广成果显著。上述成绩离不开旅游管理创新教学团队建设的有效推动。

二、措施与做法

（一）构建阶梯式师资培养机制，建设结构化创新教学团队

旅游管理专业将专业课教师、实训辅助教师、科研教师在年龄、能力、职称上合理梯度搭配，形成一支以中、青年教师为主，专兼职相结合，知识结构合理，创新进取的教学团队。建立教学创新团队人才选拔机制，积极开展新教师培训、助讲培养、教师教学能力提升研修班等教师发展活动，加强团队系统培训，构建新教师、双师素质教师、骨干教师、专业带头人、名师五级阶梯式教师发展体系。通过承担教科研课题、学生技能大赛指导、企业技术服务、企业挂职实践等工作培养国家级、省级教学名师，建设“双带头人”和带头人梯队，形成具有较高水平的职教人才高地。

（二）建设产业大师名师平台，培育高技能人才培养基地

校企人才共享是教学创新团队建设的关键所在。旅游管理专业教学团队实施校企共引行业技能大师机制，打造大师名师人才高地，推动师资团队建设。目前已建成 1 个省级技能大师工作室、2 个市级技能大师工作室、1 个产业教授工作室。技能大师工作室定期进行赛事分析，发现问题，总结经验，对国家级、省市各级技能大赛选手进行提升性指导，师徒结对，以点带面，开展旅游行业前沿资讯等方面的讲座，通过传、帮、带，为学院培养中青年旅游类技术技能骨干教师。带动师资团队发掘本地旅游文化资源内涵，进行导游词撰写、旅游产品推广、线路设计、实践教学案例开发、导游服务新方式平台建设、旅游餐饮文化与本土茶文化旅游挖掘与推广等活动。

（三）推动“政行企校”四位一体，产教融合实践教学

校企联手协同育人是校企合作办学的落脚点。旅游管理专业教学团队以服务区域经济建设为目标，不断强化实践教学，持续推进产教融合、协同创新，建立了立体式的实践教学模式。与 40 多家旅游企业建立了稳定、高质量的合作基地，构建了岗位认知、课程跟岗实习、课程综合实习、顶岗实习递进式及立体式的实践教学模式。

由漳州市旅游局牵头，漳州市旅行社协会、漳州市各大旅行社以及漳州职业技术学院协商合作，共建漳州职业技术学院导游服务社会实践中心。市文旅局为导服中心兼职学生导游颁发实习导游证，企业为兼职学生提供指导和实习补贴，学校对学生进行导游服务培训，实行星级管理和服务，采取多方联动模式，使企业愿意出人、出资参与人才培养全过程，实现了学生、学校、企业、行业及政府多方共赢。中心性质为政府主导、行业参与、学校服务，搭建了学校师生与行业、旅游企业合作的实践平台，是全省高职院校第一家“政行企校”四方联合的导游服务实践中心（见图 1）。

该中心目前已带团上万人次，合作协议旅行社达 27 家，有效解决了当地旅游企业旺季用工困难问题，同时为旅游管理专业学生集中实操提供了重要的实践平台。

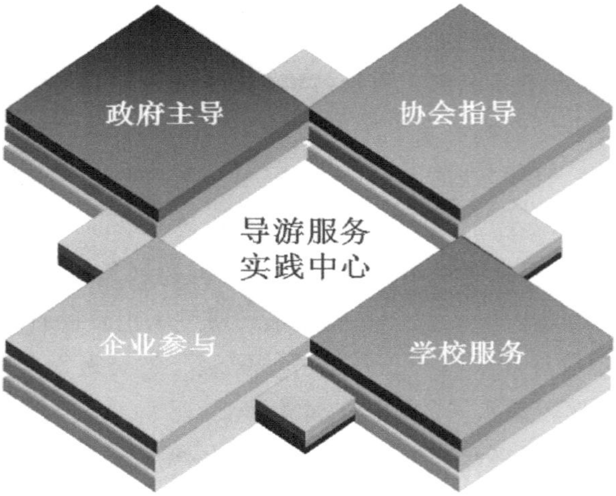

图 1 “四位一体”导游服务实践中心

（四）技术赋能产业发展，服务深化人才培养

旅游管理专业教学团队立足区域，依托漳州市休闲农业旅游协同创新中心平台，积极为企业开展旅游产品研发、应用技术研究和员工职业岗位培训。近年来为漳州市文旅局、市导游协会、漳州旅投旗下 22 家酒店景区和旅行社、漳州市县文旅局、景区等政府企事业单位培训旅游从业人员 2 万多人次，每年开展职业技能鉴定 500 人次以上，为企业行业发展提供人力资源支持。如每年一度为全市导游员年检培训，为三平风景区讲解员、华安乡村旅游讲解员、旅投集团东南花都国宾馆服务员、谷文昌干部学院讲解员、官畲景区讲解员做系统培训，支持全市中小学生研学实践项目等。团队成员先后 9 人次作为福建省科技特派员深入一线，为乡村旅游文化振兴进行专业性技术指导。

强化志愿服务实践人才培养模式，助力产业发展。依托厦门金砖会议、花博会、全运会、国际马拉松等大型活动，指导上千人次学生承担旅游重大项目志愿者服务活动。积极响应国家文旅局“万名旅游英才计划”，团队 5 年内成功申报了 13 个实践服务型项目和 10 个“双师型”教师培养项目，前往景区、乡村旅游地等开展行业服务实践活动，加强核心课程实训教材建设，强化实践服务型旅游人才培养。

（五）组建专业课程协作组，推动行业需求适应性课改

创新人才培养模式的同时，旅游管理专业教学团队依托文创旅游专业群课程协作组，进行课程结构化改革，构建模块化课程体系和一课多师模式，由以往“漫水灌溉”式转为“精耕细作”式，形成一课一品。文创旅游专业群中旅游管理专业、酒店管理专业与文创专业的专业师资资源共享，优势互补。

根据国标、行标及行业新业态重组课程结构，更新教学内容，将文旅融合、旅游新媒体运营、全域旅游等新业态融入课程，完善专业教学规范，加大课程改革的力度、广度和深度。基于项目教学、案例教学、工作过程导向教学等教学模式，注重吸收行业发展的新知识、新技术、新工艺、新方法，适应职业院校学生特点，校企联合编写科学严谨、深入浅出、图文并茂、形式多样的活页式、工作手册式、一体化设计的多媒体教材。

打造全员“信息化 +”高水平教学团队，已获国家级信息化教学比赛奖项 1 个、省级 2 个。推进课程精品化、教材实用化、教法多样化、手段信息化，充分利用“国家级精品资源共享课”等优质资源，建立智慧课堂，将线上优质课程资源作为课堂教学的重要补充，灵活采用“清华同方在线教育平台”“学习通”“雨课堂”“腾讯会议”等平台进行线上教学，实现线上线下教学的有机融合。

（六）打造特色课程思政，坚持德技双馨育人

旅游管理专业教学团队紧紧围绕国家和区域经济社会发展需求，结合学校发展定位和人才培养目标，构建了全面覆盖、类型丰富、层次递进、相互支撑的课程思政体系，使旅游管理专业课程与思政课程同向同行，将显性教育和隐性教育相统一，形成协同效应，构建全员全程全方位育人大格局。在专业课程体系中灵活融入爱国情怀、爱岗敬业、文化传承、工匠精神等思政元素，凸显区域素材特色，为培养“德能兼修”的旅游工作者助力。教学过程中，教师始终秉持工匠精神，身体力行对学生进行价值引领，引导学生“用心学”，争取每一步的努力都成为学生前进的阶梯。

（七）融通岗课证一体化，重构职业课程体系

深化人才培养模式改革，探索“1+X”证书制度，鼓励学生在获得学历证书的同时，积极取得多类职业技能等级证书，促进技术技能人才培养培训模式和评价模式改革，提高人才培养质量。除了鼓励学生考取导游证、礼仪师资格等，还积极参与国家级“1+X”证书制度试点工作，如研学旅行课程、邮轮运营服务与管理、定制旅行服务设计等。校企共同研究制订专业人才培养方案，按照职业岗位（群）的能力要求，制订完善课程标准，基于职业工作过程重构课程体系，将职业技能等级标准等有关内容融入专业课程教学，促进职业技能等级证书与学历证书相互融通。

三、成效与影响

旅游管理专业教学团队在区域行业产业政策咨询、技术服务推广等方面成果显著。2019—2020 年度团队已担任各类景区评审、旅游规划指导达 37 个项目．团队成员长期担任国家级中英文导游员考评员、各级导游与讲解员培训专家、多家旅游企业事业发展指导委员会专家委员、省级以上行业与高职导游大赛评委、福建省教育评估专家、省级专业目录增补评审组专家等。

旅游管理专业内涵建设实力增强，行业影响力大。与漳州市旅游投资集团合作的“双炼炉”“三阶段”“四导师”制现代学徒人才培养项目入选 2020 年全国旅游职业教育校企深度合作示范项目，成为全国 12 个荣获此项目合作单位之一。1 名教师的“与您同行，成为更好的自己——旅游英语口语课程思政教学设计案例”入选 2020 年全国旅游职业教育“课程思政”在线展示活动 15 件教学设计示范案例作品。1 名教师在福建省 2020 年职业院校“停课不停教”优秀教学案例评选中获得一等奖。3 名教师先后荣获福建省职业院校教师能力大赛团队二等奖。2020 年度受华中科技大学出版社邀请，主编、参编华中科技大学出版社规划的“十四五”教材 9 本。

旅游管理专业教师产学研能力深受行业认可。2020 年受邀主持漳州市体育旅游资源挖掘与体育旅游线路设计，受旅游投资集团委托完成了《酒店闽南文化夜床服务产品开发研究》《漳州传统小吃文化研究》《华安官畲景区畲族文化资源挖掘与传承策略研究》三个横向课题。2019 年累计实现社会服务收入 181 万元，2020 年累计实现社会服务收入 201 万元。

四、经验与讨论

（一）构建创新教学团队梯队建设机制

制定《优秀教学团队教师发展培训制度》，提出教学团队建设中的教师专业结构、学历层次、梯队建设、运行机制等方面的优化发展要求，发挥带头人传帮带作用，加强对青年教师的培养，鼓励并支持教师定期参加各种课程研讨班，每年参加学术交流会，学习先进教学经验，安排定期下企业挂职等。

（二）建立创新教学团队质量建设动态调整与激励机制

能力互补是教学创新团队建设的基础，不同的任务需要不同的人员。教师教学创新团队建立动态调整机制，根据不同工作任务选择最合适的人员。学校充分考虑教学创新的劳动价值，在成果奖励、评优评先及职称评审中给予一定的倾斜，充分调动创新团队成员的积极性。

（三）建立专兼结合的制度保障机制

教师教学创新团队由学校专任教师和行业企业兼职教师组成，通过校企双方人事分配和管理制度，保障行业企业兼职教师的来源、数量和质量以及学校专任教师企业实践的经常化和有效性。根据专业人才培养需要，教学创新团队成员发挥各自优势，分工协作，形成基础性课程及教学设计主要由专任教师完成，而实践技能课程主要由具有相应高技能水平的兼职教师完成的机制。邀请第三方对教学团队的建设目标、建设任务进行全方位考核及评估，总结经验，发现问题并及时整改。

（四）搭建政行校企优势资源融合平台

学校与企业共建校中厂生产性实训基地、四位一体导游服务中心、休闲旅游协同创新中心、福建省文明礼仪基地、文化与旅游发展交流中心等多个平台，促进政行校企优势资源深度融合，实现人才培养与产业需求对接。提供了师资培养、专业认知、就业平台、实习就业、实训教学、员工培训、技能鉴定参观交流、挂职锻炼、成果展示、资源对接、创意孵化、教学成果转化等众多平台，形成了依托专业、对接产业、内外整合、课程普及、实践强化、全要素服务、开放共享的良好的创新教学团队生态。

参考文献

[1] 教育部.全国职业院校教师教学创新团队建设方案(教师函〔2019〕4号)[Z].2019-06-18.

[2] 教育部等四部门.深化新时代职业教育“双师型”教师队伍建设改革实施方案(教师〔2019〕6号)[Z].2019-08-30.

[3] 福建省教育厅办公室关于公布2018年“二元制”技术技能人才培养模式改革试点项目的通知(闽教办职成〔2018〕18号)[Z].2018-05-16.

[4] 福建省教育厅关于公布福建省第四批现代学徒制试点项目的通知(闽教职成〔2018〕39号)[Z].2018-10-23.

[5] 福建省教育厅关于做好2020年高职“二元制”人才培养模式改革项目单独招生考试工作的通知[EB/OL].[2020-10-21]http://jyt.fujian.gov.cn/jglb/xsgzc/zhxx/202011/t20201120_5439208.htm

[6] 福建省教育厅办公室关于公布2019年高职“二元制”技术技能人才培养模式改革试点项目的通知(闽教办职成〔2019〕4号)[Z].2019-04-16.

[7] 教育部办公厅、国家旅游局办公室关于公布全国职业院校旅游类示范专业点名单的通知(教职成厅函〔2017〕44号)[Z].2017-09-11.

[8] 教育部办公厅关于公布第三批现代学徒制试点单位的通知(教职成厅函〔2018〕41号)[Z].2018-08-1.

[9] 福建省教育厅办公室关于公布第三批1+X证书制度试点项目的通知[EB/OL].[2020-06-22]http://jyt.fujian.gov.cn/jglb/zyjyycrjyc/wjtz/202006/t20200622_5307560.htm

(本案例由漳州职业技术学院提供)